本书出版受国家社会科学基金项目"全球产业链重构下科技金融支持关键核心技术突破研究"（24BJL110）资助

浙商高质量发展系列丛书

组织发展的浙商实践

黄英 吴东 主编

ZHEJIANG UNIVERSITY PRESS
浙江大学出版社
·杭州·

图书在版编目(CIP)数据

组织发展的浙商实践 / 黄英,吴东主编. -- 杭州：
浙江大学出版社,2024.12. --(浙商高质量发展系列丛
书). -- ISBN 978-7-308-26111-1

Ⅰ. F279.275.5

中国国家版本馆 CIP 数据核字第 2025W5B010 号

组织发展的浙商实践

黄 英 吴 东 主编

策划编辑	吴伟伟	
责任编辑	陈思佳(chensijia_ruc@163.com)	
文字编辑	付海霞	
责任校对	陈逸行	
封面设计	周 灵	
出版发行	浙江大学出版社	
	(杭州市天目山路 148 号 邮政编码 310007)	
	(网址：http://www.zjupress.com)	
排 版	浙江大千时代文化传媒有限公司	
印 刷	杭州捷派印务有限公司	
开 本	710mm×1000mm 1/16	
印 张	21.5	
字 数	270 千	
版 印 次	2024 年 12 月第 1 版 2024 年 12 月第 1 次印刷	
书 号	ISBN 978-7-308-26111-1	
定 价	88.00 元	

浙商——时代浪潮中的商业传奇

在漫漫的历史长河中,改革开放无疑是中华民族一个光辉的起点,从此以后我国便踏上了波澜壮阔、历经 40 余载的变革征途,展现出多元共存、竞相发展的繁荣景象,以惊人的速度跃升为全球第二大经济体。我国在人工智能、大数据、云计算、新能源等前沿领域取得了举世瞩目的成就,不仅重塑了经济格局,更带动了金融、交通、通信及信息化建设等领域的深刻变革。

勇立潮头

在国家昂首挺胸、阔步向前的发展大势下,浙江紧跟国家发展步伐,与国家同呼吸、共命运,走在全国发展的前列。在国家政策指导下,浙江凭借其独特的地理位置、丰富的文化底蕴、勇于探索的创新精神和灵活的经济发展智慧,实现了从东海之滨的"资源小省"到我国经济版图上不可或缺且举足轻重的"经济大省"的华丽蜕变,开启了经济腾飞的辉煌篇章。

浙商作为浙江经济发展中的重要力量,一马当先,高举改革旗帜,彰显责任担当,为浙江乃至我国经济的发展做出了重要贡献。这一充满创新活力、敢为天下先、敢于闯天下的群体,不惧时代浪潮,干在实处、走在前列,带动浙江经济迈上了一个又一个台阶。

自改革开放的春风吹拂大地,浙江的民营经济便蓬勃发展起来。浙商坚持生产优质产品,推动自主创新、管理创新和商业模式创新。一方面,浙商立足国内外市场,从精密的机械零部件到高端的电子产品,从时尚的纺织服装到实用的家用电器,致力于将优质产品推向世界的每一处角落。另一方面,浙商还依托国家相关政策支持,在晶体生长设备、光伏及半导体等高科技领域,以及特高压电网技术、空分设备制造等关键领域展现出强大的创新能力,凭借卓越的技术实力和严格的质量控制,为我国自立自强贡献"浙江力量"。

浙商还充分发挥浙江的地域文化和资源优势,大力发展特色农业和旅游业,构建起多元化、特色化的地方经济体系。从承载着深厚历史底蕴的安吉白茶、山下湖珍珠等特色农产品,到以西湖为代表、集自然风光与人文底蕴于一体的旅游胜地,形成了庞大的旅游产业链,促进了金融、教育、文化等多领域的繁荣,推动了社会经济的全面协调发展。

伴随着大数据、区块链、云计算等信息技术的兴起与应用,数字经济时代到来。浙江企业紧跟"数字浙江"战略部署,积极融入发展潮流,前瞻布局,实现数字化、智能化转型。值得一提的是,作为中国电商发展的领军省份,浙江的电商规模持续扩大,增长势头强劲,跨境电商更是成为其亮点之一。当前,浙江正全力加速跨境电商的高质量发展步伐,致力于构建更加开放、高效的国际贸易生态。在这过程中,浙商功不可没。浙江企业抓住直播电商这一新兴风口,构建起"直播＋电商＋供应链"的闭环生态,实现了资源的高效配置与价值的深度挖掘。

当然,浙商也深知"打铁还需自身硬"的道理。他们始终秉持质量至上、创新驱动的发展理念,在时代浪潮中保持初心,不断追求卓越——以过硬的产品质量为基础,持续进行理念创新、产品开发、品牌延伸;推动组织变革,实现企业迭代升级,保证企业发展活力;以科技创新为引领,实现从传统制造向智能制造的华丽转身。未来,浙商将以更加坚定的步伐,走在高质量发展的路上。在谱写浙江奋进序曲的同时,也为我国社会主义现代化建设贡献浙商力量。

发展之痛

浙商的故事,是我国改革开放伟大实践的一个鲜明而生动的缩影。浙商作为我国经济发展的参与者、实践者,在实现自身跨越式发展的同时,亦推动我国经济不断迈向新的征程。然而,任何事物的发展都不可能一帆风顺,浙商也面临着各种纷繁复杂的问题与挑战。

在当今全球化和数字化浪潮的推动下,全球经济格局重塑,技术革命加速,消费者行为转型,市场竞争加剧……面对这一系列外在环境的巨变,浙商企业的转型之路该如何破局?

在浙江这片繁荣之地,曾经乘着政策与市场的东风扶摇直上的传统行业,眼看这块喂养了无数浙江企业的"蛋糕"在消费需求多元化、行业竞争白热化、市场同质化严重的当下,被挤压得越来越小。浙商们该如何破局,在困境中寻找新的增长点,重振旗鼓?

在浙江这片充满活力、创新涌动的土地上,每一家企业,无论是主动选择还是被动适应,都已投身于波澜壮阔的创新大潮。然而,创新之路绝非坦途,浙江企业该如何为创新赋能,以创新驱动发展,实现突围?

企业内部亦在经历深刻的内在需求变化,员工结构的多元化、管理模式的创新需求以及组织文化的迭代更新等,都对浙江企业提出了更高要求。面对这些内在需求,企业是否应主动拥抱变革,以应对日益复杂的管理挑战?变革之路应如何铺就?如何智慧地化解变革过程中的种种管理难题,确保变革的顺利进行?

破局智慧

为更好地解答上述问题,我们精心策划并编写了《创新发展的浙商实践》《组织发展的浙商实践》《数字变革的浙商实践》,旨在以更广阔的视野、更深刻的洞察,勾勒出一代代浙商在商业世界中书写的传奇篇章,让读者深切感受浙江蓬勃发展的强劲脉搏,深刻理解浙江精神的独特魅力,透彻领悟浙商智慧的深邃内涵。我们希望通过翔实的数据、生动的案例、深刻的剖析,走进浙商的内心世界,揭示浙商成功的密码,深入探索那些隐藏于辉煌成就背后的逻辑思维、管理困惑以及心路历程,为读者呈现一个更加立体、全面且真实的浙商形象。

《创新发展的浙商实践》如同一部创新驱动成长的史诗,记录了浙商群体如何以创新驱动引领企业高质量发展。书中精选宋茗白茶的品牌创新之路、万向集团之创新全球化、山下湖珍珠产业的包容性创新等众多具有代表性的浙商创新创造案例,再现了浙江企业面对转型升级的困境,以敢于冒险、敢于革新、敢于打破传统的精神,破釜沉舟凿出新路,撸起袖子加油干的拼搏画卷。从探索解决复杂环境下的转型之困、发展之困,到与政府携手、与同业合作、与利益相关者联结,建立起共生共荣的"朋友圈",一路走来,浙江企业不仅完成了自身的华丽蜕变,还以海纳百川的包容精神,带动更多企业冲破束缚,成功突围,开辟出一条条独具特色的发展道路。

《组织发展的浙商实践》聚焦浙江企业的组织发展与变革之路。书中详细记录了多家浙江企业在遭遇组织发展瓶颈时,如何通过精准施策,实施组织变革,突破发展桎梏,还深入剖析了这些公司在变革过程中遭遇的种种阻力及其应对策略,力图为其他企业发展提供宝贵的实战经验。同时,该书还敏锐地将视角转向未来职场的主力军——新生代员工,提出了一系列创新且实用的管理策略。通过对新员工如何快速融入组织、如何平衡工作与生活,以及如何有效管理和激励明星员工等热点话题的剖析,该书揭示了人才流失的深层原因,为企业破解员工扎根难题,变"流才"为"留才"指明了方向。

《数字变革的浙商实践》集中展现了浙商勇立潮头、进取开拓、敢于革新的精神风貌。随着数字经济蓬勃发展,浙商群体再次走在时代前沿,亲身入局推动"数字浙江"建设。圣奥集团作为办公家具的龙头企业,积极推动财务中台数字化建设,成功实现流程高度自动化、数据采集精细化,降本增效成效非常突出,为其他企业构建财务中台提供了重要借鉴;钉钉找准了用户的痛点,坚持以人为本的数字化管理思想,从通用型平台走向个性化平台,试图为不同群体和组织提供"千人千面"的数字化操作系统,从而成为群体组织数字化道路上的助力者;佳芝丰服饰推出共富工坊,在产业互联网平台赋能共同富裕建设的探索道路上率先迈出坚实一步……从顺势而为走上数字化转型之路,到挖掘数据价值、打造数字生态、铸就新的发展态势,再到以数字平台为基、以数字赋能产业实现价值共创,浙商在时代浪潮下,敏锐捕捉数字经济带来的发展机遇,勇于拥抱新技术、新业态、新模式,用数字技术赋能传统产业、催生新兴业态、提升管理效能。我们希望,浙商的成功实践不仅为浙江企业的长远发展注入强劲动力,更为中国乃至全球的数字经济发展提供一定的经验与启示。

浙江大学管理学院的 20 多名教师和 30 多名学生,以厚实的理论功底、前沿的学术知识为基础,深入研究了浙江企业的一流创新发展实践经验,总结了丰富的颇具实践启示的经典案例,为凝练甚至开创扎根中国大地的企业经营管理理论奠定了基础,也更加坚定了服务国家创新驱动发展战略的责任感和使命感。

系列图书相互呼应、相辅相成,共同构成了浙商高质量发展的画卷,不仅是对浙商群体发展历程的忠实记录与深刻反思,更是对浙江乃至全国商业未来发展方向的积极探索与前瞻布局。我们期待通过一系列图书,让广大读者更加深入地理解浙商精神的内涵与价值,从中汲取前行的力量与智慧,共同为中华民族的伟大复兴贡献力量。

本书编委会

2024 年 8 月

目　录

第一辑　以变应变,方能行稳致远 ………………………… 1

　第一章　TAF 保险公司的组织变革路在何方? ……………… 3

　第二章　浙鸿公司组织变革与发展下一步该何去何从? …… 41

　第三章　老曲如何奏新歌? 晶先机电的组织变革之路 ……… 75

　第四章　A 电梯公司管理变革带来的"阵痛" ……………… 104

第二辑　如何加强新员工融入,激发工作热情 …………… 129

　第五章　HM 公司新生代员工为何感到工作"没劲"? …… 131

　第六章　HG 公司"90 后"员工怎么了? ………………… 156

　第七章　SL 公司"90 后"员工为何与其领导相互不满? … 179

　第八章　广合公司新员工"组织融入"难题如何求解? …… 210

第三辑　破解员工"扎根"难题 ………………………… 239

　第九章　德威公司一线岗位人才流失之困 ………………… 241

　第十章　为什么留不住你? NH 公司明星员工的浮与沉 … 271

　第十一章　GT 公司如何破解员工职业发展难题…………… 295

参考文献 ………………………………………………… 319

后　记 …………………………………………………… 333

第一辑　以变应变，方能行稳致远

机构合并带来烦忧、组织调整遭受质疑、战略转型引发冲突、上市之路遭遇阵痛……随着外部环境冲击和内部需求变化，现代企业要么主动，要么被动地开展组织变革。然而，回顾众多企业的变革之路，我们均可以看到其背后隐含的管理困惑和问题——要不要变革、如何进行变革、怎么化解变革阻力等，这些难题始终困扰着企业，从而导致变革来势汹汹，却又困难重重。变革随时有可能到来，企业下一步究竟该何去何从？或许，以变应变，才是王者的生存之道。

第一章　TAF 保险公司的组织变革路在何方？[①]

TAF 保险公司新掌门人斯浩然上任后，着力推进新一轮组织变革，却遭遇了一系列问题和矛盾，主要体现在员工工作动力不足，以及高层与中层、中层与基层之间的矛盾冲突行为等方面，其背后隐含的是对组织变革的抵制心态；由此引发了斯浩然对公司以往组织变革的"伤痛记忆"，他回顾 TAF 保险公司近年来的种种变革举措，发现大部分以失败而告终。公司管理层在斯浩然的领导下，就 TAF 保险公司下一步应该如何继续推进变革进行了深入探讨和思考。

历史上，TAF 保险公司在杭州市场上是以营业部形式存在的，由于成立早、市场好，作为"嫡长子"的营业部迅速坐大，不但规模远远超过其他市级中心支公司，甚至颇有些叫板总部的气势，所以大一统的营业部很快被拆分成主攻市区市场的营业一部和主攻郊县市场的营业二部（以下分别简称一营、二营），账套人员分离，经营管理独立。如此一来，在公司内部这两个营业部和温州、台州、金华分公司等几个大机构规模大致相当，尾大不掉的警报也解除了。如此相安无事多年后，随着公司市场地位的降低，之前的人为拆解显得有些不合时宜了，机构分设的成本问题、人力浪费问题日益凸显，特别是大杭州概念的深入，使得两个营业部在业务范围的区分上也争端不断，自己人抢自

[①]　本章作者为许小东、朱庭芝。

己人生意的"乌龙"现象也时有发生,继而导致 TAF 保险公司的影响力和口碑在杭州市场上日益衰微。

"合久必分,分久必合",为适应新情况、解决新问题,将两个营业部重新合并的话题被提上了议事日程,恰逢原二营总经理老袁因工作调离,公司决策层痛下决心,合并一营和二营为杭州中心支公司(以下简称杭州中支),集中优势资源突击重点市场,TAF 保险公司夺回失地的战役在省会城市杭州率先打响。

从一开始,合并工作就困难重重,各种关系错综复杂,剪不断理还乱。为此,公司成立了筹建领导小组,但最终这个小组成员在种种突发状况中如同救火队员一般疲于奔命。

首先是两个机构的管理团队的融合。由于二营总经理老袁已调离,一营总经理老李就顺理成章地成为杭州中支临时班子一把手。然而事情远没有这么简单:一营副总经理老钱曾在二营负责多年,后因经营不善被调离和降职,合并后是否能在二营旧部中服众还是未知数;二营总经理老袁走的时候,由于合并工作尚未启动,二营相关工作交接给了原来的副总经理老孙,因此老孙虽未正式任职,也短期承担起了二营实际负责的责任,合并后如何摆正其位置也是一个难题。为此,公司把二营下属的两个规模最大但又经营不善的机构——萧山和余杭支公司单列出来,让一营副总经理老钱和二营副总经理老孙以中支班子成员的名义前去监管,他们实际作为支公司负责人,又具有一定的一把手权限,能与中支管理事务互不干扰。但是新的问题又出现了,两个营业部虽说是合并,但是一营吞并二营的感觉十分强烈,如果班子成员里没有二营人员的身影,那么这种感觉势必更为强烈。为平衡起见,二营下属支公司中能力较为突出的小沈获得了提拔,调到杭州中支任临时班子成员(如图 1-1 所示)。

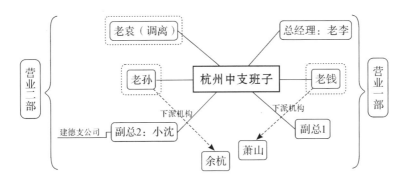

图 1-1　杭州中支班子组成

其次是职能部门的整合。原来一营、二营作为同级单位，有着类似的部门设置，岗位职能上更是大同小异。于是问题又来了，同样的部门谁来负责？不一样的部门又该以谁为准？员工是按原岗位安排维持不动，还是重新优化组合？工作内容重复的，又该如何重新安排和分工？纷纷扰扰许久，等到好不容易安定下来，却发现原来二营的员工，特别是专业条线的人员几乎走了大半，离职原因无不是对工作安排不满意，或者是"受排挤"、"受歧视"、不愿意"寄人篱下"。即使公司三令五申弱化和消弭"一营""二营"的概念，即使有的人最终选择了留下来，但是在员工中间，那种无形的站队和隔膜始终存在。

最后是不同管理方式和政策机制的融合问题。由于历史原因，一营在管理上更多依赖分公司的便利力量，所以不重视制度建设，一营下属支公司、营销服务部也仅是单纯的业务单位，除开展业务外，其他的理赔管理、运营管理、人员管理一概收归上级，与本级的业务部无异；而二营在管理方式上大为不同，因为不能和一营争抢业务，所以其本级业务部早已撤销，所有的工作任务均归结为支持和管理好所辖地处各个郊县的支公司和营销服务部做业务，而二营的支公司、营销服务部有完整的经营职能，因此也需要更为完善的制度体系和完善的政策机制来维持。由于合并后，管理人员多数来自一营，因此各种不适应和冲突层出不穷,一营原先的管理积弱也更显著地暴露出来。

一营、二营合并初衷本是为了优化资源配置、做大市场,但是在合并之后一段时期内,业务并没有明显起色甚至在下滑,特别是二营在合并前的 2011 年末,业务一直不错,郊县市场的潜力大大好于市区市场,这也是大家的共识;但由于合并之后人心严重涣散,两个单列机构萧山和余杭的业务如同坐了滑梯一般直线下滑,这进一步导致两拨人员相互埋怨,一营方认为过去二营的业务好转是假象,二营方则认为一营的管理能力根本不行。其他企业在杭州这片大好市场上攻城略地,而杭州中支却仍在相互争斗,无端内耗。

一、士气鼓舞遭遇困局

作为 TAF 保险公司新掌门人,斯浩然 40 岁刚出头,正是年富力强干一番事业的年纪。作为一个生长在大西北的南方人,他骨子里既有江浙人的精明和实干,又有西北人的豪爽和果断。名牌大学工科毕业后他留在了杭州,先做了几年工程师,又转行干了保险,同期获得了 MBA 学位,十年前和最早从“老三家”跳槽的一批行业精英共同加盟了 TAF 保险公司。从业经历中,他做过销售,管过业务,当过支公司、中支公司的一把手,又担任了两年多的“第一副手”,分管业务专业部门和销售,平日里喜欢琢磨关注市场动态和各类管理制度,是公司里少数既有科班背景又有实战经验的管理者。

自接棒上任以来,斯浩然针对公司原有痼疾,迅速推动他的变革战略,也就是以跟进并优化先进同业的竞争策略为基础,尽快建立客户经营(优质资源倾斜)、渠道经营(分渠道管理)、险种经营(两核专业化①)、

---

① 两核专业化中的“两核”指“核保”与“核赔”。核保是指保险公司根据被保险人的健康状况、财务状况等信息,评估其投保风险并决定是否承保的过程。核赔是指保险公司在理赔时根据保险合同的条款、免责条款、资料准备情况等,评估是否应该赔付的过程。

队伍经营(人力资源改革)四个方面的管理平台,快速跟上先进同业。一年中,在他全力主导下,公司首先是倡导对标管理,学习同行的一些先进的做法,高标定位,找到差距;紧接着在内部进行了一些变革的试水:在机构组织架构上,合并两个营业部为杭州中支,升格温州中支为副省级分公司;推行"强县拓权",力图调动基层积极性,充分释放生产力;成立渠道管理部门,开启渠道专业化管理之路。在专业经营上,公司大力发展非车险,提升两核专业化,实行两核集中管理。在人力资源方面,公司以人才吸引为制胜法宝,招兵买马,与高校签订理赔人才定向培养协议,出台"百万雄师工程""倦鸟归巢计划"等方案,采取奖惩双向激励,推出"经营不善惩戒条例""干部末位淘汰机制""退居二线管理规定"……最后,随着组织架构相应调整到位,制度逐步完善落实,新人不断加入充实,公司渐渐摆脱了过去的影响,斯浩然感觉真正大刀阔斧进行变革的时机已经成熟。

新年伊始,他和往常一样,坐在办公桌前,打开电脑,查收邮件,并习惯性地点开市场部制作的每周业务快报,仔细审看。正打算摩拳擦掌大干一番,然而看着一周报表,开门红数据并没有想象中乐观,斯浩然不禁紧锁眉头。此时,门外响起了敲门声。

推门而入的是市场部经理小赵,小赵刚过 30 岁,但已是司龄近十年的老员工了。她素爱思考,也爱表达,颇受斯浩然赏识,是斯浩然一手提拔起来的得力干将。斯浩然为显示出对小赵的倚重,把她放到了殊为看重的市场部,耳提面命之余,小赵也顺理成章地成为斯浩然的智囊团成员之一,平日里经常向斯浩然直接汇报工作,并聊聊公司的管理问题。

看到小赵,斯浩然并不觉意外,招呼着她坐下,开门见山地问:"最近各地好像没有启动开门红,你上周去调研,感觉情况如何? 业务起不来的原因是什么?"

小赵略微沉凝:"最大的问题还是费用不够。这段时间,大小公司竞争十分激烈,我这边已经出现赤字了,机构还说不够……"

"费用永远都不会够。"斯浩然忍不住打断小赵的话,"你也说了,公司是在赤字预算里打市场,虽然不宽裕,但目前公司投入的资源已经大大高于往年了。我认为费用不够只是被用惯了的借口,一定还有其他原因。"

"我这次下去,为了掌握一些市场信息,找不少支公司、营销服务部的经理,乃至一线的业务员聊过,大家都在抱怨。不过我感觉到,这抱怨背后的情绪有些复杂。"

"怎么复杂?"

"正如斯总所说,费用一向是众矢之的,所以大家也总是习惯拿它来说事,其实难免有点'指桑骂槐'的意思,我感觉实际上是业务一线士气上有些问题。"

"从去年开始,我们就给基层松绑、放权,激发一线的活力,让他们成建制地引人、进团队,增强自己的力量,今年开门红又搞得这么热烈,竞赛推动方案也比往年诱人,而且现在电销牌照已经获批,各渠道建设的规划整合已经万事俱备,财务人力政策虽然是要压缩成本,但也都在后线上,'有保有压'全是为了鼓励业务一线能够做大做强,就这样费尽心思竟然还没有士气?"斯浩然说着说着不禁激动起来。好的开始是成功的一半,如果开门红就出师不利,遑论其他?

"其实他们也不是对政策不满意,主要是对一些事情有点看法。以'百万雄师工程'来说,各地开始反应还是比较热烈的,重赏之下必有勇夫,大家'八仙过海',也挖来了不少大牌业务员,对短期内拉动业务是有一定作用的。但是话说回来,保险行业就这么小的圈子,公司内部能够接触的圈子更小了,引来引去很多还是原来出去的'老人',都是知根知底的,有些人离开 TAF 保险后能做大靠的是其他公司给的资源和品牌,现在回来能不能把业务带过来还是未知数,而他们还能够因为'百万雄师工程'的政策,享受费用的优待和保护。特别是有那么几个人,原来就属于哪个公司给的条件好就跳槽去哪里,哪里给的费用高保单就往哪里飞的人物,现在这样的人都回来了,而且起步就是官复原职,这让留在公司的老人情何以堪,心情难免有点郁闷。"

看斯浩然没有表态,小赵顿了顿又接着说:"其实,相比'百万雄师工程'来说,旗帜鲜明的'倦鸟归巢计划'杀伤力可能会更大。"

"'倦鸟归巢计划'又不是我们的创造,TAF 保险公司近几年来,干部队伍只出不进你认为正常吗?现在公司要引人、要发展,全部找新面孔这可能吗?这几年保险市场的动荡够多了,大家都开始更加审慎地对待自己的职业规划,出去的人愿意回来,不也证明行业内开始对 TAF 保险公司重新看待了,证明 TAF 保险公司的文化和氛围是有吸引力的,证明我们真的要冬去春来了?"斯浩然忍不住再次打断了小赵的话。

"从市场部的角度看,的确难以在 2—3 年内建立强大的后援平台,赶上保险行业的第一、第二梯队的管理水平,因此在短期发展路径上还是靠引人,这也是目前可以想到的见效最快的一种发展方式。从斯总您的角度来看,这些是不可动摇的人力资源战略,是大局,但是作为普通员工,乃至一些基层机构的负责人,他们也许更看重的是自己的地位、利益和安全。以前引人只是救急补缺,大家还相安无事,现在每个机构职数、编制都卡得死死的,进来一个就意味着要淘汰一个,这种威胁感本来就够让人不安的了,更何况现在这个要替代你的人可能还是你从前的同事,甚至是从前的下属,即便这个人过去就是你的领导,本来自己好不容易熬到能够号令一方了,现在人家重新回来管你,能做到若无其事吗?大家普遍认为,在外面混得好,能回来吗?好马不吃回头草;现在混不下去了,我们公司不仅敞开怀抱欢迎他们回来,回来后还能凌驾于老老实实在公司干了多年的人,理由就是出去感受过别的公司的'先进'经验。已经有人在说,跳槽现在比出国还管用,赛过镀金。"

"不过就是有点心理不平衡嘛,这好理解。回来几条鲶鱼,未必是坏事。公司过去就是太安逸、太僵化了,我始终认为,与其让不会干的人学会怎么干,不如让已经会的人直接上手干,现在公司进的人都是懂业务、干过渠道的,是推动变革的重要人才储备,我们不能再错过机遇了。"

"过去公司里许多人抱残守缺不愿变革的情况是存在的,但这并不是说留在公司的人都是不行的。即使目前只是触动了小部分公司希望淘汰的人的利益,但兔死狐悲,很多人对公司不断进来的新面孔、老面孔都有各种各样的猜测,传言也很多,动不动就说某某是哪个领导介绍的,某某是斯总您亲自谈的,有些人还没有来,坊间却早就传开了,到处飘荡着'路透社'消息;即使确实是引进的人才,像今年成立的渠道部,本来是符合公司发展需要的,但是在许多人眼中不是这样,凭什么别的部门职数要减,而这些新引进的人就可以专门增设部门。而渠道部做什么、怎么做还没有成型,并未能够迅速带来业务可见增量。于是就有了风言风语,客气点的说是'外来和尚好念经',不客气的甚至说,公司要洗牌了。你看看,'退居二线''末位淘汰'都是在公司奉献多年的老人的最终下场,前任老总用得好的,斯总就不再信任了,能干不能干,还不是领导说了算。明明在办公会议上宣布,进人必须本科以上,现在谁谁谁高中学历照样引进。大家整天猜测这些事情,搞得人人自危,考虑后路还来不及,谁还有心思做业务?"

"什么新的人,老的人!我最讨厌的就是拉帮结派!这……"斯浩然不太高兴地正欲再说。

忽然,门被推开了,杭州中支总经理老李神情焦急地探头进来:"斯总,有急事要汇报一下。"

二、机构合并带来烦忧

面对满面愁云的老李,斯浩然知道一定是机构合并的问题。自他上任以来，"难搞"的杭州中支一直是他最大的一块心病，真是又想管又不想管，他只得打起十二分精神，硬着头皮问道："老李，又遇上什么难题了？"

"一言难尽，我这个杭州中支老总真是当不下去了！"老李长叹着打开了话匣子，"今年任务重，公司要二次创业，我们杭州中支更要二次创业，都说考核是指挥棒，我们研究再三，终于拿出了方案，可我刚宣布今年的考核方案，会上就直接炸了锅，郊县机构没有一个肯接的！今天可好，富阳支公司的经理一早就直接拿着辞职信找我，我还没处诉苦呢，他先撂挑子不干了！他们说，老衷在的时候定的薪酬要高得多，而且许诺过能够完成保费和利润要求，每年还能够递增10％—15％，而按我的方案，他们即使完成任务，收入都要比去年少一截。其实这段时间以来，头疼的事情太多，弄得我早就杯弓蛇影，做事谨小慎微，为了不至于出大的纰漏，这次讨论出台方案已经是特别谨慎，尽量考虑公平公正了。但是现在杭州合并成一个中支了，我不可能为了息事宁人而一退再退了，同样一个机构，我难道还要区别对待不成？这样让我们原来一营的干部们怎么答应？而且，按照他们的要求，我匡算过了，杭州中支根本承担不起这样高的成本。这几天，我专门召集职能部门做了研究，最后发现，原来一营的支公司营销服务部因为一直相当于业务部在管理，薪酬上基本与业务部经理一视同仁，因此比较起来确实比二营的那些真正意义上的支公司营销部经理要低一些。但是因为杭州市场成本高，我们给的费用率比原来二营给的要高出近十个点，前段时间我在下达销售费用的时候，他们其实占了大便宜，但一个个都不吭声，坦然受之。现在倒好，薪酬上损失一点就和我大呼小叫，其实我也是业务出身，我会不知道吗，销售费用省下来的钱，虽然不能放进自己口袋里，但放水养鱼，最终业务做大了，收入还是会提高的。他们以为我不了解情况，能欺则欺、能瞒则瞒，漫天要价，简直是欺人太甚了！"

三、管理变革造成冲突

斯浩然好不容易才把老李抚慰着送出门,秘书就追上来说:"刚才吴经理已经来找过您多次了,好像非常着急,您现在有空吗? 要不要通知他现在过来找您?"斯浩然默默点了点头,回到了办公室里。

吴经理是应公司"倦鸟归巢计划"回归的一名专业人才,擅长理赔管理,有着多年从业经验,也在多家公司历练过。五年前从 TAF 保险公司离开的时候,他只是一名查勘员,后来逐步做到理赔经理。此番回来,在斯浩然的安排下,他具体负责杭州中支理赔服务中心的工作。理赔工作环节众多,但又相对独立,把理赔拿出来单独管,也算是为已经焦头烂额的老李减负。但更重要的意图是,在斯浩然心目中,改革是一盘大棋,开局之役就在杭州,杭州若能成,全局才能成。况且杭州一地管理积弱已久,又尤以理赔最为混乱,人多事杂,指标始终落在各机构后面,实在需要狠抓一下。好在吴经理不负斯浩然重望,一上手就开始大刀阔斧地动了起来,"改流程、定制度、引人员",三把火一一点燃,几天前斯浩然还在办公会议上公开称赞了他。新的考核办法一出,理赔查勘人员的积极性高涨,看案子主动了,交材料也麻利了,成效立竿见影。私底下,斯浩然也是颇感欣慰,在千头万绪的工作中,总算是有一块可以略微放心了。

不一会儿,吴经理就匆匆赶来了,身后还跟着一起跳槽来的、现任杭州中支理赔经理的小张。如果说吴经理脸上是有点阴晴不定的话,那么小张简直是垂头丧气了。"斯总,有件事我认为有必要向您先汇报一下,"吴经理首先说道,"杭州中支理赔内勤有 6—7 个人集体罢工了,目前未决、理算都瘫痪了。哎,具体情况还是让小张说吧!"

原来,吴经理一到 TAF 保险,就进行了一系列调研,也看了历年来的理赔数据,得出的结论就一个字——差:一是考核机制差,混日子、得过且过的人太多；二是工作流程差，重复劳动，效率太低，结案率远远落后于行业；三是员工能力差，安于现状，一个理算人员一天做不了 10 个赔案，而杭州中支每天的案件量都在 60 个以上，双休日也会照样出险，历史的赔案也要继续处理，赔案就这样始终处于积压状态。于是，所有的对策也归结为一个字——换：一是制度流程全套照搬他曾经所在过的 D 保险公司。二是关键岗位、主管岗位也全部替换成他原来的下属，大多是年轻的"80 后"，从业年数并不长，小张就是其中之一，一来就当上了理赔经理；原来的理赔经理则被降了职，成了他的副手。

为"多快好省"推进新的管理体系，吴经理带着小张召开了理赔部门会议，一次性宣布了考核方案和岗位分工，第二天就付诸实施了，整个过程干脆利落、不容争辩。但是不容争辩并不表示没有争议，其中争议最大的就在理赔内勤的流程安排和分工上。理赔内勤室本来有未决岗、理算岗、核赔岗、诉讼岗、人伤岗、结案岗等岗位，分工细致、各司其职，如同流水线一般负责相关流程上的工作，连客户上门交材料也有专人负责，但在这样的安排下，人员需求较多，工作中也容易出现推诿。

为此，吴经理参照 D 保险公司的做法，彻底打破了原有分工，将内勤室分为三个小组，一个小组负责 2013 年之前的赔案，一个小组负责新发生的赔案，另一个小组专门负责涉及人伤和诉讼的赔案，分离包干。以新发生的赔案为例，小组中的每个内勤都必须承包特定的 5—6 个查勘员当日产生的赔案，并全程跟踪，走完全部流程。如此一来，长时间仅负责一个环节的工作的内勤员工们，在面对全流程操作时，一个个都从熟练工变成了新手，处理不太懂的事项常常茫然失措，效率可想而知更低了，每天加班加点还是做不完，搞得内勤员工怨声载道。特别是当有客户上门送材料时，必须先问清楚何时出险、何人查勘、有无人伤和诉讼，才能知道向谁去查询和交材料，客户也叫苦不迭,投诉也多了起来。

这些事情在吴经理和小张看来,无非是印证了他们最初的设想:这些员工真的娇养坏了,能力有问题,太差;一个做了五年的理赔内勤,连理算也不会,这在其他公司中简直难以想象。就算是在 TAF 保险公司系统内,像杭州中支这样分工细到这种程度的,也是极为少见,人力成本的浪费显而易见。从内心来讲,吴经理实际上并不怕这些员工走,甚至希望淘汰他们,人才到处都是,主动开路还方便换血。而在内勤们眼里,这样的流程并无先进之处,对小张这种年轻的管理者更是打心眼里不服气,他的盛气凌人和否定态度更让他们愤愤不平,这种情绪不单在理赔内勤员工中相互传染,更影响到整个中支的所有内勤员工,毕竟是一个战壕里的战友,谁愿意眼睁睁地看着"自己人"被"外人"欺负呢?

周一早上,小张在查看结案率排名时发现,虽然改革有一段时间了,但结案率等指标都没有明显提高,历年结案率反而下降了几个点,不禁着急上火,把负责 2013 年前案件的小毛叫来一顿猛批:"怎么回事?你到底有没有在清理未决?"

小毛委屈地辩解:"历年案件这么多,开始我们组才我一个人,我做不过来!"

"案件多,那就加班加点把它完成!任务分配给了你就必须完成,不要找理由!"

"我已经天天加班到七八点了,这几个礼拜没有一天准时下班的,你可以去人力资源部调我的打卡记录来看。"

"加班都做不完?你一天一共做多少赔案?效率真是低。你先拿出每天的工作日志,我看看你的工作量。"

"什么工作日志?我哪有空写这个,我还负责客户来电咨询的接听,还有各种杂事,都耽误我的工作,这些琐事怎么计算到工作量中?写日志,你这不是变着法子来找茬吧?"小毛明显有些生气。

"在 D 保险公司,我们……"

"D 保险公司是行业先进吗? D 保险就比 TAF 保险强吗? 你们 D 保险一天的赔案还不到我们的三分之一,你们那一套小公司的做法有什么好得意扬扬的? 既然你嫌弃我不行,我不干了可以吧? 你们不是人才源源不断吗? 那另请高明吧!"两个人一来一去,越说越激动,听到小张标榜自己,小毛干脆直接打断,气鼓鼓地拎着包走了。

看着小张愣在当场,内勤室里一片安静,还是小周率先打破了沉默,她幽幽地起身说:"张经理,不好意思,我也胜任不了现在的工作,我也走了。"随后,又有四五名员工丢下工作,转身走人。

四、回顾公司变革之路

一个上午,车轮式的汇报商谈让斯浩然精疲力竭,时间已经过了 12 点,但挫败感让他完全没有了吃饭的心情和胃口。他把自己深深地埋在沙发椅里,陷入了回忆之中,TAF 保险公司在总公司推动下的各种改革一幕幕展现在他眼前。

(一)风雨变革路

多年来保险公司主要是以自然态势增长,是依靠机构扩张来拉动保费增长。随着保险市场竞争主体不断增加,价格战愈演愈烈,微薄的利润被不断蚕食,再铺摊子、降价格无异于饮鸩止渴。2006 年,总公司定下了"规模、品牌、效益"有机协调发展的基调,以"做强"为目标,推出了销售体制改革,力图改变传统的增长方式,在销售理念和方式上取得突破,建立价格优势和价值优势。具体做法如下:一是通过销售渠道改革,围绕渠道对价格、后援、分配等进行完善,形成价格优势。二是通过推进产品建设,把公司各方面资源整合成高价值含量的险种,靠产品内在价值赢得客户。三是通过鲜明的品牌特征和文化特征彰显公司的服务价值优势。很快,一场看起来高瞻远瞩、未雨绸缪的创新和变革就自上而下轰轰烈烈地开展起来。然而,尽管总公司专门开过八次会议来统一思想、共同研究,并最终拿出了方案,但是一旦推行到下面,顾虑、意见和反响往往出乎意料,最终,大力拳落在了棉花堆上,改革变成了改良,设想成了过场。

一波未平一波又起,销售体制改革由于机构、业务人员的利益问题没有改彻底,为深入贯彻做强战略,一场震动更大的变革又在酝酿之中了。2007年,为搭建专门化管理、专业化运作、垂直条线式的理赔经营管理体系,以提升理赔品质、扩大客户群体为中心,以实现理赔价值最大化为目标,以理赔条线"人、财、物"剥离为手段的理赔体制改革应运而生,其最为核心的变化是理赔相对独立。于是,一个与原来行政体系并行的单位出现了,轰轰烈烈的人、财、物剥离工作足足耗费了半年的时间和精力,原来作为各级机构下属部门的理赔部有了一个单独、完整的体系,拥有自己的人权、财权和物权,只听从上级直属条线领导的调派。此次改革本意是为了防止以赔促保,挤干理赔水分,实际上却造成了重重矛盾:一是为了满足独立管理人财物的需要,理赔部的人力资源需求日益增加,设立行政、人事、财务的综合岗成为必需,其他岗位的划分也更为细致,成本大增;二是考虑到理赔的专业性较高和"高薪养廉"的需要,理赔部人员的收入大大高于同级的内外勤人员,而出于条件限制,这些员工的办公地点却无法分离,信息也无法隔断,工资单一比较,人心大乱;三是在高管层面,一般情况下,副总经理往往被任命为理赔部老总,与原来的一把手各自为政,分庭抗礼,产生了更多的不平衡。在这样的情况下,公司经历了一次大批骨干集体跳槽创建新公司的大变故,元气大伤,不到一年,理赔体制改革以完败收场。

几乎在同一时段,总公司还推出了资金结算体系改革,其最初的目的是减少现金交易,防范保费资金在系统外循环的风险,实现公司自己的集中管理和有效监控,但采取的方式与理赔体制改革如出一辙：在总公司成立资金结算中心，在分公司设立资金结算中心分部，在各业务出单点设立资金结算岗，人员编制、人员管理、考核和薪酬发放均由总公司直接管理，因此最终结果也与理赔体制改革大同小异，只有资金结算的岗位职能保留了下来，其他人员收编回当地，冗余人员则逐步被清理和转岗。

挫败并没有使变革的脚步放缓和停滞，2008年末，总公司又推出了事业部制改革，力图走上专业化经营的道路，从销售、承保、理赔分模块管理，变为了分险种管理，成立车险事业部、财产险事业部、人身险事业部，撤销业务管理中心、营销管理中心、理赔管理中心，和每次变革时一样，上下应声而动，依葫芦画瓢地变革组织架构。

改革推进了仅仅一年，还没有到产生效果的时候，2009年，公司就走到了崩溃的边缘，经营业绩千疮百孔。尽管公司对外有意放慢发展速度，通过保费"零增长"策略进行盘整，对内整合架构，但遗憾的是，风雨飘摇的公司已经没有足够的力量支撑起下一次的改革了，股东也丧失了等待的耐心。

（二）大变大乱之年

2010年春节刚过，公司内部就弥漫着一股硝烟味，虽然公司每年都给股东们分红，并且定下了上市的目标，但是三年来的崩溃式下滑还是让股东的忍耐到了极限，工作组进驻了，一家信托公司控股了公司，经营班子全面洗牌，随之而来的是翻天覆地的大变革。手段还是变革——彻彻底底的变革，通过变革实现扭亏为盈。

公司第一个推出的是目标承接体制改革，把保费、利润等年度任务承包到分公司、中心支公司，绩效与任务挂钩，多劳多得，少劳少得，不劳不得，完全打破了保险行业传统的考核激励机制。为一鼓作气、趁热打铁，在短短一个月内，公司又集中性地完成了14项综合领域和业务领域的具体改革方案以及制度调研的起草工作，具体包括人事机构改革、薪酬考核改革、财务审计改革、采购招标改革、企业文化改革、监督体制改革、营销业务改革、理赔业务改革、风险控制改革等。在这样短的时期内完成如此浩大的工程,可以说是一项不可能完成的任务,但又确确实实发生并且完成了。

那段时间,公司各项新的制度纷纷出台,效率之高,执行之快,令人咋舌。但这种不按常规出牌的方式,并没有将改革进行到底;激进的举措在公司内部引发了一系列负面情绪,其中最为人诟病的莫过于人事变革。公司经营不善,领导干部难辞其咎,但是要进行队伍的换血,又谈何容易。为了尽快网罗人才,公司在处理了一大批平庸干部后,以"挖掘潜能,使有能力、有本事的人才脱颖而出、担当重任"为口号,采取了公开竞聘上岗的方式来选拔干部替补人选。但由于时间仓促,所搞的竞聘很多是没有明确岗位职责、岗位资格的,在投票的权重上又进行了区分,董事长一票顶二十票,经营班子一票顶十票,而且计票只公布总数,没有明细,如此一来,公开竞聘又变相成了组织任命。更令人议论纷纷的是,在总公司的部门负责人岗位上,出现了许多"新面孔",他们并非竞聘上岗,只因为他们来自大股东单位,也许原来只是普通主管,一旦进入 TAF 保险公司,立即成为部门负责人或是任职重要岗位,工资比 TAF 保险公司同级的老员工高出许多,很快公司大批骨干选择了用脚投票。由于专业干部奇缺,公司只能把三个事业部整合为一个业务综合管理部,但是合并并没有改变扯皮和推诿的工作习惯,无形中管理力量反而更为削弱。而那些一时难寻后路的员工只能愤而闹事,要求维权。

为了消除怀旧情绪和原有企业文化的影响,公司选择了强硬的洗脑式灌输,大搞主题教育,不断创造干部序列的新名称,在原来经理、总经理、董事长等称谓和序列上增设总监、总督、总裁等职务,职位序列更是长达 30 多级,公司还提拔了一大批干部,但往往是表面上晋升,实则职位不升反降。

最终，连大胆创新的"目标责任承保制"也出现了问题。各级机构为了多拿奖金，盲目做大，美化报表，虽然当年一季度实现了扭亏为盈，但是由于保险行业经营的特殊性，如准备金提取制度过快地耗干了本不宽裕的资本金，到同年 9 月公司的偿付能力再陷低谷，公司只能以自停业务的方式向中国保险监督管理委员会表明决心。业务骤停对做"信用生意"的保险公司而言，无疑是致命的打击：外部，谣言四起，大量优质渠道和业务合作单位从此失去；内部，更大的信任危机和动荡一浪高过一浪。公司状况不好，承诺的高额奖金可想而知也成了泡影；按照年初的承接合同，许多下级机构在年底都能够拿到高额的奖励，虽然公司目前遇到了麻烦，比如偿付能力不足、停业务等，但是不兑现承诺也说不过去，最终以尚未审计和保险经营的特殊性为由，扣下一半待审计后发，又扣下三成待第二年的年末再发，同时在发放数额上又设置了一些新条件，最后机构拿到的奖励大大缩水，第二年才能拿到的三成更是不了了之。

（三）拨乱难反正

2010—2011 年，趁着市场大幅好转之际，公司经营逐步好转，扭亏目标基本实现，但是相比同行并无优势，而且受困于偿付能力的问题，发展状况始终显得有气无力，难以为继的"大跃进"式的变革也告一段落。随后，在无奈的增资扩股中，公司高层再次换血，由于这一次高层变化更多是座次的改变，新任高管不再激进，转而选择了修复式的变革方式，恢复了部分传统企业文化，提出了"以奋斗者为本""让听得见炮火的人来呼唤炮火"的号召，立志通过"三场战役"分三年彻底扭转战局，重圆上市旧梦，彻底摆脱资本金不足这个挥之不去的阴影。

随着市场回暖，公司上下再度忙碌起来，专业部门重新按险种设置，再一次把专业化经营提升到战略高度，消除不合理的用人政策造成的隔阂；同时，公司开始了卷帙浩繁的流程再造和基本法编制，试图用制度和流程改变现状,规范和优化经营。但令人困惑的是,公司上下仿佛成了热血耗尽、激情退去的老人,对干什么都打不起精神了。

到 2012 年,市场再度恶化。为了拯救公司,股东们再度增资,偿付能力一举超过 200%。多年来,公司第一次在偿付能力方面抬起头来,具备了新一轮发展的志气和能力,新的变革又开始积极酝酿,斯浩然着力推行的一系列变革措施也应运而生。

五、变革到底难在哪里

从历史的变迁中回过神来,斯浩然打电话给秘书小李:"下午召集班子成员,开会!"

班子会议上,斯浩然环顾左右,向着年长于己、共事多年、现在又成为自己助手的刘明和王家和点了点头。他清了清嗓子说道:"今天临时召开这个会,是个头脑风暴会,也算是个务虚会。"在大致通报了公司近期的经营数据,并把小赵、老李、吴经理所反映的问题略述了一番之后,斯浩然接着说:"关于变革的问题,我思考了很久了,势在必行。从去年开始,保监会就放出风声说要搞费率自由化,弄不好今年下半年就要推了。新车市场也不比当年,这也是为什么今年一开年市场就拼得这么凶的一个重要原因,大家都有危机感啊! 从目前的形势判断,今年对于我们 TAF 保险公司来说会是非常艰难的一年,也是非常关键的一年,而重中之重就在一季度,变革随时有可能到来。因此,我们变革的意图必须尽快完成,但是现在公司的状况的确让我非常忧虑,我想听听大家的意见。"

刘明首先接过了斯浩然的话茬,他今年 50 岁不到,作为第一批国家培养的专业保险从业人员,他走出校门就进入保险公司,至今已有近 30 年保险行业从业经历,有着扎实的专业功底,更有着出色的经营管理业绩,是典型的实战派,思考问题周密全面,对于管理也有着独到见解,目前分管两核专业部门,还兼着升格后的温州分公司一把手。他进入公司比斯浩然稍早,担任地方机构一把手的经历也比斯浩然更长,又是和斯浩然前后脚提拔到班子中,虽然时间上晚了几个月,但在公司里,论年龄、资历都显得比斯浩然更有分量,因此充分地表达了自己的见解:"其实有这些声音也不是什么意料之外的事情,我现在到下面走走,各种议论也听到很多。TAF 保险公司这些年折腾得太频繁了,大家都折腾怕了。当然了,对变革,大家也不是说一定排斥,主要是这一次的变革,虽然有个大致的方向,但是具体怎么弄,弄到哪一步,其实也没有谱。我始终认为,谋定而后动,我们班子应该要拿出一个更为具体翔实的方案,告诉员工应该怎么来理解和看待公司发生的事情,而不是让他们感觉今天来了个新人,明天出了个新办法,无所适从。而且我认为员工之所以会有一些意见,是因为光看见进人,光看见改制度,却没有看见效果,比如,公司最近引进的那些人,没见把业务做上去,倒是把位置坐上了,自然闲话就来了。"

斯浩然回应道:"变革本来就是充满着不确定性的,可是谁也不能保证最终结果一定能成功,或者一定能够做成什么样。我认为变革很多时候就是一个试错的过程。作为一把手,有些设想和意图也不便于过早地公之于众。你说得没错,近期引进的人是没有带来业务的增量,但是我引进的也不是业务员,而是能够搭建渠道、培育更大业务产能的人,我现在能做和想做的是给这些人一个平台,欢迎他们来试错,至于结果就交给时间去证明。他们行,公司获益;他们不行,自然淘汰。主动去试总比坐以待毙要好,至于试错的成本,我认为公司还是能够承受的。"

随后,王家和也谈了她的看法:"俗话说'一年之计在于春',开春之际也是队伍最容易波动的时候。除了斯总刚才说的这些问题,我也感觉到,最近公司人员流动性是有点大,这当然不完全是由变革引起的,也可能是年初的自然现象,但是我们不能掉以轻心,特别是在涉及人的问题上,更要慎之又慎。当然了,变革这件事,主要是一把手主导的,但是变革绝对不是一把手一个人的事情,以前我们经常教育员工'理解要执行,不理解也要执行,在执行中理解',但这毕竟只是一种理想的状态。现在的员工也很现实,虽然我们也希望员工能有危机感、压力感,但是什么样的度是合适的,其实这也很难把握。就拿渠道业务公司化来说,那些原先的业务人员慢慢变成了维护人员,最终肯定会对业务失去掌控力,他们怎么会心甘情愿?我们干部也有不少问题,将多兵少本来已经很让人困扰了,现在一下子又进了好几个,也都是中层,比例就更失调了,接下去怎么安排,也是个难题。我也在思考,难道我们原先的干部都是不行的吗?我认为有的时候我们也不能把变革的希望全都寄托在外部力量上。还有,我们最近忙着弄全员上岗考试,这件事我其实也有点担心。据我了解,我们有很多员工是'会做不会考,一考试就完蛋',万一考不过,是去还是留?下岗,少了一个熟练工;留任,考试的公信力又何在?现在暴露出来的问题还只是变革过程中的冰山一角,TAF保险公司多年来倡导'温馨的家园,有铁的纪律',现在员工们普遍反映温馨的感觉正在淡去。我也认为变革要搞,但一定要谨慎,不宜伤筋动骨。"王家和与刘明同年,是公司元老,自公司创立起就在公司,多年来从事业务支持工作,几乎当过所有非业务类职能部门的负责人,目前分管行政,协管人事、财务,对人的问题最为关心,也比较谨慎。

斯浩然对此回应道:"其实我也是赞成变革必须审慎而行的,有谁愿意得罪人?但形势逼人呀,如果只顾及员工的承受力,既想变革,又不敢有大动作,那只能是等死了。公司总是要跨出变革的那一步。现在公司讲绩效文化,也就是要转变以前人情至上的氛围,使干部能上能下、员工能进能出,对于有价值的员工,公司是不会亏待的。变革是为了使公司的利益最大化,这个本来应该是与每个人的利益一致的,只有公司好了,大家收入才能提高。但是就目前来说,公司要实现新的发展,就必须对原来的权力与利益进行重新分配。我们应该倡导员工的大局观,倡导个人利益服从组织利益,不能因为阻力就畏手畏脚、裹足不前。"

六、变革路在何方?

斯浩然深信自己变革的思路和方向是没错的,推行变革也是班子共同研究、一致同意的结果。但是这个正确的变革选择为什么阻力如此之大?从底层的员工到中层干部,乃至高层的班子成员为什么都会有不同的看法?班子成员们就两位副总经理的疑虑以及斯浩然的回应展开了热烈的讨论,试图不断深化和明晰变革中的一些细节和思路,但内部的想法并不完全一致,大家在变革是否允许试错和变革是否可以强推这两个问题上产生了疑虑和分歧。最终经过讨论,班子成员们对变革的不同认知和更深入的思考让斯浩然开始重新审视自己的变革设想与方式,在商讨过程中所提出来的 TAF 保险公司变革过程中面临的种种问题开始获得重视。具体而言,主要包括以下三个方面。

(一)时机与频率

变革的时机选择非常重要,时机选好了,师出有名,变革的动力也会更大。在 TAF 保险公司,每一次变革对领导者来说都具有充分理由。在第一轮变革中,销售体制改革是因为领导者看到了增长中后劲的乏力和保险销售商业模式革新的动向;理赔体制改革是因为领导者看到了理赔水分对微薄利润的蚕食和理赔专业化管理的趋势,是为理赔外包、节约成本积累经验;资金结算体制改革是为了改造支付体制、迎接新会计制度的实施;事业部制改革是为了实现专业化经营、跟上行业的节奏。后续的股东和班子变化引起的变革就更为理直气壮了:亏损、资不抵债,不变怎么可以?

　　可这些问题在一般员工眼中,完全是另一番模样:增长放缓是正常的规律,既然还有增长,日子就能过,何必要改?理赔和承保不是割裂的,适当以赔促保,甚至合理的水分是行业的潜规则,不必触及。至于资金结算体制和事业部制,也无非是把部门之间的职能调来换去,意义不大。特别是到了大改革时期,一般员工更是被迫接受变革,直到公司实现盈利,仍然有为数众多的人认为保费增速放缓、准备金提转差的转回会增加利润额。他们认为这不过是之前进行的一系列自我调整的缓慢见效,而不是变革本身的作用,如果没有忽然的颠覆式变革,复苏会更显著,公司会更健康。

　　同样的问题也困扰着 TAF 保险公司斯浩然主持的这一次变革。在斯浩然看来,之所以选择改革,一方面是因为他通过对标管理感觉到了自身的差距,假如不追赶就会被越抛越远;另一方面是因为他感觉公司的经营情况有所企稳,应该能够承受变革。斯浩然的理念是,在经营不善的时候再折腾,容易触及员工的底线,使他们怨声载道;而在经营相对好的时候,变革所造成的影响的容忍度会更高一些,也更经得起“折腾”,TAF 保险公司从跌宕起伏到低谷爬坡的态势恰好符合这一设想。

　　可惜斯浩然眼里的最佳时机在许多人眼中成了“不合时宜”,他们认为,“既然公司经营在好转,证明之前的一些做法即便不是最先进的,也没有到非改不可的地步,为什么要冒这个风险?”一些观望的、消极的态度因此产生,也就导致整个变革推动更加困难。

　　同时,公司也要注重变革的频率。TAF 保险公司一直高举变革的大旗,居安思危、未雨绸缪的精神本应该成为制胜法宝,但现实恰恰相反。究其原因,那就是过频的变革未必是好事。

　　首先从变革的模式来说,无论是三阶段还是五阶段,无不说明变革是有过程、分阶段的,不可能一蹴而就;无论是业务层面还是组织成员层面,都不可能在短期内完成所有变革的流程。每年一到两次大规模的变革实际上就使企业长期处于变革的初始阶段或者中间阶段，这对变革取得成功是不利的。在 TAF 保险公司的变革史中，销售体制改革是第一轮变革中相对完整的变革，可惜的是，变革进行了一年，动荡稍有平复，公司就开始把精力投入到新的、更大规模的变革之中，实践证明一波未平一波又起式的变革浪潮不仅不利于已有变革成果的巩固，也不利于下一场变革的开展。因为谁也不知道这次变革会不会是胜利的变革，谁也不知道何时又会开始下一场变革，这种急躁的变革情绪也极易导致变革但凡稍受抵抗或出现反复就被全盘推翻，功亏一篑。

其次从员工的心态来说，朝令夕改的变革也是让人极度没有安全感的，进而员工对组织本身的归属感也会越来越弱。这种类型的变革是员工心理契约和组织承诺的天敌，这也是为什么在几轮变革中，公司经常会出现大面积的员工离职情况。以某个理赔员工为例，在理赔体制改革之前，他是公司各级机构下属部门理赔部的一员，改革后理赔部门变为公司单独的部门，一年后他因理赔体制改革失败而被并入了车险、财产险或者人身险的某个事业部之中，如果他本来长于某一险种还可以有一个明确的分配方向，否则很有可能因公司需要而被安排到不熟悉的险种部门，他就等于要从头再学。更可怕的是，一年之后，事业部又没有了，所有的承保和理赔又归集到了业务监督管理总部，三年之中，他的部门归属、汇报对象、岗位职责始终在变，自己积累下的东西却很少，更无职业规划可言，如此情况员工又怎能不心生抱怨？

最后，在斯浩然主持的变革中，负面情绪产生的部分原因也在于前期变革太多，即关于变革的失败记忆太多，大家感觉身心俱疲，不愿意折腾了。因此，变革和稳定之间需要做一个适当的平衡与抉择，既不能一成不变、形成惰性，也要给员工、给组织提供必要的休养生息的机会。

拓展阅读

组织变革的基本认识

组织变革是指组织由于外在环境冲击和内在环境的需要,主动对内部状况进行调整,以维持均衡,进而达到组织生存与发展的目的。组织变革可以涉及组织行为、结构、制度、成员和文化等方面,是一项系统工程。

1.组织变革的动因和征兆

组织变革既有外因促使,也有内因拉动。有的组织会因为预见到机会或威胁而主动变革;有的组织则是迫于威胁和生存的压力而被动变革。总体而言,组织变革的原因无外乎内外两种。

外部因素主要包括:一是市场竞争因素,这是直接的变革诱因,如市场需求环境的变化、竞争对手采取的某些举措;二是信息技术的推动,如电子商务兴起等;三是受宏观经济环境变动的影响,如国家政策导向变化、行业兴衰变化等。

内部因素主要包括:一是组织成长周期中的内部需求变化,如初创期的企业需要提升竞争力,稳定期的企业需要占据行业地位,衰退期的企业需要寻找出路以实现发展多元化和其他创新等;二是组织内部成员权力关系的制衡,如组织领导层发生变动时,新任领导往往会有开拓性的经营理念,管理层也较易出现有前瞻性和危机意识的引导力量;三是组织战略发展目标的调整、组织的价值观变化等。

很多时候,即使不变革企业也能运转,但是真的等到企业无以为继时,变革也晚了。因此变革必须抓住组织中的些微征兆,未雨绸缪,及时发动。

预示变革的征兆主要有以下几点。

(1)经营业绩的恶化。组织业务发展放缓,市场占有率缩小,经济效益持续下滑甚至亏损,产品质量或服务水平下降,组织信誉下降等。

(2)经营创新的缺失。面对激烈的竞争,组织反应迟钝,欠缺新的战略和适应性措施;管理理念陈旧,缺乏产品和技术的更新,产品无市场,销量下降。

(3)组织效率的降低。组织决策失灵,机构臃肿,职责重叠,扯皮增多,管理成本上升,企业无法有效把握市场有利机会,处于被动局面。

(4)员工士气的低落。组织内缺乏信任,员工缺乏工作积极性和主动性;员工沉默,沟通阻塞,纪律松散,人心涣散;员工怨声载道,满意度下降,旷工率、病假率、离职率增高,人事纠纷频发。

2.组织变革的方式

组织变革的方式主要有以下三种。

一是以结构为重点的变革:包括权力关系、协调机制、集权程度、职务与工作再设计等其他结构参数的变化。目前结构变革的主要趋势是扁平化、弹性化、虚拟化和网络化等。

二是以技术与任务为重点的变革:包括对作业流程与方法的重新设计、修正和组合,以及更换机器设备,采用新工艺、新技术和新方法等。

三是以人为重点的变革:主要是指对员工在态度、技能、期望、认知和行为上的改变,变革的主要任务是组织成员之间在权力和利益等资源方面的重新分配。

卢因(Lewin,1951)非常重视组织变革过程中人的心理机制,因此针对组织成员的态度和行为提出了变革的三阶段理论,将成功的组织变革分为三个步骤:第一,解冻现状,现状是一种初始的平衡,要开始变革,必须首先打破这一平衡,而打破的方式主要是增加推动力、减少抑制力，如果阻力非常大，必须借助于减少阻力和增加变革吸引力两种办法。第二，变动到新的状态，也就是推动变革的过程。第三，重新冻结，也就是当变革实施后，要巩固新变革的成果，使之重新冻结，从而得以持久。否则会导致变革短命，组织成员也会试图回到变革之初的平衡状态。

卢因的三阶段变革过程模型是最为经典的变革模型，此外还有弗里蒙特·E.卡斯特（Fremont E. Kast）的六步骤模式等，它们都是对这一理论的细化和延伸。

此外，组织还要关注变革成果。在成功的变革中，变革主导者往往会创造一些短期成效，坚定组织成员对变革行动的信心和决心，并对已经为组织变革做出努力的组织成员给予一定的物质或情感回报，以鼓舞团队士气；同时，也可让那些怀疑和批评者暂时缄口。变革的短期成效非常重要，因为变革的成功往往是一个长期的过程，出师不利且始终看不到希望的变革，恐怕也很难维持到成功的那一天。在TAF保险公司历史上，许多变革一开始就走入了死胡同，因为变革的领导者们总是把最难啃的骨头放在第一步。譬如理赔体制改革，时间都耗费在了人、财、物剥离工作上，而这恰恰又是牵扯利益最复杂、涉及面最广的一项工作。相对更容易体现成果和获取理解的理赔指标、理赔成本的改善却无人关心。于是乎，领导者们在被是非争端搞得头昏脑胀时忽然发现预期中的改善竟然变成了恶化，于是变革的信心迅速瓦解。如果先从更易见效和结果确定的理赔指标入手，节节胜利后再推进理赔的剥离策略，那么结果可能会好得多。而在2011年之后的拨乱反正中，温和的、渐进式的变革无疾而终，很大程度上也是由于没有显著的改善效果。在企业中，股东、员工都是看结果说话的，哪怕仅仅是阶段性的结果。

其实在斯浩然的变革中,也有类似问题。比如渠道部引进了许多人,也让很多人归了队,这一部署本来没有对错之分,但这个部门是做什么事情的,这些人和团队是起什么作用的,大家并不知道,风言风语自然产生,因为大家只看到这些人坐的位置、拿的票子,看不到他们给公司带来的好处。在杭州分公司的理赔体制改革中,大家起先不满但也不敢挑明反抗,但是当理赔指标出现了恶化,大家似乎就为反对找到了理由,于是公司内部出现了让人棘手的抵制。

因此,在组织变革开始之前,决策者就应该着眼于寻找行业内可比的、行之有效的、成熟的操作方法,挖掘提高效率、降低成本的机会和发展潜在增长点,从最易采摘的果实入手,切实捕捉成功的机遇,尽快地取得一些阶段性成果来增强变革的信心、化解变革的阻力。

(二)体制和人的塑造

变革需要建立相应的体制,但也不能忽视人的力量。两者是相辅相成的,只有体制塑造而没有人的塑造,变革会失去支持;只有人的塑造而没有体制的塑造,变革会流于空洞,也会缺乏长期的生命力。

变革并非儿戏,不能心血来潮、打无准备之战;但变革又有太多的不确定性,等领导者思虑再三,时机却错过了。因此更需要辩证客观地来看待变革。

第一,要有科学的顶层设计。顶层设计是指组织运用系统论的方法,从全局的角度,对某项任务或者某个项目的各方面、各层次、各要素进行统筹规划,以集中有效资源,高效快捷地实现目标。对于像TAF 保险公司这样每一次的变革都是自上而下推动的企业来说,"顶层设计"尤为重要。组织变革的方案不可能事前就预计到所有的情况和问题,但必须有一个框架性的设计,这个框架应该是科学系统的,既有一定的前瞻性,又要能够服众。在 TAF 保险公司历史上,大多数的变革实际上都有计划和方案,但是这些变革方案恐怕还不能被称为真正意义上的顶层设计。以第一轮变革为例，销售体制改革、理赔体制改革、支付结算体制改革和事业部制改革虽然在短短三年内陆续推出，但其内在的逻辑关联性是不明确的，反而给人东打一枪西放一炮的感觉，在系统性方面还显得不足，最终那些方案、设想成了一纸空文。此后的颠覆性变革方案更难被冠以"科学"二字，绝大多数是原信托公司制度的改头换面，信托与保险本是隔行如隔山，由于许多制度的实施全凭拍脑袋决定，毫无调研和论证，因此变革也只能荒腔走板，匆匆开始，慌忙结束。

　　斯浩然在变革中吸取了一些过往的教训，变革设想还是比较明确的，其中渠道和两核是重中之重。对比行业，TAF保险公司在渠道建设上已经大大落伍，已经到了非变不可的程度。斯浩然心中已经搭建了一个渠道公司化的战略平台，但问题在于，这些尚处于他脑海中的蓝图并没有形成一套较为翔实的，便于广大员工、至少是公司骨干人员理解的，具体化的行动方案，特别是对于那些与新设渠道部有着千丝万缕关联的传统业务管理部门，诸如车险、财产险、人身险事业部而言。此外，市场部门之间权、责、利如何界定也迟迟未见明确，这些因素看似细枝末节实则触及关键问题，牵动各个利益团体的敏感神经，并潜移默化地造成影响。如何将顶层设计做到完善细化、考虑周详并形成可以公之于众的方案和资料，以及如何做好顶层设计的沟通和解读工作，是足以对改革的成败造成巨大影响的重要问题。

　　第二，要有试错机制。即使有科学的顶层设计，依然没有人敢拍胸脯承诺变革会成功。因此，领导者对变革应该抱有一种相对宽容和开放的心态，允许改革过程中有反复、有失误、有不被理解的地方，特别是要允许基层在实践中通过不断试错来探索改革的思路和办法，也就是"摸着石头过河"。由于顶层设计无法精确到细节，因此组织可以在制度设计和政策措施成形之前，通过在一定区域内推进改革试点来试错；在摸索出具体变革措施后再推广到其他地区，如果发现问题，就进一步完善,这一过程可以循环往复,直到找到一套相对完整和普适的变革政策和举措;即使当变革已经全面推开,变革中的一些政策和措施也不是一成不变的,应随着时间推移和环境的变化,针对新的偏差和问题不断改进。

对于由总公司出台的改革方案,地区差异一直是个极大的困扰,方案几乎很难做到涵盖所有情况,最好能够由总部直接出台满足差异化要求的实施细则,落实到各个地市。但可惜的是,在多年的变革中,总公司的高层都过于急躁和草率,许多改革都是未经充分调研就推开。在颠覆性变革中,为求休克治疗,甚至出现了总部一决定、当即全国施行的情况,没有任何试错的机制,然后发现问题就慌张无措,忙着推翻或者裹足不前,而不是反思问题并加以修正,最终导致失败。

虽然同行可以提供很多现成的办法和手段,但移植到TAF保险公司肯定存在水土不服的可能性,因此试错是较为稳妥的选择。斯浩然就是一个试错主义者。在本次变革中,他始终向他的团队灌输一个试错的思想,同时,他把理赔改革的试点放在了杭州中支,这既是对合并后的杭州的一个援助,更是对后续的理赔集中管控工作的一个试点,因为集中管控工作牵涉到的利益和架构变化将更大,这一决策保证了当出现紧急状况时,影响范围相对较小,不至于影响全局。在渠道变革的试点上,TAF保险公司则走得更稳,把试点机构放在了杭州的余杭支公司,沉到了县级机构一层,因为这是其熟悉的市场领域,也是TAF保险公司自身开发不足的区域,变革容易入手,也便于见效。

但必须注意的是,试错对于变革来说是一把双刃剑,用得好可能事半功倍,用得不好则可能事倍功半。而且,试错也有一个重要的前提,那就是试错的成本可控或者是在承受范围之内,最好能够在员工的心理预期和忍耐范围内。试错必须从局部开始,从某一个环节开始,对工作流程和制度的变革是如此,对人员和架构的调整更要加倍谨慎。

同时,变革者还需要明白的是,在组织变革中,各个层次人员的动力和阻力并不是各自分开的,而是在相互影响中形成一个错综复杂的力场。考虑到人作为组织变革的关键性要素,化"人"的阻力为动力就显得尤为重要。TAF 保险公司的变革需要以下两种人员力量的支持。

第一,变革型领导团队。组织变革需要一支强大的领导团队并带领全员广泛参与,方能取得最后的成功。在大多数企业,变革方案和过程往往是老板一个人最终做出决定,但个人的影响力毕竟有限,因此有一个彼此信任、充分授权的变革型领导团队尤为重要。这个领导团队既有高层管理者,又有中层管理者,组合成变革的核心力量。公司的中高层人员并不一定会同心同德地参与变革,他们也可能成为变革的抵制力量,中层干部很容易担心因层级减少、组织机构精简,自己努力得来的职权会被"剥夺";高层领导也会因变革的前途未卜,以及有可能导致矛盾激化等阻力而犹豫不决,或者表面上、言语上赞成,实际上消极、被动甚至反对。

反观 TAF 保险公司的变革史,一把手意志主导的情况尤为明显。在一把手个人威信较高时,组织还能够执行变革的相关指令,一旦一把手威信降低,变革阻力就急剧增大。在第一轮变革时期,公司的董事长作为公司的创始人具有较高的威信,变革虽然也有一些争议,但是还能够实施,后来由于其以董事长的身份过多参与公司经营,引起了公司总经理的不满,并最终演化为公司领导人之间貌合神离的对抗,直接导致理赔体制改革成了一场夺权运动——所有的变革都是为了人、财、物的剥离,而非理赔专业化的实现。最终公司内部撕裂、成本严重失控,大批人员出走也就不足为奇了。

至于第二轮变革更是如此,首先新一任班子都是来自各个股东单位的代表,其次原股东没有完全撤资,原班子成员也有所保留,最后变革的主导者主要是大股东(信托集团)的董事长,班子成员本就心思各异，更不要说合力了，因此当变革出现种种不利迹象时，他们都抱着一种看热闹、看笑话的心态缄口不言，抱着一种混日子的心态阳奉阴违，领导所能听到的也永远是报喜不报忧，加之利润和保费情况都在好转，这种颠覆式的变革就变得愈加为所欲为，最终自我毁灭。

这种变革领导者无力的现象，在第三轮修正变革中，也没有得到根本性的改变。董事长和总裁如何分工始终不明确，班子成员之间也一直若即若离，下面的中层干部执行起来畏畏缩缩、瞻前顾后，因此修复工作必然绵软无力，变革也走向了末路。

然而在 TAF 保险公司新一轮变革中，从以老孙和老钱两位副手为代表的高层管理者，到以小赵和老李为代表的中层管理者，其实也对变革抱有看法和意见，对变革的实施方法和推行进度也有不同见解，因此在变革中实际上仍然没有形成一支有凝聚力和向心力的领导团队，这也直接导致斯浩然陷入困惑和深深的无力感中。而产生这一现象的原因其实也是很复杂的。一方面，他上任不久，未能服众，在班子成员中资历一般、年纪最轻，而在下一级的管理者中也不乏资历和年龄更老的干部，直接削弱了其话语的分量；另一方面，中高层管理者队伍受变革之苦较多，患有"变革恐惧症"，这也是需要通过时间和变革的成功来平复和改变的。当然他本人可能也是意识到了这点，因此也急于引进人才，形成专属领导团队，对这支变革动力不足的中高层领导团队进行换血。但这也必须考虑对现有团队的冲击问题，实际上领导团队的形成需要有外部力量的充实，这是成效最快也最省力的做法，同时也需要有内部力量的转化，不能偏废。

第二，变革同盟军队伍。底层员工是变革中的弱势群体，有害怕变革的天然心理，而来自员工的阻力，主要是指来自基层管理者和一线员工的阻力，这又是影响变革成功的一个非常重要的因素。通过变革的相关理论我们不难发现，员工抵制变革无非是由于技术、利益和心理等因素。因此，对员工技能和理念的塑造，包括心理契约和组织承诺的构建,成为变革的重大任务。

变革往往会对组织成员的职业生涯发展产生影响,如果他们无从获得一定的保证和承诺,以忠诚、努力作为条件换来的工作稳定感会消失,并感到命运难测,甚至在内心夸大变革的不确定性,员工的工作效率和情绪就会受到影响。TAF 保险公司的变革,更多倾向于对体制的塑造,比较轻视对员工的塑造,在变革中一是缺乏适当的政策宣导和技能培训,二是缺乏远景的建立和适当的沟通、激励。可是,TAF 保险公司的员工构成又以 45 岁以下的中青年人为主,他们承受着较大的经济压力和社会压力,对地位、评价、利益、职业生涯都比较看重,因此对变革中的得失较为计较。同时,在 TAF 保险公司工作三年甚至五年以上的老员工又占了多数,他们更介意忠诚的回报,对大批新人的加入更敏感,也更容易受到心理契约缺失的影响。

以销售体制改革为例,当时公司的销售体系还没有形成规范化、系统化的管理,公司仅有直销人员和个人代理人两种销售力量。直销人员操作方式单一,团队战斗力不强,完全是散兵游勇式地打市场;个人代理人更是缺乏有效管理,人员流动性大,业务不稳定。公司几乎没有营销这一概念,只是各级机构根据需要自己设立一些市场部门或者销售部门,主要职能也只是统计一下市场状况,做一些动态分析,以及登记手续费等工作。当公司领导人感受到来自监管和同业的压力,并认为公司必须变革时,这些问题根本不是普通员工所能感受到和认知的,因此也不能理解公司以销售为主线、以渠道为切入点的战略转型,加之这一变革思路略微超前于市场实际,公司上下几乎无人懂渠道,也没有人说得清雇员直销渠道、个人代理渠道、专业中介渠道这几个新生事物究竟是什么,对机构标准化建设、客户关系管理等词语更是一知半解,也就无法接受突然的架构调整和工作变化。在那一年多的变革时期,虽然迫于组织命令,全国绝大部分机构都勉强做到了架构设立和人员到位,可是岗位人员实际能够胜任的寥寥无几,公司上下茫然无措,疲于应付,最终变革也没有达到预期的效果。

实际上,在这一轮变革中,斯浩然的渠道变革计划和当年的销售体制改革很相似,有所不同的是——时至今日,"渠道为王"的理念经过多年的市场实践已经广为人接受,这一次的变革也要比当年的变革走得更远一些,更加直白地向着业务公司化的目标前进,但牵涉的利益因素也大大增多,而且渠道如何经营也从公司自创和摸索转为了借鉴同行,这种由外而内、自上而下的改变无形中增加了员工适应的难度,而且变革的"坏处"近在眼前:对于内勤和管理人员来说,原先的技能不被认可了,原来的理念落伍了,很可能被外部人员所替代,失落感和危机感是显而易见的;对于业务员来说,原来自己维护的业务变成了渠道部统一管理,高额的手续费变成了微薄的维护费,对业务的掌控力更是逐步丧失,自己在行业内的身价也大大缩水,好处全被公司拿走,自己的获益却几乎看不到。

类似的问题也出现在了理赔变革的试点中。那些已经长期习惯了原来的工作流程、完全不胜任完整操作流程的内勤们,曾经自我感觉良好,工作安逸平静,认为自己能胜任岗位,而现在则被评价为能力低下,过去在 TAF 保险公司所付出的一切努力都遭贬值,不但晋升机会被外来的、被认为更有能力的人占据,而且时刻承受着被取代的风险,更忧心的是转型之后自己多久才能适应新的岗位要求,甚至最终能不能适应都是未知数,而公司也没有给他们培训和讲解,只是工作内容直接变化了。他们都被设定为理应会做,而实际上未必如此。

在这种情况下,变革的承受者当然会和变革主导者离心离德,想方设法阻挠变革,希望证明变革是不明智、不正确的。这些员工是公司的基础,如何把他们转化为变革的同盟力量是必须仔细思考的问题。

拓展阅读

变革的阻力源

组织变革在某种程度上是一种"创造性破坏",这种带有冒险意味的行为必然带来不同观念的碰撞、不同利益的纷争、不同关系的调整,因此变革经常会遭遇阻力。变革阻力是指反对企业变革、阻挠变革,甚至对抗变革从而阻碍组织变革进程的力量。按照阻力的来源主体,变革阻力可以分为以下四种。

(1)个体阻力。这类个体迷恋传统,苟安现状,习惯于原有的秩序和章程,害怕变革;形成职业心向,即心理上的定式,喜欢按自己的习惯做出反应;害怕变革会带来利益和权力的重新分配,从而产生抵制心理。

(2)群体阻力。当变革影响到组织中的各类团体在长期工作中形成的习惯化/模式化的行为方式时,群体会抵制变革。工作中形成的群体规范和组织中的非正式组织关系也会成为约束组织成员行为的重要惯性。

(3)组织阻力,即组织对原有权力和地位的维护。人们不想轻易失去已获得的地位和权力,因而在思想上和行动上会以各种形式抵制对其地位和权力有危险的变革。任何一种新的主义和对资源的新用法都会触犯组织的某些权力,所以往往会受到抵制。

(4)企业文化阻力。企业文化一旦形成,就会表现出一种惰性。组织的惯性思维可以帮助组织稳定现状,但对于组织的进一步变革会产生阻碍。一旦面临突变,这种曾经培育的成功文化会迅速成为变革的阻碍。当企业组织变革形成新的文化冲击时,旧的企业文化会通过各种途径进行自我保护,抵抗新文化的入侵。

变革的抵制与转化

尽管组织变革的阻力来自组织内外部的方方面面，但是人们一般都更多地将企业变革失败归咎于内因。其中最为突出的是员工抵制，抵制可以来自底层员工，也可以来自中层员工，甚至来自高层员工。许多员工的抵制倾向来源于对变革的本能反应。

员工产生抵制情绪的原因，即引发组织变革抵制的原因主要有以下五种。

（1）个体利益与全局利益的取舍。员工容易从狭隘的私利出发，不顾组织的整体利益，不能接受变革中的权益再分配损害到自身的既得利益。

（2）对变革发动者信心不足。员工对变革的意义不明了，对变革的紧迫性和必要性认识不到位，甚至认为变革发动者动机不纯，或者是怀疑其实施变革的能力。

（3）对变革的后果估计不足。员工对变革的阶段性问题产生猜疑，放大问题，对变革缺乏耐心，散布负面信息，认为变革可能达不到预期效果，可能会对组织、个人利益产生损害。

（4）顾虑自身的技能和知识过时，视变革为威胁，担心自己遭遇淘汰或者丧失原有地位。这类人多指那些墨守成规、进取心不强的员工或是高龄员工。

（5）其他心理障碍如固定思维、习惯、惰性。员工不愿意做先行者，回避风险，缺乏勇气和必要的心理承受能力等。

企业对于员工抵制的转化方法有以下五种。

（1）加强沟通，营造氛围。组织可以做到以下四点：一是营造危机感，激发员工变革的愿望；二是提出一个美好的前景，为变革指出大的方向，提供变革的动力，这个美好前景应该是可想象的、有重点的、有吸引力的，以及灵活的、可行的、可传播的；三是适时地提供信息,澄清谣言,让员工理解变革的实施方案,为变革营造良好的氛围;四是时刻关注员工的心理变化,及时交流,在适当的时候可以做出某种承诺,以消除员工的心理顾虑。

(2)加强参与,形成合力。组织应尽可能地听取员工的意见和建议,让员工参与到变革中来,甚至可以将部分决策权和行动权赋予参与变革的积极分子。

(3)计划周密,适时激励。变革发动者应制订细化缜密的变革计划,注重阶段性成果。如果经过艰苦努力、付出很多之后,成果并没有比原来更好,甚至更差,员工对变革的积极态度会丧失,因此组织有必要通过良好的安排迅速创造出使员工获利的短期效益。

(4)培养中坚,树立榜样。变革发动者应稳住关键人员,消除他们的顾虑,让他们感受到自己的价值和地位,安心工作;树立变革进取精神,起用具有开拓创新能力的人才。

(5)把握节奏,消弭冲突。在不影响变革把握以及变革效果的情况下,变革发动者应尽量放慢节奏,用渐进式变革给员工营造较为宽松的自我转变环境,从而减少激烈的抵制。

(三)公平是焦点

组织变革实际上往往是效率导向的,但是为了追求效率而无法兼顾的公平问题有可能是变革高失败率的根源所在。公平往往是组织变革矛盾的焦点。在 TAF 保险公司一次次变革中,公平也是绕不开的话题。TAF 保险公司待解决的公平问题主要有以下两个。

一是亲疏有别。根据领导—成员关系理论,领导会与下属建立起不同类型的关系。其中有些下属会得到更多信任和关照,可能享有特权,如工作更有自主性、灵活性,享有更多的升迁机会与更丰厚的报酬等。这些下属属于"圈内人"，有些下属则为"圈外人"。

斯浩然作为上任不久的领导者，希望有一支能为自己所用的"圈内人"力量，心情不难理解，但是厚此难免薄彼。那些特招进来的、飞回来的倦鸟，自然而然享有特别的照顾，在定级、薪酬、任命上都受到人才引进政策的优待，在工作中更是被委以重任，尤受信任。这种不公平和落差大家都看在眼里，虽然不便明说，难以公开反对，但私下必有抱怨，工作积极性也会受到打击。为了安排"圈内人"，很多时候需要"圈外人"腾位子，为此公司出台了一些指向性特别明显的制度，譬如旨在让原干部尽快退下来的"干部退居二线管理办法""干部末位淘汰管理办法"，以及旨在创造新的干部职级的"总监管理办法"，导致留下来的旧人们心理契约撕裂和组织承诺下降，要么观望、要么自弃，公司里的氛围微妙，员工对开门红失去斗志，消极怠工，业务不温不火做不起来也就不足为奇了。这些对于变革的消极态度一旦形成，"圈外人"很可能会联合起来，从不乐意到不配合到公开叫板抵制，内勤的罢工事件就是一个例证，这种状态显然对变革的杀伤力极大。

在 TAF 保险公司两个机构的合并过程中，亲疏有别的问题仍然存在。老李即便表现得再努力，希望能够转变自己原一营老总的立场，也很难真正做到一碗水端平，总会有意无意地把天平倾向自己的老部属；原二营支公司经理们对考核的不满其实也是借了一个由头集中爆发而已；而那些没有话语权的普通二营员工，只能以离开宣泄不满。由此可见，公平问题在变革过程中影响重大。

二是前后有别。变革的核心是"变"字，但是在一个变革的始末，还是应该有一定的延续性和一贯性，不能朝令夕改，特别是一些涉及员工利益的内容。比如在理赔体制改革和资金结算体制改革中，由于未见成效，公司就选择了反悔的下策，把这些独立出去的人重新推回去，这不仅否定了自己的变革，也让那些因为变革而命运跌宕的员工感觉到了不公。又如在目标承接任务的变革中，预期中应该获得的收入泡了汤,那些被利益激发出来的变革热情迅速被泼了冷水,整个变革的信任基础彻底坍塌。

而在斯浩然的变革中,前后有别最为突出的表现在于建章立制和一事一议。斯浩然实际上非常希望建设一个"法治"环境,而不是依靠"人治",也非常不喜欢家长制的领导作风,希望以制度说话,任何事情都能够照章办理。然而在真正做的时候,由于建立制度在前,凡事不可能周全,因此各类例外总会如影随形。以持证上岗为例,公司规定首先从两核负责人开始,要考试及格方可上任,在原有干部提拔时,这一条规定得到了严格执行,而且对试卷的难度提出了更高要求;而引进人员无法通过考试时,又可以被额外考虑,在一些制度、流程、指标计算方式上给予放宽;又比如在宣布了新入司人员必须有本科以上学历,且必须为全日制二本以上之后,当某个引进人员仅持有高中文凭时,又得到了特殊对待,甚至被委以领导岗位。天下没有不透风的墙,这样的事情多了,员工怎会不议论? 为了防止矛盾和纠纷,但凡公司出台的制度,必定注明"一事一议""特殊情况另行研究",制度的严肃性大大削弱,"法治"最终还是沦为了"人治"。

言而有信,领导方能服众;前后一致,制度才有效力;前后如一,公平处事,也是变革的立足点。

待到班子会议结束,夜幕已经降临。想到大家提出的问题,斯浩然独自伫立,眉头紧锁,凝视着窗外那难以穿透的沉沉夜幕。纵然黑夜过后必定会迎来黎明,纵然夜色中会有星光点缀,但夜晚终归是暗黑的,众多的美好仍然只是存在于闪烁中、存在于期待中。变革带来的获益与成果往往是潜在的、滞后的,但变革的风险与威胁总是现实地摆在眼前,公司内所有人都在感受着来自变革的各种冲击,破旧立新从来不会一帆风顺,TAF保险公司的变革之路究竟该何去何从?

第二章　浙鸿公司组织变革与发展下一步该何去何从？[①]

随着浙鸿机械设备股份公司(以下简称浙鸿公司)所处市场环境发生改变，为了促进企业发展，公司依据新的发展战略对组织结构进行了相应调整，构建了事业部体制；通过变革推进，企业总体发展态势良好，竞争能力明显增强，经营业绩获得增长；但同时在公司的内部管理、产品质量、员工情绪等方面也出现了一些问题，影响了企业的正常运行和进一步发展。在组织变革发展过程中，浙鸿公司面临着管理困惑和员工对改革的抵制问题。本章以资金使用投向决策为焦点，就公司下一步变革发展的方向性问题，展现了公司管理层的认识分歧和争论。

浙鸿公司位于杭州，是一家以研发和生产矿用机械设备为主营业务的企业。公司前身是原国家电力公司所属的设备制造厂，成立于20世纪70年代，由原国家水电部在杭的一所技工学校和一家机械修配厂合并而成，主要从事水电施工设备的制造。作为部属企业，在计划经济时代，工厂根据上级部门的指令完成每年的生产任务，产品的主要用户是国家的各大水电工程局。由于工厂所需的产品、技术、资料是由部属设计院所根据工程施工需要设计好后免费提供的，因此企业

---

① 本章作者为许小东、俞成森。

内部资源配置以生产制造为主，与当时的大部分企业一样，工厂采用按职能划分的扁平化管理模式。由于工厂设备齐全，生产能力强，其产品在业内有非常优异的口碑，曾多次获得国家级及省部级的奖励，这一直是企业引以为豪的事情。20 世纪 80 年代和 90 年代，工厂更是辉煌一时，效益好，工人收入不错，企业员工的满意度和敬业度也特别高。

随着市场经济的发展，特别是国家电力体制改革的不断深入，整个电力系统逐步实现企业化运作，相互之间的竞争日趋激烈，在设备采购方面的市场化程度越来越高。与此同时，许多新的设备制造企业开始进入这个行业，加剧了市场竞争。在迅猛的社会变革过程中，工厂的外部环境发生了明显变化：上级部门不再给公司下达生产任务，工厂要自己开发研制新产品，满足市场需求，争取订单。而这家原先条件优越的工厂显然没有做好面对这些变化的准备，到 2003 年改制前，工厂共有员工 440 多人，其中大专以上学历人员 74 人，整个企业从事产品研发的技术人员只有 9 人，销售人员仅 12 人，而从事产品生产制造及管理的人员有 318 人，其余为行政及后勤人员（如图 2-1 所示）。这样的人员结构和以制造为主的内部运作体制根本无法适应新的市场环境，因此企业发展缓慢，效益不断滑坡。2003 年公司的销售收入约 4000 万元，人均还不到 10 万元，生存发展压力很大，员工待遇也逐渐落后于同行。

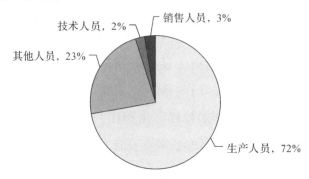

图 2-1 浙鸿公司 2003 年改制前的人员结构

为了寻求突破，经相关部门批准，2003年工厂实施股份制改造，整体转制成立了现在的浙鸿公司，以洪正明为首的经营班子以及当时的中层团队成为公司的新股东。作为公司董事长兼总经理，洪正明20多岁就进入这家企业，从基层工人做起，干过供销员、供销科科长、经营副厂长，一直到1996年担任厂长，对企业各方面情况了如指掌。改制后，摆在洪正明面前的是一个非常困难的局面：一方面，为了公司稳定，他无法对人员做出太大的调整；另一方面，当时的市场情况很难支持企业的生存与发展。如何才能改善公司的状况？

洪正明与当时的经营班子花费大量心血，在做了充分的市场调研后做出决定：打破只做水电的单一市场格局，开拓煤矿用户。选定目标后，洪正明随即安排公司的技术和销售部门开始新产品的研发与新市场的开拓。一年多的时间过去了，事情的发展并没有想象中那么顺利，公司的新市场几乎没有明显增长。销售部门反映产品在许多功能和细节方面不能适应新市场的需要，技术部门的更改速度很慢，而且生产车间总认为为了一两个客户更改设备不符合公司的常规做法，会给生产以及后续的服务带来问题。技术部门则抱怨新产品的试制没有得到生产部门的重视，一些设计改进很难被快速地实施。当然生产部门也有想法，说设计部门总是拿些不成熟的东西来生产，经常做到一半又要修改，大大降低了生产效率，"本身我们就很忙，工人都不愿干那些活了"。

面对这些问题，洪正明分析出的主要原因是，公司原来是生产型企业，大量内部人员都配置在生产方面，而且大家的意识在无形中养成了一种为生产服务的理念，设计追求标准化，生产追求批量化。在这样的情况下，企业很难做到快速响应新市场的需求。这到底应该怎么办？洪正明当时也感到有点困惑和无能为力，因为他非常清楚，要改变有着几十年历史的公司文化绝非朝夕之事。

洪正明曾攻读浙江大学EMBA，其中的课程学习给了他不少有益启发,慢慢地他在脑海里形成了一个大胆的想法——变更公司原先的组织结构,集中公司的优势资源去开拓新市场。同时他也意识到,如果用一批新人,成立专门的部门来做这件事,成功的把握会更大。可洪正明心里知道,在这样一个传统企业里开展变革活动,风险还是很大的,所以他非常重视这项组织变革活动,从各个方面给予其一定的资源倾斜。

在洪正明的大力推动下,公司成立了一个跨职能的部门来全面负责煤矿市场的运作,职能包括技术研发、市场营销、生产制造、售后服务等。为了使新部门能够脱胎于公司原有的文化,洪正明在人员安排上瞄准了年轻人,他认为年轻人做事可塑性强,有闯劲。于是,在公司工作了五年的高伟领命组建了公司的第一个按事业部制运行的部门——矿用设备部,并从公司的研发、销售、生产等部门抽调了一批年轻骨干,专门负责煤矿市场的运作。洪正明的这次大胆的改革尝试取得了很好的效果,由于部门目标明确、职能齐全,煤矿市场逐步打开,公司上下也对这种事业部型的组织结构非常认同。随后公司又用类似的方式开拓了火电辅机产品和重型装备加工业务。

经过几年的调整,浙鸿公司的三块主要业务按产品与市场分类,分别装入了三个事业部,公司的技术人员与销售人员也被分到了各个相关部门中。与此同时,经受过市场充分洗礼的洪正明也深刻意识到关注市场和客户的重要性,因此他决心改变公司的发展重点,鼓励各部门重视市场营销、加强技术研发、控制生产方面资源的投入。但为了减少对生产系统的冲击,洪正明没有将公司原来的生产、采购、外协、车间等部门分拆到各事业部,而是合并成生产制造部,继续负责公司老产品的生产。

一、公司发展蒸蒸日上

浙鸿公司董事长洪正明是一个有理想的企业家。从企业改制那天起，他就想着把企业打造成为能源专用设备行业中的优秀企业，为员工提供良好的发展平台，为股东创造价值。在洪正明的带领下，这些年来公司发展迅速，面貌焕然一新。

浙鸿公司在 2003 年成立时，其初始注册资本只有 1000 万元，后来公司分别在 2004 年和 2005 年进行两次增资扩股，使得其注册资本最终达到了 3000 万元。随着公司大幅增加研发投入，公司的技术实力大大增强，产品推陈出新，还承担了一个国家火炬计划研发项目，2008 年被相关部门认定为国家级高新技术企业。公司的主要产品和业务有以下三类。

一是钻机及相关设备。该产品的主要用户是煤矿、水电施工局等，钻机设备原先主要用于水电施工。2003 年后，通过产品技术改造，钻机设备成功打入煤矿市场，用于煤矿井下瓦斯抽放、地下水害防治等。由于钻机设备在煤矿井下使用，需要国家相关部门颁发生产许可证，因此生产该产品有一定的行业准入门槛。钻机大致分两种：立轴式钻机和全液压钻机，其中全液压钻机是近年新开发的产品。钻机类产品的用户对产品的技术性能会有不同要求，客户由于自身的施工工艺、地理区域、工作环境等因素，会对设备提出改进要求，因此公司要经常关注客户需求的变化，快速推出新产品。钻机类产品生产安排属于批量生产，每半年由矿用设备部根据市场情况制订排产计划，由生产制造部负责立轴式钻机的生产，矿用设备部自己负责全液压钻机的生产。近几年，国家对安全生产的重视程度加强，出台了一系列政策，要求煤炭企业必须配备此类设备，因此钻机类产品的市场需求不断增加；再加上公司的重点扶持，钻机类产品逐渐发展成为公司的主力产品，随着能源需求不断增加，发展前景十分广阔。

二是煤采样设备。该产品的主要客户是火力发电厂、钢铁企业等，用于煤炭的取样。掌握煤质成分是提高煤炭燃烧效率、控制排放的基础，随着国家节能减排要求的不断提高，燃煤的质量也越来越受到火电、冶金等用煤单位的重视。作为检验煤质的基本工具,采样设备的市场需求非常旺盛,而且随着环境友好型社会建设的推进,业内人士看好煤采样设备的前景。该类设备是系统集成产品,包含多个单体设备,用户的个性化要求也比较高,产品通常都是根据用户的技术要求定制。

三是重型装备加工业务。该业务的主要产品是起重设备的起吊行走小车,客户是一家专业的起重设备制造公司,通过多年合作,双方建立了稳定的业务关系。起重机部件是根据用户的订单合同要求来生产的,细节上的变化比较多。

经过这些年的调整,企业的组织架构有了明显变化(如图 2-2 所示)。2010 年,浙鸿公司员工人数为 358 人,其中大专以上人员 131 人。公司内设综合管理部、人力资源部、财务管理部、质量管理部、科技管理部五个职能管理部门,另设矿用设备部、重型机械部、电厂辅机部三个按事业部制运作的部门以及生产制造部,其中各业务部门的人员情况如表 2-1 所示。浙鸿公司的保洁、安保等业务都外包给了专业公司。

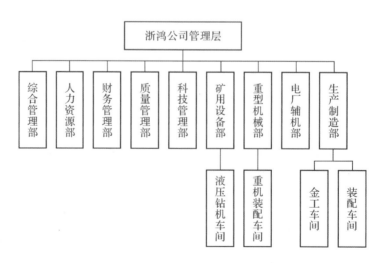

图 2-2　浙鸿公司 2010 年的组织架构

表 2-1　浙鸿公司 2010 年各业务部门人员构成　　单位：人

人员构成	矿用设备部	重型机械部	电厂辅机部	生产制造部
技术人员	16	2	9	0
销售人员	21	2	9	0
采购人员	5	2	5	15
生产人员	32	22	0	95
其他人员	12	2	13	21
合计	86	30	36	131

2010 年，浙鸿公司的销售收入约为 1.7 亿元，净利润 1000 多万元。钻机及相关设备的销售收入约为 1.1 亿元，约占公司总收入的 63%，其中立轴式钻机的销售收入为 6000 多万元，全液压钻机的销售收入为 4000 多万元；电厂辅机类产品的销售收入约为 2500 万元；重型装备加工业务的销售收入约为 3500 万元（如图 2-3 所示）。

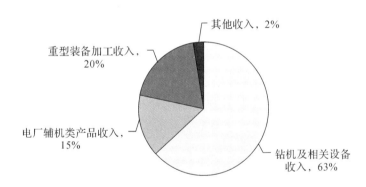

图 2-3　浙鸿公司 2010 年收入构成情况

此外，2008 年，浙鸿公司在有关中介机构的帮助下，设定了明确的发展战略：不断加大资金和科技投入，在加强和巩固现有煤矿安全设备和电力辅机设备生产业务的同时，延长能源专用设备的产品链；到 2013 年实现公司销售总额超 2.5 亿元，净利润 3000 万元，并争取在深圳证券交易所上市，进入资本市场。

　　虽然公司当时的业绩与上市要求相比还有一定距离,但看到这些年公司的业绩持续增长、企业朝着自己设定的方向快速发展,洪正明感到高兴和振奋,他坚信只要公司上下齐心协力做好煤矿与电力这两块市场,那么完成这个目标一定指日可待。

　　从浙鸿公司的整个战略与组织变革过程中,我们可以看到,浙鸿公司原先产品单一,主要职能是按时完成上级下达的生产任务,并保证产品质量。根据这一目标,公司按照不同的职能设立了销售、技术、生产、采购、质量、财务、人力资源、行政管理等部门,主要的资源配置在生产职能上。2008 年变革前,浙鸿公司采用的是稳定型战略,其组织设计的特点为:职能型的组织结构,在企业职能设计上以生产制造为主,技术研发和市场营销相对较弱,整体呈中间大、两头小的"橄榄型"结构。

　　为了适应外部环境的变化,浙鸿公司在明确新的发展战略的同时,进行了组织变革。公司根据产品与市场,设置了三个独立的事业部来负责运营具体的业务,各部门的主要职能包括产品研发、市场营销、设备制造、客户服务等,同时公司的发展重点也调整为技术研发与市场营销。其组织设计的特点为:事业部型组织结构,职能设计上重视技术研发与市场营销,大力发展制造业务外包,企业呈中间小、两头大的"哑铃型"结构。

　　从变革类型来看,浙鸿公司的变革涵盖了技术变革、产品及服务变革、战略与结构变革等,其重点主要是组织的基本结构形式与关键职能的变化。具体变革情况如表 2-2 所示。

表 2-2　浙鸿公司 2008 年变革前后比较

变革内容	变革前	变革后
企业战略	稳定型	扩张型
产品结构	单一	多元化
竞争战略	制造能力主导的差异化	技术、品牌、渠道等主导的差异化

续表

变革内容	变革前	变革后
组织结构形式	职能型	事业部型
重点职能设计	生产制造为主,橄榄型	重视技术研发、市场营销,哑铃型

拓展阅读

组织设计的内容、原则与影响因素

企业的组织设计是指在组织理论的指导下,以组织结构的合理构造和有效运行为主要内容的组织系统的整体设计工作。组织设计是建立或变革企业组织的过程,它是通过对组织的结构、流程、职权、绩效和激励机制等模块进行设计和整合,从而使企业组织最终获得最佳工作绩效的动态过程。组织设计不仅包含组织结构设计,还包括组织内部关系及运营机制的设计、人力资源的配置及人力资源管理的设计等。

现代企业的组织设计主要遵循下面几条基本原则:①组织结构服从战略的原则;②组织适应环境的原则;③分工与协作的原则;④统一指挥的原则;⑤管理幅度和管理层次的原则;⑥集权与分权相结合的原则;⑦权责对等与才职相称的原则。

影响组织设计的主要因素包括企业环境、企业战略、企业生产技术、企业文化及人员素质、企业规模等。随着社会的发展,为使组织能够更好地适应外部环境的变化,组织设计呈现出以下趋势:①组织设计的扁平化,即减少管理层级,提高管理效率。②组织设计的柔性化和虚拟化,柔性化是指以有弹性的以业务为导向的团队机构来取代僵硬固定的机构,虚拟化是指企业保留具有核心竞争力的部分,同时依靠其他组织进行制造、分销、市场营销等业务经营活动。③组织边界模糊化。④组织管理知识化。⑤组织运行电子化,即大量运用信息化、电子化技术进行管理。

二、争执激烈的高管会议

四月杭城的下午，天气还略带清凉，浙鸿公司大楼顶层会议室里却气氛热烈，公司的董事、监事以及其他高级管理人员正在激烈讨论公司资金的使用投向问题。而这笔公司资金，与当地城市发展规划颇有渊源。2011年初，由于城市发展规划需要，浙鸿公司的生产基地搬到了城郊的经济技术开发区。在支付了新厂区的购地、建设资金以及职工安置等费用后，市政府补偿给企业的资金中还有约2500万元尚未确定具体用途。对于这笔资金的投向问题，公司高层虽然已经在不同场合有过一定的沟通，但始终没有形成统一的意见。

公司董事长兼总经理洪正明对此亦有自己的想法和考虑，但面对高管们完全不一致的资金使用意见时，他有点犹豫不决。随着时间的推移，公司内不少人时有关心和议论这笔钱，洪正明认为这件事不能再拖了。因此，公司召集高层召开资金投向使用专题会议，希望通过会议交流讨论，让大家就此款项的使用问题，畅所欲言，充分沟通，把问题摆到桌面上，进而形成基本统一的认识和意见，合理确定这笔款项的用途。

会议上，洪正明紧锁眉头，认真听着大家的发言。

"这些年公司的设备投入太少了，我认为应该拿出一部分资金，添置一些新设备，提高我们的生产能力。"公司的董事兼生产副总经理老于正在发言。他在公司已经工作了三十多年，一直从事生产方面的工作，现在分管生产制造部、重型机械部和新建生产基地；他对公司的设备状况一直不满意，认为公司的装备水平这几年走了下坡路，应该大力增加这方面的投入。

他接着说："现在公司里老有人在说，我们是新房子旧家具，新的生产基地包括购买土地、建设厂房花了将近一个亿，可除起吊行车以外，其他新设备都没买，用的都是以前的旧家伙。按照现在的厂房和生产规模，我看需要再投入 2500 万元左右的设备，才能相互匹配。"

这几年公司的销售不断增长，但公司的生产能力捉襟见肘，不得不依靠大量的制造外包来满足需求，这给他的工作带来了前所未有的挑战。

这时公司的副总经理、主要负责科技管理部与质量管理部的老宁清了清嗓子说话了："我非常同意老于的意见，咱们现在的许多设备都太旧了，加工精度也不高，买些新的设备可以提高我们的生产制造能力，保证产品的质量水平，这可以帮助我们争取更多客户。"

他讲完后没人发言，会议室的气氛一下子沉闷起来。洪正明抬头看了大家一眼，目光落在分管财务与人力资源的副总经理高伟身上。高伟是洪正明一手提拔起来的，30 多岁，做技术出身，年轻好学，洪正明非常看好他。经过多年的考察，洪正明让这个搞技术的下属转行负责公司财务和人力资源管理，这在公司的历史上还从来没有发生过。高伟也没让洪正明失望，不仅拿到了相关的从业资格证，而且通过几年的工作实践，已经完全能够胜任现在的工作。

"小高，谈谈你的看法。"洪正明习惯了叫他小高，尽管其他人都叫高总。高伟抬头看了一眼洪正明，开口说话："好的，那我从财务角度分析一下我们的状况，这几年公司的人均销售收入和产品毛利率有明显提高，主要是得益于公司目前的运作模式，特别是几个事业部，把大量的加工业务分包给了外协厂家，自己只做设计、销售、总装和售后服务，这样一方面人员相对较少，人均产出提高，同时还在没有大量增加公司的固定资产投入的情况下增加了销售收入，摊薄了设备及厂房的折旧，相对提高了产品的毛利率。"

说到这里，高伟抬头看了洪正明一眼，又继续说道："如果我们现在突然增加大量的设备，业务好的时候问题不大，但万一销售出现波动，业务量下降了，那么设备利用率就不好保证了，肯定会影响毛利率，所以我认为在设备投入方面大家还是要慎重。另外，增加设备的同时肯定还得增加工人,现在我们一个工人的费用可不好说,万一工作量不足,在人力资源管理上也是件麻烦事。"

"高总说得有道理,我认为投部分资金到技术研发和销售渠道建设上更加有利。目前市场竞争激烈,技术与营销才是我们应该关注的重点,生产制造采用外包就可以了,现在那么多大公司都是这样做的,只是我们要提高自己在这方面的管理水平。"大明也是公司的副总经理,分管公司煤矿市场方面的事务,分管矿用设备部。销售员出身的他,性格开朗,说话直来直去,他喝了口水继续说道:"现在国家十分重视煤矿的安全生产,要求所有煤炭生产企业必须配备保证工人安全的设施和装备,前段时间国家已发出文件,要求煤矿必须在未来五年内配备井下避险设备,因此井下救生舱是一个有市场前景的项目,虽然前期公司投入的研发资金会多一些,但是一旦研发成功,肯定会有非常大的市场,现在国内好几家企业都在投资研发这个产品,我们这么多年做煤矿安全生产设备,有良好的市场基础,所以我建议我们要抓住机遇,调集资金往这方面投,保证公司的后续发展动力。"

洪正明心想:"看来,大家的意见主要集中在两个方向,一是新产品的研发投入,二是新加工设备的购置,但公司现在的资金状况根本无法同时兼顾两者。"一方面,大明提到的项目确实具有市场前景,公司也做了一些调研,但是这个项目的开发成本很高,从前期调研、技术设计、样品试制到实验设备购买、试验场所建设、工业现场测试、生产许可证申请,至少需要投入 1000 多万元,再加上投产后所需的流动资金,估计整个项目实施需要投资在 2500 万元以上。如果能把公司搬迁资金调出来,项目就可以启动了。另一方面,这些年公司确实没添什么新设备,在这次搬迁中,除了在技术开发区购买土地、新建厂房,也没有更新设备,因此公司许多人都提出要借搬迁的机会,购置一批设备,提高公司的加工能力。

听着大家的发言,洪正明心想,问题虽然摆上了桌面,但认识似乎一时没有可能统一。看到大家已经差不多讲完了，他看了一眼参会的各位高管说："今天大家都充分表达了自己的意见，资金的使用问题恐怕在今天的会议上也不能马上就定出一个方案来，我看大家是不是再考虑考虑，要不也可以请专家出出主意，找个机会听听专家的意见，怎么样？"大家也认为当天肯定是难以获得什么结果了，于是会议在三三两两的各自讨论中结束。

回到办公室，时钟已经接近下午五点钟，开了将近三个小时的会，洪正明感到有些累，坐在宽大的办公椅上休息。工作时间总是有许多人要请示汇报，无法安静。这些年，洪正明习惯了下班后静静地坐在办公室里想些问题。今天的会议，表面上看是大家对资金使用问题的争论，可事实上是对当前的内部管控模式有不同的评价和认识，这一点洪正明非常清楚，也有些焦虑。感到困惑的他不禁想起了这几年来公司发展变革中形成的各种问题和挑战……

三、产品外包的喜和忧

根据洪正明的发展思路，浙鸿公司这些年来将大部分的资金用到技术研发和销售渠道的建设上，对生产性资源的投入相对较少，产能的缺口主要通过制造业务的外包来解决。浙江民营经济发达，全省各地拥有大量的小型机械加工厂，特别是在省城杭州周围，许多区域都有自己的特色产品，形成独特的"块状经济"。这为一些大中型企业的对外协作创造了良好的环境，也为洪正明利用制造外包扩展公司产能的想法提供了实施条件。2010年，全公司外包合同量约占全年生产成本的80%，对外分包的零部件主要是液压元件、齿轮、轴类、结构件、铸件等，外协厂家主要在杭州萧山区、余杭区以及桐乡、诸暨等杭州周边的县市，也有部分产品放在宁波、上海等地，这些地方交通便利，区域内上下游配套成熟，产品价格低廉。这样的模式非常符合浙鸿公司的发展要求,为企业的迅速发展立下了汗马功劳,但是随着时间的推移,事情也出现了一些不如人意的地方。

先是产品的质量管理遇到了问题。在 2009 年公司质量管理体系内部评审会议上,质量管理部的报告认为公司产品的质量水平在不断下降,主要表现为:公司产品的试车工时明显增加,产品出厂后三个月内的故障率有所提高,客户的满意度也呈下降趋势。

公司分管质量的副总经理老宁认为,造成这种局面主要是制造外包引起的。他说:"现在公司的质量管理工作面临严峻的考验,大量的外包使质量管理人员的工作成倍增加。以前大部分产品是我们自己生产的,车间的技术人员对产品非常熟悉,而且都严格按照加工工艺来做,知道哪些是关键尺寸,应该如何控制,所以零件的加工质量非常稳定,检验人员只要抽查一下就可以了。但到了外包单位就完全不同了,有些单位的质量管理体系不完善,对工人的加工过程没有监控,零件生产不按工艺来,所以经常会出现一些质量问题,有时是尺寸不到位,有时是形位公差不合格。为了控制好产品质量,我们也采取了大量措施,比如增加检验人员、建立外协单位巡视制度等,但效果不明显。一方面,外包业务量越来越大,由于供应商规模普遍较小,同一类产品要分到不同的厂家去做,因此检验人员来回跑,工作效率低,根本忙不过来。另一方面,还有些零部件的尺寸,如变速箱体等,公司现有的测量设备无法精确测量,只能通过加工工艺来保证,这样零部件外包给外协厂家后,质检人员无法准确判断其加工质量,因此难免会有存在缺陷的零部件流入装配车间。"

可事业部的经理们不是这么认为的,他们认为问题出在质检人员的责任心和业务水平上。为了加强质量管理,公司曾出台规定,但凡产品在出厂后三个月内出现质量问题的,由质量管理部派人负责解决。对于老产品,质量部的人都非常了解,出了问题去客户那里换个零部件就解决了。可是随着新产品的不断增加,特别是一些系统集成产品的判断和处理需要一定的专业知识，一般的质检人员根本无法解决，再加上各事业部怕问题处理不好影响后续验收、回款等，因此出现问题后他们基本不找质量管理部，而是自己安排经验丰富的服务人员去处理，久而久之这个制度也就逐渐失去了原先的作用。

曾有位事业部的经理在洪正明向他了解情况时表示："他们在检验时随意性很大，有时候就是走过场，跑到外部协作工厂（以下简称外协厂）随便看一看就算查过了，反正出了问题也不要他们去处理。我们去追究责任时，他们总能找出一堆理由，比如外协厂质量意识太差、他们不可能每个零件的所有尺寸都去检查，又如重要的尺寸图纸标注要求不够等。总之一句话，他们没错，问题都是我们自己的，我们拿他们是一点办法也没有。"

其实对于产品质量水平的下降，洪正明是没有心理准备的，因为当初成立这些事业部的时候，他就已经考虑到了质量管理的问题。当时他认为公司的质量管理水平还是不错的，为了保持这个优势，洪正明才决定不把这块职能放入到各事业部中，可万万没想到还是出了问题。

除此之外，供应商的管理也给公司带来了巨大的挑战。驾驭众多的外协厂家可不像管理自己的生产车间，每个单位都有自身的不同情况，而且毕竟不是自己人，指挥起来不是那么得心应手。好几次客户催货非常紧，可偏偏有那么几个单位由于各种原因进度上不来，急得销售人员寝食难安。这样的情况如果发生在以前，公司的每个车间肯定都是通宵达旦地干。为此老于曾经跟洪正明说过："产品的制造外包只能是缓兵之计，这些外协厂根本靠不住，经常在关键时刻掉链子，没有活干的时候，说什么都答应，可是等他们一忙起来，根本不听你的，所以长远来看，还得自己干。"

"难道零部件的制造外包这条路真的走得太急了？"洪正明感觉自己有些动摇了。

浙鸿公司以产品研发和市场营销为重点，大力发展制造外包的

"哑铃型"结构,这样的路子真的错了吗? 从企业战略角度来看,浙鸿公司要通过延长产品链达到扩张的目标,也就是说要为现有的客户提供更多的产品与服务,这给公司提出三个方面的要求:一是要充分了解用户的最新需求;二是要利用公司自身的技术优势,开发出新产品与服务,满足市场需求;三是通过公司的营销手段,将公司的新产品与服务告知客户,并转变成销售业绩。根据米歇尔·罗伯特关于企业战略与关键职能的研究成果,浙鸿公司的战略导致企业的关键职能变为产品研发与市场调研及推广。

从外部环境来看,浙鸿公司地处杭州,为加快经济的转型升级,当地政府一方面出台政策,为企业发展技术、创建品牌提供了良好的平台;另一方面却从环保要求、用地指标等角度,限制传统制造业在市区的发展。同时由于当地薪酬水平的快速增长,企业用工成本居高不下,迫使许多普通制造企业外迁或是转型升级。但是杭州市商贸物流行业发达,周边的县区又有大量中小型的加工企业,这为企业开展产品零部件的制造外包提供了非常好的基础,所以浙鸿公司制造业务外包的战略符合政策导向和环境特点。

从内部条件来看,由于生产基地的建设投资规模较大,高额的固定资产折旧给搬迁后的浙鸿公司带来了巨大的财务压力,因此必须通过提高产品的毛利率加以缓解。根据"微笑曲线"理论(如图 2-4 所示),

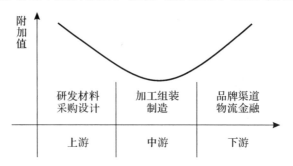

图 2-4 "微笑曲线"的变化

位于曲线左右两端的技术研发与市场营销是产业链中附加值相对较高的部分，所以公司在内部职能的配置上要趋向于这些高附加值的环节。

浙鸿公司拥有较长的历史，企业的品牌在业内具有良好的知名度，并已建立稳定的销售网络，同时通过这些年的努力，企业的技术实力大大增强，因此公司已具备利用营销和技术优势来构建企业核心竞争力的条件。

同时在生产职能配置方面，公司要注重提高附加值，重点提升高产出环节的产能。针对目前的状况，浙鸿公司应大力发展核心部件的制造能力和设备的总装能力，在保证自己场地和设备利用率的前提下，充分利用社会资源，完成其他简单零部件、通用件的加工与制造，有效提高资产投资的回报。

四、生产部门员工的意见

一开始，浙鸿公司上下对洪正明调整内部的管控模式、增加技术研发投入并重视市场营销的做法是支持的。尤其是改制后的头几年，看到公司不断地开发出新产品，销售业绩快速增长，大家都认为这条路走对了。可是几年下来，公司内部的变化改变了一些人的看法。

负责零件机械加工的金工车间原先一直都是公司的核心部门，工厂的大部分设备都在这个车间，它是工厂加工能力的主要体现，洪正明前面的几任厂长都是从这个车间出来的。但这些年的变革使该车间的地位大不如前了，许多设备由于使用年限过长而退役，还有部分设备被封停，但新增的设备寥寥无几。在人员方面，该车间的员工退休、离职后，一般也不补员，如果一些关键机床缺员，就在车间内部调剂，让一些普通机床停下来。2003 年改制完成时，该车间共有员工 86人，加工设备 85 台套全部在用，而到了 2010 年底，该车间只有员工 57人，加工设备 73 台套，其中 2003 年后添置的仅有 6 台，其余的使用年限基本上已超过十年,目前在用的设备只有 52 台,其余的由于各种原因停用了(如图 2-5 所示)。

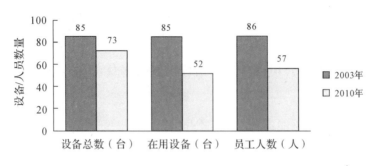

图 2-5　金工车间人员及设备变化情况

　　负责公司铸造与热处理的车间情况则更糟,考虑到运行成本高、业务量不足等因素,2010 年初,公司取消了这个部门的建制,除保留一部分与零件加工密切相关的设备外,其余都转让给了其他单位。车间大部分员工与公司解除了劳动合同,对于部分不愿离开公司的老职工,公司根据他们的年龄与文化水平,把他们安排到了仓储管理、物资流转等后勤岗位上。

　　与此形成强烈反差的是,在洪正明的引导下,公司各事业部发展得红红火火,随着业务的增长,各部门人员不断增加,办公场所也越来越大。以公司的矿用设备部为例,2003 年该部门刚成立时,部门仅十多名员工,短短几年已经发展到将近 90 人。而且为了便于他们承接业务和接待客户,公司为其装修了现代化的办公室,给技术和销售人员都配备了手提电脑等,甚至为部门配上了专用汽车。其他几个事业部的情况也差不多,发展过程中都享受到了许多"优惠"政策。

　　在人员使用方面,这些年为了满足企业的发展需要,不少年轻的市场营销和技术研发骨干被提拔到各级管理岗位上,而且公司提供了大量外部培训机会,帮助他们提升业务能力。为了吸引和留住更多的年轻人才,公司在薪酬方面也明显向他们倾斜,一般技术、销售人员的待遇也要高于相同工龄的其他员工。

对此,许多生产线上的人表示了不满,一些有资历的生产管理人员和工人技师都牢骚满腹:"为何在公司工作这么多年的老员工不提拔,反而用那些刚来没几年的大学生,这么多的产品难道不都是靠我们辛辛苦苦才干出来的?"一位当年与洪正明一起在车间干过的老技师就曾为这事找过洪正明。他是工厂的前辈,进厂比洪正明还要早,他言辞诚恳地要求洪正明不要忘记公司的根本,不要只弄些市场上的花花功夫,不发展生产制造,企业是发展不好的。洪正明看着这位老人,无言以对,只能点头称是,因为他比谁都清楚,尽管市场环境已发生巨大的变化,但是想要这些多年来在生产一线工作的老工人转变观念几乎是不可能的。

可问题是这样的人在公司里还有很多,甚至公司的一些中高层管理干部也有类似的想法。他们认为虽然这些事业部在市场营销和技术开发上取得了一些成绩,但是在生产制造与企业内部管理方面根本就不行,公司原先的管理方式比现在要高效得多。因此这些人在平时工作中态度非常消极,面对公司日常出现的一些问题,不是积极地采取补救措施,而是幸灾乐祸地批评指责,摆出一副"我早就知道有这一天"的架势。特别是在对待与几个事业部相关的事项上,他们表面上是照章办事,暗地里的态度却是事不关己、爱理不理,并且不配合工作,严重影响公司内部的相互协调和运行效率。

虽然这些年洪正明为了处理类似的新老矛盾做了大量的工作,但是收效甚微,时至今日,好像这些积累的矛盾终于要爆发了。

五、事业部管理之忧

洪正明一直认为几个事业部好像是自己孕育的宠儿,他的想法在各个事业部的努力下,一个又一个地被付诸实践。这些年,事业部逐渐成为公司重要的臂膀,优异的表现给了他变革企业的信心。可走到今天,面对更加复杂的局面,这几个长大了的事业部好像也出现了问题,不像以往那样听从公司的安排了,这无疑使洪正明更加担忧。

当初为了鼓励各事业部开拓市场,公司只是简单地考核他们的销售业绩,具体的运行规章由于时间仓促并没有一一制定,这样的考核方式延续了下来。由于职能集中,因此每个部门都建立了能够快速响应市场要求的运作机制,这为公司近年来的发展提供了强大的动力,但是这样的模式也培养了这些部门业务至上的工作意识,导致一些管理漏洞不断出现。

春节后不久的一个工作日,洪正明刚送走几位银行的客人,他关上办公室的门,准备就公司开年后第一次工作会议的发言,整理一下自己的思路。

公司的监事会主席老王敲门进来:"老洪,你有时间吗?我想跟你说点事情。"老王边说边走向洪正明,他是洪正明的前任厂长,两人私交不错,改制后出任公司的监事会主席,一直非常支持洪正明的工作。

"有空,坐下说。"洪正明一边请他坐下一边给他倒水,"我正想跟你聊聊,过两天要开个会,过完年了,大家把今年的工作思路和重点再理理,你看看监事会这边有什么想法。"

"那太好了,我今天就是有些想法要跟你交流一下,有些东西写到监事会报告里不合适,我们口头沟通吧,主要是关于事业部运作中的问题。"

"好,说说吧,事业部运行中的问题不会是小事,应该引起大家的注意。"洪正明看着老王应道。

"老洪你看,目前我们公司各事业部在人力资源配置上存在一些重叠,如果不加以协调,就会造成内部资源的浪费。比如我们每个事业部的职能配置都差不多,他们的生产职能配备,与公司生产制造部的配置也差不多,这存在一定的人力资源浪费。另外年底监事会在检查各部门工作时发现,不同部门的一些类似岗位,工作要求不统一,比如说采购,同样的一台设备,两个部门的采购价格却不一样,付款条件也存在明显差异。"老王喝了口水,接着说道:"我找几个相关部门了解了一下,他们的答复多半是个别客户要求的交货期短,为了满足客户需要,所以采购时在采购价格和付款条件上相对优于普通采购,而且他们抱怨说在采购时没有办法知道公司其他部门的采购信息,无法比较和控制。这种说法不是没有道理,搞事业部就是为了使他们能够快速响应市场,如果事事按部就班,必然影响效率。但问题是如果大家都各自为政,那么我们的供应商就会趁机钻空子,公司的利益就很难保证了,而且有损公司形象,所以我看公司在这方面是不是应该做些调整,你认为呢?"

说完后,老王看着洪正明。洪正明听了后,点点头说道:"是的,我们目前的组织架构的确存在你说的那些问题,当时为了能够集中力量去争取客户,给了事业部很大的自主权,现在看来是得考虑一下如何处理这些问题了。"

那天两人在一起聊了近一个小时,基本上都是关于目前公司组织架构方面存在的一些问题。洪正明之所以对这次谈话记忆深刻,主要是他自己也有类似的感觉。

其中一个是关于内部的运营管理。在过去两年每季度召开的公司财务分析会上,洪正明发现公司的存货数量和应收账款在不断增加,到2010年底,财务报表显示公司的存货已经超过5000万元,应收账款都快到6000万元了。这么大的流动资金占用,给公司带来了极大的财务压力和运行风险,财务部经理的说法是各事业部的存货和应收账款都在增加。为此,洪正明亲自找到这些部门的经理了解情况,但他们往往轻松地告诉洪正明:"洪总,没有办法啊,现在是买方市场,许多客户要货很急,付款条件又十分苛刻,我们如果不能响应他们的要求,别人马上就会抢走这些客户。"洪正明非常理解这些说法,做了这么多年的销售,他怎会不知道市场竞争的残酷呢,可这难道都是市场造成的吗？洪正明曾试着跟踪过几个部门的库存和应收账款的具体情况，也从中找到了一些其他原因。

为了保证交货，各事业部都留出了一定量的整机存货，但是洪正明发现大部分的存货是在制品，并非产成品。根据他的经验，在制品存货多主要还是因为生产周期拉得太长了。另外洪正明还发现有些标准件如电机、轴承等在不同的部门存在重复库存，也加大了整个公司的存货数量。在应收账款方面也有大量人为因素，好几次洪正明听到销售员跟客户说："只要您买我们的产品，付款方式好谈。"这些老到的销售员们知道，在所处的经济环境下，延迟付款对于客户来讲是非常有诱惑力的。

为改善这种境况，洪正明曾专门召开好几次会议，每次都提出些具体的指标，要求各事业部加强内部管理，一方面要控制产品的投产数量和生产周期，减少存货；另一方面要严格按照客户情况来控制赊销，加强对货款的回收。

可是这些措施没能发挥太大的作用，盯一阵好一阵，过不了多久又是老样子。有时洪正明也在想，影响产品生产周期的因素非常多，有外协厂的交货进度、零部件加工质量、整机的装配时间等，这些问题绝不是事业部的经理们能够解决得了的。至于能不能给客户赊销、产品投产数量究竟多少算合理、应该留多少库存更是没有人能说得准，总不能什么事都报到他这儿来吧，即使报给他，他又能管得过来吗？

还有技术研发方面。公司这些年能迅速发展，与技术研发能力的提高密不可分。每年公司都会制订新产品开发计划，并把项目落实到各个事业部，由每个事业部组织技术人员实施。列入计划的项目有的是公司提出的，有的是部门根据市场要求上报的。洪正明自认为市场嗅觉比较灵敏，因此每年公司新品开发计划的制订他都会亲自参加，并且经常关注项目开发进度，但是他发现，一些由公司提出的、他个人认为市场潜力不错的产品，其开发计划经常被拖延。问及原因，各部门的解释也无外乎技术人员较少，眼前市场上许多急需的东西都来不及弄，所以只能把这些相对进度要求不高的项目往后延迟。可是洪正明感到这样使得公司的技术研发非常急功近利，在变幻莫测的市场环境下，如果没有前瞻性的技术与产品储备，恐怕会影响公司的后续发展。洪正明有时想强令各事业部必须按时完成公司提出的项目，可是看到各部门里的技术人员为完成工作加班加点、东奔西跑，又打消了念头，毕竟一心不能二用，他们还承受着巨大的市场压力。

事业部暴露出来的管理问题，让洪正明陷入了深思——选择事业部型的组织结构，是否符合公司发展需要呢？

从战略角度来分析，目前浙鸿公司采用的是扩张型发展战略，到2003年，公司业绩要实现大幅度的提升。其扩张的主要途径是在煤矿安全设备与电力辅机设备市场上，通过不断开发新产品，延长产品链，实现能源专用设备领域的产品多元化。从竞争战略的角度来看，浙鸿公司力求通过其技术优势、品牌优势以及渠道优势建立企业整体的差异化竞争优势，从而实现公司的快速发展。根据企业战略与组织设计的关系理论，浙鸿公司应建立分权的、具有一定柔性和弹性的组织结构，配合现行战略。

从外部环境状况来分析，目前国家非常重视煤矿安全生产与电厂节能减排，浙鸿公司煤矿安全生产设备与电力辅机设备具有非常广阔的市场前景。但总体上来说，公司的市场环境复杂多变。首先，这两个行业的发展与国内外的经济形势、国家的宏观经济政策、投资计划等紧密相关，在当前经济全球化和一体化的趋势下，影响因素众多，因此市场存在一定的波动性和周期性。其次，随着市场规模的扩大，市场格局变化多端，新进入的企业将不断增加，市场竞争趋于激烈，企业面临的竞争对手变得更加复杂。最后，煤炭与电力是两个不同的领域，煤炭开采与电力生产行业技术相差甚远，对产品与服务的需求各不相同。行业内客户的需求也因地理区域、管理模式、生产工艺等不同而呈现个性化的趋势。浙鸿公司的外部环境出现了如图 2-6 所示的变化趋势。根据环境与组织设计的对应关系，为了应对复杂多变的市场环境，浙鸿公司应建立有机式的组织结构。

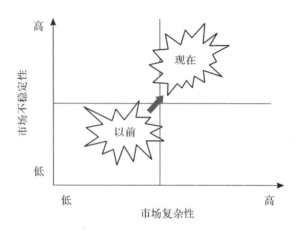

图 2-6   浙鸿公司市场环境变化趋势

从公司的产品结构来看，浙鸿公司的产品结构已经发生较大的变化。目前的产品主要分为三大类（如表 2-3 所示）。浙鸿公司的产品尽管都属于机械类设备，但是其用户跨度较大，分属不同的行业，而且产品在技术特点、设计方法、生产组织等方面存在明显差别。因此，为了更好地跟踪市场需求，快速推出满足不同客户需求的产品，浙鸿公司应当建立跨职能的事业部来负责运营不同的业务。

表 2-3   浙鸿公司市场与产品情况

产品类别	煤矿安全生产设备	电力辅机	重型机械制造
负责部门	矿用设备部	电力辅机部	重型机械部
主要客户	煤矿	火力发电厂	某起重机公司
市场竞争情况	竞争激烈	竞争激烈	单一客户，稳定
产品技术	机械、液压技术	多个产品的集成系统	机械
产品设计	标准化设计	根据用户要求定制	根据用户要求定制
投产模式	预测批量投产	根据合同投产	根据合同投产

综合上述，浙鸿公司目前所采用的事业部型组织结构，总体上是符合公司发展需要的，并且具有以下优点。

一是事业部的设置使公司能够更加专注于三个不同的目标市场，每个事业部都可以全面、及时、准确地收集各自的客户信息，跟踪市场的发展动态。

二是将公司内部的相关资源进行有效整合，组成不同的有机团队，快速响应用户的多样化和个性化需求。

三是将每类产品的运营职能明确地落实到具体的部门，确保权责清晰。这一举措一方面有利于新产品的快速推出；另一方面有利于公司对各块业务的管理与评价，也方便公司内部核算与业绩考核。

四是通过分权，使接触客户的事业部及相关人员得到充分的授权，从而快速有效地处理日常事务，提高顾客的满意度。同时可将公司高层从烦琐的日常管理事务中解脱出来，更好地考虑公司战略层面的问题。

拓展阅读

事业部型组织结构的基本特点

在管理实践中已经形成了非常多样化的组织结构形式，事业部型结构一般按照单项的产品或服务、产品群组、大型的项目或规划、事业、业务或利润中心来组建事业部。其特点是基于组织产出过程来组合部门。由于设置事业部的依据不同，各种事业部的特点也有区别。其一是以产品和客户为依据设置事业部，这样可以使企业全力打造产品线组合，快速推出产品，清楚认识各产品的销售能力；其二是以客户为基础设置事业部，这样可以使企业为客户提供量身定制的产品和服务，更好地了解客户需求，提供相匹配的高价值产品。

六、公司该何去何从？

毫无疑问，浙鸿公司在实施了组织变革以后，发展迅速，业绩大幅提升。但不容忽视的是，企业的经营管理也存在一些问题，导致内部对现有组织模式产生质疑。具体来讲，一是企业资源配置重复，各部门之间的资源与信息共享不够，存在资源浪费、协调能力不足等问题。例如每个事业部虽然都配备了采购职能，但一些类似的采购存在不同的价格和付款方式；不同的部门中有相同的零部件存货等。二是由于各事业部只考虑自身的部门利益，各自为政，缺乏对公司管理意图的执行意愿，影响公司的长远发展。具体表现有：为了提高部门业绩而增加应收账款和产品存货，拖延公司下达的研发任务等。三是由于产品零部件大量分包给外协厂家，公司对生产过程的管理控制能力减弱，如部分紧急合同由于供应商的配合不够，无法及时交货等。同时产品质量也有所下降，主要表现在产品整机试车时间增加、产品出厂三个月内的故障率上升等。四是组织变革引起企业部分员工思想波动，具体来说主要是生产方面的人员意见较大，他们对公司现行的管理模式持怀疑态度，消极工作，影响公司的工作效率和队伍稳定。

一想到公司当前面临的各种各样的复杂问题和决策难题，洪正明感受到了沉重的压力。为何变革的路径正确，取得的结果却不尽如人意呢？洪正明不停地思考着。

经过他的客观分析，有四个方面的原因尤为值得关注。

第一个原因是，事业部型组织结构缺点显现。事业部型结构虽然能够非常好地适应外部复杂多变的环境，但其在企业中具体应用的效果究竟如何——内部条件才是最终决定其应用实效的因素。从浙鸿公司目前的实际情况来看，还存在以下问题。

首先，浙鸿公司将内部的资源分开并入各个事业部中，破坏了原先每个职能部门内部的规模经济。以公司的生产职能为例，现在公司内部设置了液压钻机车间、重机装配车间和生产部下属的装配车间，虽然这几个车间生产的产品有所不同，但从职能上讲，都是设备的装配，许多设备、工装夹具都相同或者比较类似，管理人员的配备也基本一致。因此与原先统一由公司生产部负责调度的模式相比，虽然灵活性大大增加，但工具设备、管理与后勤人力资源的利用率均有所下降，从而引起生产成本上升。其他如采购、销售职能等也存在同样的问题。

其次，各事业部间的协调效果不佳。浙鸿公司每个事业部的市场与产品都相对独立，管理上也自成一体，因此跨部门协调难度大。各事业部之间有许多机构相互重叠，如每个事业部都有采购、生产、销售等岗位，由于公司目前对这些流程没有统一的规范，因此在某一项具体业务的操作过程中，会出现不同的做法，如零部件的采购价格、付款方式等。

再次，事业部间的信息沟通不畅。在事业部结构形式下，企业信息主要在每个部门内部流动，各部门相同职能间的信息无法有效传递，导致公司内部资源不能很好地共享，降低了整体的协同效应。例如，在采购相同或类似零部件时，如果各部门之间的采购信息可以共享，那么在流程统一的前提下，不仅可以省去大量产品调研、供应商选择、合同谈判等环节的时间，而且可以通过价格的比较，降低采购成本，大大提高采购效率。

最后，事业部的分权导致公司控制能力的减弱。由于事业部包含设计、制造、营销、服务等职能，浙鸿公司几个事业部在发展过程中掌控了公司大量的技术、营销以及制造能力与资源，因此公司在调动这些资源时，往往会受到这些部门的牵制，导致公司的管理意图得不到贯彻，影响企业整体战略的推进，例如公司研发计划被推迟、产品存货和应收账款增加等。

第二个原因是,浙鸿公司原先的产品结构与生产组织方式和现在的情况有明显区别(如表 2-4 所示),导致浙鸿公司出现了两个方面关系的不匹配。

表 2-4　浙鸿公司产品结构及生产组织方式变革

变革内容	原先	现在
产品结构	单一品种	多品种
	标准设计	标准设计+个性化设计
生产组织	批量投产	批量投产+小批量定制
	内部制造为主	大量分包+内部制造

其一是生产过程的管控模式与制造外包不匹配。浙鸿公司原先是以自己生产为主,品种单一,批量投产。在这种模式下,公司生产过程的管控由公司技术科、质量科与车间共同参与,整个流程的实施是建立在公司直接管理的基础上的。现在,浙鸿公司减少了自制零件的比例,用大量的供应商取代了自己的生产车间,但公司在生产过程的管理和控制上没有及时转变方式,因此导致问题的出现。

一是在零部件分包决策方面没有规范的程序和统一的标准。浙鸿公司只是简单地按照产品类别和部门来划分外包范围,这样就使得一些本不应该通过外包来生产的零部件也进入了外包范围,如对设备性能有重大影响的核心零件、质量不易通过完工检验的零部件等,这样不仅增加了产品的质量风险,而且导致公司对供应商的依赖程度较强,给公司的发展留下隐患。

二是与供应商之间的合作层次不高。浙鸿公司与供应商之间只是简单的采购关系,公司提供相关技术资料,供应商按要求提供产品,双方没有在技术工艺开发、质量管理体系对接等方面进一步地发展战略合作关系,因而导致外包产品的质量不稳定。

三是公司的供应商数量相对较多,使得每个供应商的外包业务相对较少,这降低了供应商的合作意愿和积极性,同时也增加了供应商管理的工作量和难度。

其二是质量管理方式与现有产品结构及生产组织方式不匹配。一是浙鸿公司将质量管理职能统一在质量管理部,与公司的产品多元化不相符。在标准设计、批量投产制造方式下,产品种类少,工艺稳定,浙鸿公司将质量管理人员集中在一起,按产品的加工工序分为金工检验、结构件检验、装配检验等,质量管理人员各负其责,能大大提高质量管理效率。但在这种刚性的质量管理模式下,质量管理人员习惯于专注某一环节的控制,缺乏整体产品的概念,无法适应系统产品的质量管理要求,进而会导致产品的质量控制出现漏洞。另外,质量要求的跨部门传递在信息多变的情况下,"失真"的概率大大增加,也使产品质量容易出现波动。

二是大量制造业务外包对质量管理也有新的要求。传统的车间质量管理方式中有零部件各道工序加工时的首检、巡检以及终检等环节,基本覆盖了整个制造过程。但是制造外包以后,质检人员无法及时到各个供应商监控具体的加工过程。等零部件加工全部完成后再统一检查的质量管理方式工作量大,容易忽略一些细节,而且一旦发现质量问题,处理相对复杂,往往会影响到设备的装配进度。

三是浙鸿公司质量管理的责任主体不明确,导致管理绩效不高。根据公司现有的组织设计,公司质量管理部拥有质量管理的职能和资源,各事业部则负责公司某类产品具体的运行,处理所有与产品有关的问题。虽然从表面上看,双方都有质量管理的责任,但实际上前者有权无责,后者有责无权,因此造成质量管理不到位。

第三个原因是,浙鸿公司及内部各事业部在这几年发展较快,企业的规模和所处的发展阶段与变革初期相比已经发生明显变化。

从企业的规模来看,浙鸿公司在 2003 年的主营业务收入仅为4000 万元左右,而且产品结构单一,到 2010 年底,公司收入达到了

1.7亿元,主要产品已发展为三个大类,变化幅度比较大。

从企业的发展阶段来看,根据罗伯特·E.奎因(Robert E. Quinn)和金·卡梅隆(Kim Cameron)的生命周期理论[①],无论是浙鸿公司整体,还是内部的事业部,都已经过了追求生存的初创阶段,开始朝聚合阶段发展,其主要目标变成追求成长。按照相关理论,在这个发展过程中,随着规模的迅速扩大,企业应当不断调整优化其组织结构与业务流程,重视制度建设,推进管理的规范化和精细化,但浙鸿公司在这些方面没有及时跟进,导致运行效率下降,具体表现为以下两个方面。

一是事业部的绩效考核设计不全面。浙鸿公司事业部的考核以销售业绩为主,这样的绩效评估设计在事业部初创阶段非常有效,因为一开始,各事业部的规模都比较小,占用公司的资源有限,主要目标就是开拓市场,无须承担更多其他的职能。然而随着各事业部业务规模的不断发展,其占用的资源越来越多,除了开拓市场,它们还需承担更多的管理职责,但浙鸿公司没有进行深入分析和调整,因而导致各事业部不关注公司其他方面的问题,如长远发展机会、资源的有效利用等。

二是内部管理的正规化程度低,管理方式落后。浙鸿公司原先以生产为主的管理体系,在被组织变革打破以后,各部门重新开始摸索管理方式。在开始阶段,各部门规模比较小,以简单管理为主,人为因素多,风格各异。由于公司层面一直没有出台统一要求,因此经过多年的运行,这些部门各自形成了一套相对比较稳定的作业流程,导致整个公司出现"同类业务,不同做法"的被动局面。同时公司现行的管理方式相对落后于当前的业务规模和组织结构形式,管理效率低。例如,由于没有专门的信息化管理平台,因此公司内部的协调沟通只能

---

① 1983年,美国的罗伯特·E.奎因(Robert E. Quinn)和金·卡梅隆(Kim Cameron)在《组织的生命周期和效益标准》一文中,把组织的生命周期划分为创业阶段、集合阶段(或集体化阶段)、规范化阶段和精细阶段(或精细化阶段)。

通过会议等传统方式实现，这样不仅无法对各部门的工作过程进行及时监控，而且导致大量的信息无法共享，浪费内部学习的机会。

第四个原因是，这些年，浙鸿公司实际上是进行了一场较大规模的组织变革，因此在发展过程中必然会遇到各种变革阻力，具体表现为员工的思想波动、日常管理上的一些冲突等，主要有以下两个方面的原因。

一方面，企业变革与现有企业文化产生冲突，员工不认同企业的新模式。浙鸿公司的前身是一家全民所有制的制造型企业，从普通员工到各级管理人员，主要从事产品的生产制造。由于历史悠久，企业内部通过长期积累形成了自己的文化，这种文化特征中带有非常强烈的生产情结，即注重生产效率和成本控制，推崇标准化生产，这与企业新的战略和管控模式相差甚远（如表 2-5 所示）。

表 2-5　两种模式下的企业文化核心因素比较

浙鸿公司现有企业文化核心因素	新模式需要的核心因素
内部流程维护	关注客户
标准化生产	快速响应市场需求
生产效率/成本控制	满足客户需求
生产职能为主导	技术与市场为主导

然而从组织变革的内容来看，浙鸿公司在企业文化变革这方面相对滞后。在变革开始时，公司通过成立新部门、起用新员工等手段，避开了与企业文化的直接冲突，但企业变革的根本在于企业文化的变革，企业文化要创造一种支持变革并使变革维持下来的环境，才能带动管理实践的变革。在文化变革没有到位的情况下，一旦老员工意识到公司的发展偏离了他们的价值观，就会质疑变革的合理性，从而对企业的变革产生阻力。

另一方面，当变革导致部分员工的切身利益受到损害，或者有员工担心自己的利益将会受到损害时,他们也会抵制改变。从案例中可以看出,在浙鸿公司的变革过程中,其负责生产的员工在企业中的地位发生了明显变化,无论是自身的工作条件还是发展空间都无法与原来相比,而且面对变革的推进,很多人在担忧这种情况会变得更加明显,但浙鸿公司没有在这方面采取应对措施,从而导致员工的心理压力不断增大,引发思想波动,影响正常工作。

洪正明已经逐渐意识到,这笔资金的使用不仅仅是一个简单的资金使用问题,实际上,它还关系到公司发展方向的选择。在这个变革的时代,将来的环境未知难料,谁也无法准确预测。前几年的变革给公司带来了巨大收益,又造成了种种尚未能及时修补完善的问题和不足,这笔钱究竟应该用于回过身修缮一下在大踏步前进过程中留下的遗憾和缺陷,还是应该继续用于公司下一步的变革推进?公司的运行体系肯定存在问题,可问题的症结到底在哪里?应该怎么办?这笔资金究竟应该投向哪里?公司下一步的发展之路如何迈出?窗外天色渐暗,看着十字路口前长长的车龙不断亮起灯光,转向不同方向毫不犹豫地飞驰而去,洪正明陷入了深深的思考之中。

拓展阅读

组织变革的理论

组织变革是指组织为了适应内外部环境条件的变化而对企业内部进行的调整与创新,主要包括组织结构、职能设计、沟通制度、人员观念等内容。组织变革是组织发展过程中实现动态平衡的阶段,当组织原先的稳定与平衡无法满足新的形势时,企业就需要通过变革,建立新的模式。

组织变革的方式主要有渐进式变革和激进式变革两种。渐进式变革是根据企业的实际情况,通过对组织设计进行局部的修补和调整来实现,这种变革可以维持组织的总体平衡。激进式变革则以较快的速度达到变革的目的,通常会打破现有组织运行的基本规则,使组织发生根本性改变,对组织的冲击较大。

组织变革的类型包括以下几种:①技术变革,指生产流程方面的变革,包括促进组织形成特有竞争力的有关知识和技能。②产品及服务变革,指一个组织产出方面的变革,目的是增加市场份额,或者开发新市场、新顾客。③战略与结构变革,涉及组织的管理领域,包括组织的监督和管理各个方面。④文化变革,指员工的价值观、态度、期望、信念、能力、行为等方面的变革。

组织变革的阻力主要表现在以下方面:①过于关注财务成本。一些不以财务指标为导向的变革,如旨在提高顾客满意度或市场响应速度方面的变革容易被认为是不重要的。②认识不到变革的益处。由于变革会带来正、负两方面的结果,员工会因为担心消极后果而失去变革的动力。③缺乏协调与合作。变革期间会出现新老系统的冲突。④员工因害怕变革带来的不确定性,而出现规避倾向。⑤组织或个体担心自身利益受损。

对于变革阻力,变革的领导者应制订应对计划,以确保变革的顺利实施:一是尽量使变革方案与变革对象的需要保持一致;二是做好沟通培训,让员工与变革的领导者之间相互沟通、相互了解,同时通过培训发挥员工在变革中的作用;三是给员工提供安全的心理环境,创造信任和相互尊重的气氛,让他们有能力完成变革;四是尽早让员工广泛地参与变革;五是在合适的情况下,适当采用强迫与压制,如在员工晋升、奖励、工作调动等方面,给不愿变革的员工施加一定的压力。

组织变革的理论模型主要有以下三种。

(1)卢因三阶段模型。该模型包括解冻、变革、再冻结三个步骤,其中解冻是找出变革的动机,让组织成员发现其现有行为与期望行为之间的差距,树立变革的心理准备;变革是员工学习的过程,组织要根据新要求对员工进行培训,使他们建立新的行为和态度;再冻结是巩固变革成果,组织通过必要的手段,固化新的行为和态度,形成规范。

(2)科特的领导变革模型。科特认为在变革过程中,变革的领导与管理非常重要。他认为变革应包含八个步骤:一是建立急迫感;二是建立联盟;三是确定愿景与战略;四是宣传变革愿景;五是授权员工实施行动;六是产生短期成果;七是巩固成就;八是使变革制度化。

(3)卡斯特变革模型。该模型包括六个步骤:一是审视状态,对组织内外环境现状进行回顾、反省、评价、研究;二是觉察组织中的问题,确定组织变革需要;三是辨明差距,找出现状与希望状态之间的差距,分析存在的问题;四是设计方法,提出多种备选方案,经过讨论和绩效测量做出选择;五是实行变革,根据所选方案及行动计划,实施变革行动;六是反馈,评价变革效果,实行反馈,如有问题,则重新进入循环。

第三章　老曲如何奏新歌？晶先机电的组织变革之路[①]

晶先机电自 2012 年成功上市后，因其先进技术和低成本优势，占有行业内半数以上的高端市场，拥有稳定的客户群体，一直保持着平稳发展的态势。随着中美芯片战打响、光伏行业迎来新的发展期，作为行业内龙头企业的设备供应商和材料供应商，晶先机电面临着前所未有的机遇和挑战。战略转型和产量提升成为晶先机电组织变革发展目标的重中之重。由于长期以来的粗犷管理，已经形成传统习惯的公司员工难以达到变革目标要求，因此如何克服变革阻力、突破产能限制成为董事长曹伟管理日程中最为关注的事项。晶先机电由此掀起了全员组织变革风潮。

晶先机电成立于 2006 年，是国内领先的光伏、半导体材料与设备制造型企业，目前主要经营晶体生长及其外延设备、晶体加工设备、蓝宝石晶片的制造以及 LED 生产线和智能工厂的建设。2006 年，彼时的中国光伏行业起步不久，各方面很不成熟，处处受制于国外，尤其自主研发的晶体生长设备在国内更是空白。

为了打破这一现状，浙江大学的博士研究生导师邱敏带领自己的团队，经过多番考察与研究，取国外各家所长，成功制造出国内首台单

---

① 本章作者为赵雪彤、许小东。

晶硅体生长炉。他们靠着唯一一台单晶硅体生长炉到处投标,可是简陋的设备外表让他们屡屡碰壁,终于在一次有金集团的招标会上,一项特殊的招标要求——试用,让他们脱颖而出。靠着高性价比和技术优势,他们成功中标,并获得了首单200台单晶硅体生长炉的订单。

他们带着定金,开始"招兵买马",书写属于自己的新篇章。三年时光匆匆而过,凭借设备的优异表现,他们稳稳拿下两家央企的大量订单业务,并且相继开发了多款晶体生长及加工设备,赚得了第一桶金。这也为他们日后的发展奠定了坚实的基础。

2009年,国家出台了对新能源行业的补贴政策。大批竞争者涌入光伏这一蓝海行业想要分一杯羹,这使得本就不那么大的蛋糕,对许多从业者来说瞬间变得连果腹都有点困难。2012年,国家针对光伏行业提出"国六条",取消了补贴政策,致使大多数光伏企业难以为继,纷纷树倒猢狲散。但在这三年里,晶先机电凭借技术优势稳住了客户群体,保证了公司连续盈利,并于2012年5月在创业板成功上市。

经过这一次的洗牌,光伏行业内几乎没有再出现新的竞争者。为了在激烈的市场竞争中站稳脚跟,随后几年,晶先机电利用之前积累的资本,迅速在全国各地成立了多家分子公司,兼并上下游业务,形成了完整的产业链,成为光伏上游行业中业务最广、服务最全的企业之一。自此,晶先机电的光伏业务有了稳定收入。

2014年,因技术高度相似,晶先机电跟风国际上对蓝宝石晶体材料的追捧,大量注资开发业务,成功研制出世界上单颗最大量级的330KG级蓝宝石晶体。这也成为晶先机电的第二大业务。然而蓝宝石的国际消费市场遇冷,一时间即使以成本价贱卖也无人问津。晶先机电的蓝宝石业务受此影响,只能先做保守经营。

尽管如此,由于晶先机电生产的单晶硅体生长炉在光伏行业内高端市场占有率超过80%,利润稳定,因此公司依然稳坐国内行业龙头。

最近几年,公司一直在做调整,但市场占有率和利润没有什么提升;尽管公司的设备技术已经很成熟了,产品线也非常丰富了,但管理模式一直停留在建厂时的原始状态,与公司的发展步伐严重不匹配。

随着《中国制造 2025》国家行动纲领的启动和实施,晶先机电迎来了新的机遇,发展工业 4.0 领域和提高生产率成了突破口,再加上国内半导体行业迅速发展,这都成了晶先机电继续发展壮大的驱动力。基于此,公司对企业发展战略做出了调整,由成立之初的"打造新材料新设备"调整为"打造半导体材料装备领先企业,发展绿色智能高科技制造产业",致力于把公司打造成半导体行业内的世界级知名企业。

2016 年,晶先机电经历了一次重大的人事调整。老董事长邱敏年逾古稀,她决定让贤,把公司做大做强的担子交到自己的学生们手里,并嘱咐其中一名学生曹伟:"这些年我们只重视在技术上突破,但想要走长远,管理也要拎起来。你是我最看好的接班人,现在给你半年过渡期,去好好学学。"从那之后,以曹伟为首的新任领导班子正式走马上任。经过引荐,曹伟进入中欧国际商学院 EMBA 班学习管理。

按照常理,公司在人员稳定、市场稳定、收入稳定的时候进行交接班似乎是最理想的状态,可曹伟意识到,越是家大业大越要居安思危,如今自己任期还不满一年,疏于管理的问题就逐渐暴露出来了。

一、急中生智

中国作为全球第一大消费电子生产国、消费国以及全球半导体集成电路最大的销售市场,由于半导体行业起步较晚,因此受工艺技术及产能的限制,对进口的依赖度很高。2013 年以来,全球半导体产业正在加速向中国转移;近年来,晶圆制造材料的销售额是半导体材料行业的主要增长点,但 12 英寸主流产线上的半导体材料基本需要进口,国产半导体材料目前大部分仍处于前期研发摸索阶段。巨大的市场蛋糕及严重的供给错配为国内发展半导体产业提供了充足动力。在这样的背景下,长期以来,市场需求与晶先机电的产能基本保持平衡,因此曹伟等高管都忽略了用现代化管理方式对公司进行改造。

眼下正值我国能源转型的启动期,光伏产业作为新兴战略产业被赋予更高要求,对其成本和规模化生产能力等要求也越来越严格。同时,光伏和半导体的原材料都是工业硅,二者产业同源,区别仅在于半导体对晶体纯度的要求更高。从发展的角度来看,光伏势必将追求更高效率、更高精度的生产,这使得二者产生必然的联系,硅基材料会随着行业的演变慢慢体现出技术上的统一。同处于国产替代的大背景下,光伏与半导体的交汇线路逐渐形成。光伏作为一个成熟行业,其产业结构、发展路径等都为半导体的崛起指明了方向。因此在当下,光伏产业链各环节也在进行半导体领域的横向拓展尝试,以光伏业务为基本盘,将自身的竞争优势扩散到半导体这个正在崛起的赛道。也正是依托于国内近几年对半导体产业的大力扶持,单晶硅体生长炉的市场需求非常可观,而晶先机电生产的单晶硅体生长炉完全符合半导体要求。

随着市场蛋糕越来越大,销售部的订单越签越多,这本是喜事,然而公司的培训也做了,设备也升级了,车间的产量却没什么变化。2016年10月的一天,晶先机电董事长曹伟接到大客户众环股份的沈博经理打来的电话。沈博向曹伟投诉称,自己公司下了一批单晶硅体生长炉订单,已经延期两次且仍未交付。众环股份是晶先机电的重要客户,沈博亲自打这个电话一定是事态严重,但是问题在于这个情况并没有人跟曹伟汇报过。

安抚好沈博后,曹伟立马下令彻查。一小时后,调查有了初步结果,如他所料,又是因为车间几个部门各自管理疏漏,甚至相互推卸责任。曹伟深知事情并非那么简单,每次都靠处罚是解决不了问题的。眼下公司的订单已经堆积不少,如果总是不能按期交付,那么再好的技术也留不住客户。过去因为晶先机电的技术好，即使订单偶尔超期，客户也愿意无条件等待交付；如今为了迅速占领市场，客户宁愿选择品质不如晶先机电但交付快的同行。

眼看着订单流失，这位年轻的管理者急在心头。单晶硅体生长炉是晶先机电的财务支柱，如若放任，不但会影响产业链上的其他子公司，未来更可能导致公司发展停滞，甚至走向衰落。曹伟坐在办公桌前揉起睛明穴，开始思考应该如何改变目前的局面。

突然他灵光一现，想起日前在 EMBA 班上过的一次关于组织变革的课程，课堂案例中一家公司出现的问题，和晶先机电的现状几乎如出一辙。

守业更比创业难，是时候了，公司必须自上而下兴起一场变革。从企业内部来看，晶先机电作为工业硅材料的制造企业，紧随国家政策，历经了光伏产业在国内的迅猛发展期，奠定了行业龙头企业的地位。随着 2012 年成功上市，晶先机电已经出现成熟期企业的典型特征，其产能上不去的主要原因在于：首先，晶先机电的企业规模已经达到历史极值，受生产力的限制，发展降速尤其明显。其次，单晶硅铸锭炉作为其明星产品，产业链清晰稳定，能够保证晶先机电短期内持续的盈利，企业中出现了保守维持、安稳过日子的倾向。再次，晶先机电已经建立起自己的企业文化，并通过对业务的细分成立了多家分子公司，完成了向集团化转变，但也逐步出现了故步自封的大企业病的苗头。最后，面对创新求变以保证生存的发展策略，企业内部自上而下出现了不少主张维持原状的群体。由企业生命周期理论可以预见，如果就此放任下去，企业必将进入衰退期，想要挽救颓势，就必须发动变革进入新一轮的生命周期。加之晶先机电早期对管理的忽视，面对日益严苛的市场环境要求，企业的生产力发展已经处于风口浪尖，如果不能正视企业自身缺陷，采取积极响应的措施，那么企业势必将淹没在这场浪潮中。

　　从企业外部来看,光伏硅片该阶段的发展趋势就是向半导体的大尺寸、高纯度、高工艺水平看齐。恰逢国内迎来半导体产业的崛起,政治环境、经济环境、技术环境都十分有利,基于产业链的同源性和相似性,单晶硅铸锭炉的订单需求急速增长。晶先机电完全可以利用自身在光伏产业上的优势,套用既往的成功经验,在半导体领域分得一块利润可观的蛋糕。因此,为了抓住这次新的机遇,晶先机电的变革转型恰逢其时,势在必行。

　　想到这里,曹伟再也坐不住了。他立即把这个想法与其他几个高管做了简单分享,相约三天后召开班子会议,就这个问题进行一次正式的分析讨论。

拓展阅读

企业生命周期理论

　　企业的生命历程与人相仿,都会经历由出生到成长,再到成熟,最后到衰退的过程,具有自己的成长规律。20世纪50年代末,美国学者梅森·海尔(Mason Haire)率先提出可以用生物学中的"生命周期"观点来看待企业,他认为企业的发展也符合生物学中的成长曲线。20世纪70年代,美国管理学家伊查克·爱迪思(Ichak Adizes)博士对企业的生命过程作了深入的研究,创立了企业生命周期理论。这一理论认为,企业存在生命周期现象,而且企业生命周期各阶段都遵循大致相同的规律,即企业在不同阶段所追求的目标、关注的重点问题和所存在的风险是不同的。该理论主要从企业发展的各个阶段分析了企业成长与老化的本质及特征。爱迪思提出在不同阶段下,企业组织会面临许多问题,如果在这个时候,组织可以通过程序的制定和有效的决策来促成转型,那么就可以成功过渡到新的阶段;而如果仅凭以往经验继续下去,那么就会产生更多的异常问题,妨碍组织发展。同时他认为规模和时间都不是引起企业成长和老化的原因,处理问题的效率才起决定性作用,成长意味着处理问题的能力增强,老化则说明不再具备处理问题的能力。而排除问题是一种被动的解决方式,只有将注意力集中在企业目前的生命阶段,才能真正做到未雨绸缪。因此,他将企业生命周期分为三个阶段十个时期:成长阶段(孕育期、婴儿期、学步期、青春期);成熟阶段(盛年期、稳定期);老化阶段(贵族期、内耗期、官僚期、死亡期)。

　　成熟期的企业经过一段时期的高速发展,逐渐进入相对稳定的经营环境。通常处于这一阶段的企业在经营管理方面表现出以下特点:①发展速度减缓,甚至出现发展僵滞的状态。相较于前期的高速发展,这一时期企业规模空前,生产能力趋于饱和;虽然发展速度降低,但经营方式更加集中化,效益有所提高。②产品成熟多样,市场占有率高。通常该阶段有明星产品保证企业收入,除此之外,为了保持竞争力,减少经营风险,企业的产品会逐渐向多样化发展。③企业控制能力较强,内部业务流程清晰,行业地位显著。处于成熟期的企业客户关系稳固,产业链上下游之间的协同合作模式比较成熟,对市场需求和定位把握得更精准。④随着分/子公司数量的增加,为了保证经营积极性,企业会逐步向集团化方向发展。⑤经过多年的经营,企业逐渐树立起了属于自己的形象,形成特定的企业文化。⑥领导者思想趋于保守固化,缺乏创新精神。处于成熟期的企业,领导者年纪普遍偏大,他们阅历丰富、深思熟虑、求稳心切,但对新生事物缺乏敏感性;同时伴随着企业的发展,他们付出了很多心血,对企业充满感情,更容易忽视企业内部存在的缺点。

组织变革的动力

步入成熟期的企业,经营压力逐渐缓解,但同时也面临着企业活力降低、管理成本升高、前进步伐僵滞等管理问题。在日趋激烈的竞争环境中,为了保持住自身的竞争优势以获得长期持续发展,企业通常会采取一种主动策略,即发动变革。通常推动组织变革的动力来自组织的内部环境系统和外部环境系统。

从内部环境系统来说,新结构的创建、分系统的产生、技术更新、非正式组织的变化等都会成为组织结构优化的诱因。为了完成工作任务,实现目标,组织常通过建立新结构或管理分系统的手段对生产活动中的各个环节进行协调和把控,这为变革的实施提供了基础条件。同时技术的更新也与组织变化有着重大关联,尤其是自动化、计算机化的应用,势必会推动组织结构的调整,也一定会影响到组织成员的心理。值得注意的是变革的推动中社会心理对人的影响,组织变革及其目标的实现很大程度上依赖于人的因素,组织内的群体状态和个体状态,如沟通、凝聚力、人际关系、行为态度、需求等都对变革有着重要影响。一旦缺乏必要的社会心理气氛,变革就很难推行,也很难成功。

由此可见,引发组织变革的内部动因主要有两个。一是经营不善,主要表现为经营手段落后、经营效率下降,如设备老化、技术陈旧、资金运转不畅、市场占有率缩水、资源浪费、生产力受限等。二是组织管理问题,主要表现为内部管理混乱、个体情绪消极,如目标不明、权责不清、信息滞后、协作失调、怠工旷工、离职率升高等。因此,当企业内部集中出现上述现象时,经营管理者应当提高警惕,及时分析诊断,确认变革的必要性。

从外部环境系统来说,组织外部的变革动力主要受一般环境和组织的特殊环境影响。一般环境主要包括政治法律环境、社会文化环境、经济环境、技术环境、自然环境,如政治体制的改革、政治局势的变化、方针政策的调整、法制的健全程度;地区人口的文化水平、年龄结构;社会经济结构的发展程度、经济对社会思想观念的改变;科技的使用对组织效率的影响;自然资源状况等。特殊环境主要由产业链上下游、竞争对手及公众构成。特殊环境会影响企业获取资源、提供产出的能力,会对企业的目标决策产生重大影响。

企业蜕变理论

　　企业蜕变理论指出企业和生物一样,不进行蜕变,就不能在变化的环境中生存(藤芳诚一,1982)。这就叫"蜕变的经营哲学"。该理论将企业的经营分为两类:战略经营和生产率经营。其中战略经营是指企业面对复杂多变的环境,有意识地选择"蜕变"所进行的经营;生产率经营则是指企业继续扩大规模,以大批量生产的方式来提高生产率和利润率的经营。陈佳贵(1988)提出企业有两种形体:一种是经济形体,包括法律形式、产权关系、经营方式、管理组织结构、劳资关系等,这种经济形体产生企业的经营机制或经济机制;另一种是实物形体,包括机器、设备、厂房等,它们按照一定的工艺流程要求有机结合起来,产生了企业的生产机制。这两种机制的紧密结合,才使企业的各种经济活动和生产经营活动正常进行,生产出适应市场需求的产品,或提供市场需要的劳务,并健康发展。

　　对于组织而言,环境是其生存的土壤。跟随环境的变迁而不断进行自我调整,既是企业自身发展的需要,也是其更好地适应环境的唯一选择。

二、出师不利

这一天,公司八大高管在会议室里围坐一圈,就晶先机电目前面临的情况逐一进行分析。其中董事长曹伟、技术副总裁林建、销售副总裁和其他两位分管子公司的副总裁都是邱敏的学生,总裁何军、生产副总裁毛顺林、财务副总裁是邱敏的亲戚。身份最特殊的要数生产副总裁毛顺林,因为他是晶先机电的创始投资人,曾经占有股份超过90%。与其他几位出身浙江大学的高管相比,毛顺林是唯一一个本地人,并且比他们大十多岁。只有中专学历的他,全凭多年摸爬滚打攒下了最初的家业。当年刚建厂时,公司地处偏远,招不到工人,毛顺林到处求助,助公司度过了初创的艰难时期;后来囿于自己的见识和能力,为了让公司长久发展下去,他甘愿让出部分股份和权力,请其他有知识的高管来领导公司,而自己和那些老伙计一起守着生产部门。

会上,曹伟为大家阐述了变革的必要性,并请大家发表自己的意见。

"我对调整战略方向没什么意见,我也认可车间综合能力需要提高,但至于是不是需要到变革这个层面,我认为可以听听毛总的意见。"总裁何军首先发话。

主管生产的毛顺林首先提出求稳的观点:"稳一点好,我们才刚刚安定了几年,别又要搞得人心惶惶。"有别于其他高管,从年龄上来说,毛顺林比其他高管大很多,而且他是实干起家,没上过大学,对于企业能做到如此规模已经很满足,更愿意维持现状。

"战略如果调整,总部车间必须变革。它们的现状与半导体车间的要求简直有着云泥之别,态度和能力都有问题,明显在拖集团后腿。单晶硅体生长炉是我们的铁饭碗,这块业务的稳定性必须保证。"技术副总裁林建插言道。

"工作意识这个问题不是一两天能解决的，眼下最紧迫的是先解决产能提升问题。"

会议最后，除了曹伟和林建，大部分人对变革都持模棱两可的态度。但所有人都认为可以先从提升产能方面着手进行改造，走一步看一步。

经过会议的讨论，几位高管对变革都有了一些认识，但是大家对具体的变革路径规划依然比较茫然，就连极力主张变革的曹伟和林建也没有好的建议。于是在提高产能方面，大家都简单粗暴地选择了"买地""扩建""招人"这样直接的招法踏出推进的第一步。然而，买地、扩建这样的方法需要耗费几年时间才能见效，短时间内对产能提升并没有什么帮助，虽然列入了日程，但不能作为眼下变革的重要手段，所以"招人"成了唯一的选择。一时间，人力资源部的工作重心全部转向招聘，招聘信息也铺天盖地席卷了当地大小媒体，内部举荐奖励制度盛行，县城里几乎无人不知晶先机电在大规模招工。

四个月后，变革第一步的成效赤裸裸摆在眼前。受地域局限性影响，公司的用工资源十分有限，除第一个月晶先机电招进百来人外，后面几个月都只入职了十人左右，一些外地来的工人因为无法融入车间内的本地群体文化，又陆陆续续离职，前后只留下不足 70 人，"招不来人"成了人力资源部不得不面对的尴尬事实。此外，老工人精力分散，又要赶工，又要带新人，新人经验还不足，所以只能承担部分生产任务。几经折腾，产能非但没有提升，次品率反而增加了。

一夜，曹伟和几位高管在董事长办公室一起复盘。他们认为变革还是要继续的，只是方法必须改了。讨论到其他公司的现代化改造经验，林建认为，"他山之石，可以攻玉，我们不妨也试一试"。这一提议得到大家的认可，经过彻夜不眠的讨论，大家的思路豁然开朗。考虑到集团内各家公司多年来各自为政，管理能力普遍较弱，高管们经研究决定，在集团内部新成立财务中心、营销中心、研发中心、人力资源中心,由四大中心对各子公司进行规范化引导和统筹指挥,同时人力资源中心需要助力推动变革。经过举荐,子公司人力资源部部长梁恬调入人力资源中心担任副总监,统筹管理大小事务,人力资源总监由财务副总裁兼任。同时,曹伟盛情邀请了自己的师妹涂静加入晶先机电,出任总部的总经理。涂静曾在世界 500 强公司任职数十年,有着丰富的管理经验,尤其是她曾独立担纲①,指导一些制造型企业的车间完成由单一落后的生产方式向现代化高标准生产方式的转型。这些举措无疑都在为晶先机电的这场变革添砖加瓦。

很快人力资源中心和涂静经过各自的调研,一致认为公司的产能并没有被完全激发出来。从人力资源角度来说,原有的人力制度跟员工的工作没有得到良好匹配,无法形成有效激励;从生产管理角度来说,车间体系庞大,职责混杂不清,缺乏现代化管理手段。经过几次会议讨论,大家打算兵分两路尝试推动变革:一是由人力资源中心牵头调整人力制度,形成有效激励,提高员工敬业度;二是由涂静牵头,引入企业资源计划(ERP)系统和精益生产管理模式,提升车间的信息化管理水平和作业流程。

三、举步维艰

根据之前的调研,人力资源中心发现,在晶先机电这样一个以操作工人为主的企业中,采用的薪酬制度明显不合理。同属工人序列的两个员工,只要职级一样、岗位一样,无论工作做得好坏,薪酬都是一样的。同时,绩效考核内容犹如纸上谈兵,不能落地,工人的工作能力全由直接上级的口头评价决定。

在走访调查中,人力资源中心还发现,公司每年派发到车间的各

① 担纲是指担任主角或主力,泛指在工作中承担重任。

种奖金没有分配依据,全部由车间主任陆明一人进行划分。此外,计划、采购、质量等重要岗位没有设置专门部门,都从属于车间内部,由车间主任直接管辖,奉行有问题内部消化且层级分明的"小团体文化"。陆明是最早一批由生产副总裁毛顺林招进来的工人,当年他由部队转业回地方,直接加入了晶先机电,在最艰苦的几年,陪晶先机电走过风雨。由于深受部队文化的影响,因此陆明非常尊重当初一起进入晶先机电打拼的老员工。被大家推举到车间主任的位置后,但凡有晋升或加薪的机会,他都习惯于论资排辈地进行分配,新人即使表现得再好也无济于事,于是车间内部形成了陆明一人独大的"山头主义"管理模式。长此以往,大家也默认了这种风气,毕竟晶先机电开出的工资足够让他们在这座小县城安稳地生活下去,这些对他们来说已经足够了,因此所有人都按部就班地干活,谈不上积极性,产能自然无法提升上去。

看来想要突破,就必须先打破组织惯性。人力资源中心根据之前的产能数据进行了计算,车间每天的工作时间是 7.5 小时,周末双休,在不违反劳动法的前提下,每人每周还可以根据自身的生产积极性最多增加 6.5 小时的工作时间。按照这种方式计算,变革推行的第一个月,产能就能提升 4%,因此人力资源中心提出在原有的计薪方式上再辅以计时工资,同时将每个月规定工时数纳入绩效考核内容,未达标者按比例扣发工资,超出者按实际进行奖金发放。

新标准在经过涂静和曹伟的认可后,第一时间下达生产车间,消息一经宣布,就引起了轩然大波。面对每周突然凭空多出来的 6.5 小时工作时间,以陆明为代表的抵抗力量最先感受到威胁。陆明在车间深耕多年,包揽大权,深受毛顺林信任,有着扎实的群众基础,变革于他们而言,最担心的就是大权旁落。因而,车间里的对抗情绪尤其严重,甚至有一些元老级工人直接冲到生产副总裁的办公室告状,认为奖励是假的,压迫大家加班赶工才是真的。

　　在毛顺林的办公室里,车间的几位代表和人力资源中心副总监梁恬争论不休,但最终因为拿不出合理的拒绝理由,而不得不勉强且被动地选择执行新的绩效标准。既然无法左右高层的决定,陆明便采取沉默的抵抗,尤其是毛顺林对变革的态度,更使得他对涂静面从腹诽、阳奉阴违。

　　为了给新政策护航,梁恬特地向曹伟申请,提高工人的餐费标准,增设晚食堂和周六食堂,为大家做好后勤保障。

　　一个月后,满心等待绩效改进结果的人力资源中心收到了一份令人失望且生疑的数据报告——产能一点都没有提升。同时,扣发工资和实发奖金两组数据都是零。这是一份明显不合理的数据,这意味着没有人缺工,但也没有人加班。几百个工人,一个对奖金动心的都没有吗?为了搞清楚具体原因,梁恬特地驱车赶往工厂,专门等到晚饭后工人们陆陆续续回到车间上班的时候。她在车间里转了一圈,发现工人们有聊天的、有玩手机的,偶尔有在干活的,也是心不在焉。这一通操作下来,梁恬心里七七八八也有个大概了。

　　说到底,这次变革主要涉及人群是车间工人,他们普遍文化水平不高,对变革没有深刻的理解。而且对于这些员工来说,他们只想偏安一隅,在县城里谋得一份稳定的工作。基于这种求稳的心理,他们中间的大多数人不愿打破多年来的工作习惯和组织文化;尤其是那些看着企业成长起来的老员工,囿于情感,只看到了企业的成绩,忽略了缺点,认为无需改变。

　　晚上八点半,生产园区里逐渐人去楼空,安静了下来,只有涂静的办公室还亮着灯。梁恬在这时敲响了涂静办公室的门。

　　"梁恬,快坐快坐。最近企业资源计划系统刚上线,我忙得甚至顾不上做别的事,正想着明早给你打电话问问新绩效制度的实施情况呢!"涂静连忙招呼梁恬坐下。

　　"我就是来找您说这事的。这是新标准实施第一个月的数据,您看一下。"

"跟我心里估计得差不多。梁恬，我们的立场和目标是一致的，眼下看来我们的处境也很相似。企业资源计划系统虽然上线了，但车间里的精益改造几乎没有进展，这边只有我一个人，我确实分身乏术。"涂静翻看了一下这个月的产能数据说道，"关于精益改造，我找陆明沟通过几次，让他尝试在车间里推行，但我看得出他并不情愿。这件事我与毛总沟通得也不顺利，所以我希望能得到人力资源中心的助力。"

这是一次直到凌晨两点的长谈，梁恬和涂静针对如何推动变革交换了想法，最终达成了一致。

四、剑拔弩张

面对这种习惯化行为"稳如泰山"的环境，梁恬和涂静准备分两步进行。一是将计时计薪制度改为计件计薪制度；二是开设基层干部管理训练营，以培养的名义挑选出一批拥护变革的新生管理者，同时对顽固分子来一次清理门户。

为了制定出一套合理的计件标准，人力资源中心以打造技工文化为主题，针对车间展开了一场"技能比武大赛"，其中特等奖设立了两万元的奖金。消息一放出来，车间里顿时炸了锅，大家都开始琢磨起自己的手上功夫。半个月后随着比赛结束，以计件为标准的绩效制度也正式推出。

果然不出所料，新的计件制度一经推出，之前那几位元老级的车间代表又直接闹到了毛顺林的办公室。

"这些年我们哪里做得不好了？出厂的炉子有因为质量问题退货的吗？你们这些坐办公室的一来就搞事情，今天要这样，明天要那样，让我们在车间里怎么干活？"班组长老李说道。

"就是！要你们来是解决问题的，你们倒好，天天制造矛盾。"班组长老张说道。

"好啦,我先说。小梁和涂静,你们是知道的,厂里环境是很复杂的,从一开始我就不同意你们搞什么变革,就怕搞成现在这样。但是曹伟和林建他们都任由你们搞,我也就没说什么。现在这个情况你们也看到了,要怎么处理,我也想听听你们的意见!"一旁的毛顺林发话了。

"大家先别激动,任何制度的颁布都会有人有意见,但不能因为有意见就叫停。作为人力资源中心,我更想知道工人们对这套制度意见很大的具体原因,这样才能帮你们解决。所以到底是不愿意改变还是做不到呢?"梁恬问道。

"我认为梁总监这个思路是对的,如果是做不到,那么我可以出面请人力资源中心给我们员工培训一下业务课;如果不是员工的能力问题,那么我想我们基层干部也应该参加管理技能培训。各位认为呢?"涂静接着说。

就这样,一来二去,也没人敢说出个所以然来。最后由涂静发话,建议两种培训同时开展,毛顺林对此也不置可否。

经过与曹伟、林建的商议,针对全集团生产部门基层干部的晶将训练营就此诞生了。这是多年以来唯一一次最正式且最有规模的培训,所有学员均由领导推荐入学,这场培训不单是晶先机电培训工作走上正轨的标志,也是未来干部的摇篮,更是代表着变革的攻坚战。为了给首届训练营加持,曹伟亲自上阵,向大家讲解了行业趋势、企业文化、发展愿景,这一番下来给足了士气。通过对管理课程的学习,个别"苗子"从旨在传递变革理念的训练营中脱颖而出,这个结果让大家看到了希望。涂静还特意提拔了几棵难得的"苗子",并为他们规划了与学习内容相匹配的工作空间。

然而学习毕竟是长线战斗,仅靠热情不能为继,营期刚过半,训练营里开始有学员告假了。起初还是一些不得不请假的理由,后来理由就变得冠冕堂皇,请假时间从最初的半小时到后来的全天,请假的人也越来越多,甚至还有重点培养对象递交了退学申请。这让梁恬嗅到一丝异样的气息,她决定私下里找提交退学申请的小李一探究竟。

在梁恬的百般劝说下,小李答应继续留在训练营,但是想辞去工作职务,并表示自己不愿意被提拔。通过进一步交谈,梁恬发现小李虽然没有明说,但可以很明显地看出端倪——他干劲十足,又被涂静迅速提拔,所以在工作中受到了排挤,尤其是来自车间主任陆明的打压和刻意刁难。梁恬立刻警觉起来,找到涂静商量对策,因为保护好"苗子"迫在眉睫。看来洗牌要提前了。

涂静和梁恬一致认为这是一个变革的好时机,于是迅速汇报给了曹伟和林建,并建言分权,这样一来可以保护人才、利于变革;二来可以防止山头主义;三来可以解涂静空降之困,稳固总经理的领导地位。分权的方式就是对车间的组织结构进行战略调整:首先,将总部车间更名为装备制造事业部,取消"总部"一词带来的集权感;其次,根据车间业务分属,将车间拆分为装配车间和自动化车间;再次,将原车间计划组、采购组、质量组、仓库组全部改设为独立部门,与车间平级,部长职位由"苗子"暂代,受总经理直接领导;最后,通过晶将训练营的考核,淘汰掉能力欠佳的人,释放出班组长等其他的空缺职位,能者居之。

为了稳固新的架构,涂静与曹伟、林建沟通后,在未征得毛顺林和陆明意见,并且缺乏与变革岗位适配的人才的情况下,直接将组织架构调整为扁平化管理,又新招聘了具有外企管理经验的副总经理帮助推进变革,夺取了陆明手中的权力,陆明被改任为装配车间主任,并且人力资源中心以不符合企业文化价值观为名对包括陆明在内的数十位老派基层干部进行了降级降薪。

这一重大调整,无异于往沉寂已久的深水潭里投入一颗炸弹,任何环节把控不当都可能加大变革阻力。以陆明为首的老派基层干部们在车间里叫嚷着不服,宣称变革此举是卸磨杀驴的行为,只能共苦不能同甘，为公司卖命最后都会落得跟他们一样的下场。一部分老员工对公司的做法极其失望，提出了各种异议；另一部分则以消极怠工表示不满，挤在毛顺林办公室，希望毛顺林能为他们主持公道。

针对这一情况，毛顺林安抚好大家的情绪后，立马联系了曹伟和其他高管，紧急召开会议，讨论变革是否应该叫停。

会上。"我说过要稳一点，要管理好车间，服众是关键！他们这些年把车间管理得不是挺好吗？你们搞这些花头，弄些年轻人来，车间里听他们管吗？搞得定本地人吗？"毛顺林质问道。

"晶先机电需要的是既听指挥又能管理车间的人，可是陆明听指挥吗？"曹伟反问。

"他们也有难处，总要给点时间，好好说说，慢慢改。即便要换人，也不必搞成这样，若是没有这群人，我们连第一笔订单都完不成。他们年纪也不小了，赋个闲职养到退休就好。做事情也要讲究情义。"

"商场如战场，谁给我们时间？该给他们的，晶先机电都给了，我们不能总拿这个说事。公司拖垮了对他们也没有好处。"林建说。

几番讨论，几位高管对此各持态度，最终曹伟以董事长的身份拍板决定变革继续，后果由他承担，并决定技术副总裁林建升任运营副总裁，权力在所有副总裁中排名第一，同时兼管研发中心、营销中心、装备制造事业部，毛顺林依然分管除装备制造事业部外的其他分/子公司的生产业务。至此，愿意服从管理的老派人都选择了明哲保身，而那些依然反抗的老派人都被给予辞退处理。

装备制造事业部终于恢复了井然的秩序，没有人再敢对这次调整发声。那些想要拼搏一把的年轻人被这把火燃动了心，烧得热血沸腾，跃跃欲试。

五、一鼓作气

这场"大火"让变革派看到了希望，拥护变革的人多了，岗位有了空缺，锻炼人才的机会也有了，就差如何赋予他们与岗位相匹配的能力了。只有让他们快速成长起来，成为标杆，才能真正带动所有人一起走向变革的愿景。

经过前期数月的观察，梁恬发现受学历影响，这些基层干部在学习实操工具的时候表现都不错，但是在转化管理概念的时候就体现出明显的弱势。若是等待他们完成自我意识提升，再去带动周围的人转变，怕是遥遥无期，到那时这刚吹起的变革热浪又变成过境的寒风，今后再想变革可就更难了。眼下虽然挖掘出一些拥护者，但毕竟是少数，且他们对变革也十分茫然，因此如何正确引导他们去刺激那些还在观望的大多数人很重要。

梁恬就晶将训练营反映出来的情况与涂静探讨了几次，推翻了最初"提升干部意识"的主张，又找到曹伟说了自己的想法。她认为意识确实能指导行为，但行为也能帮助建立意识，在以结果为导向的情况下，应该挑更容易的方向下手。

"曹博，我认为让晶将训练营的人先去理解精益生产的精髓，这对他们来说要求太高了，他们需要的是立马奏效的工作方法。我与涂总商议过，我们都认为可以把提产作为一个契机，请精益生产顾问来帮我们跟踪、梳理并改善生产问题。"梁恬说起自己的观点。

"时间太长了，见效要快。面不要铺得太大，让他们都带着项目来学习，做好了再复制下去。"曹伟如是说。

梁恬将曹伟的指示转达给涂静后，二人一起从晶将训练营中选出了几名表现优秀的学员，由涂静指定项目、划定区域，在两个车间和仓库内分别成立标杆小组。标杆小组由精益管理顾问邵老师亲自指导，直接对总经理负责，其阶段性成果在训练营中进行展示和评比。同时，为保证学员精力集中，涂静与梁恬商议后，特批标杆小组在项目完成前不受原岗位绩效考核约束。

为了给项目组成员打气，免去大家的后顾之忧，晶将训练营特地邀请精益顾问邵老师和涂静与大家进行对话。邵老师对所有项目预先做了效果评估,在对话中向大家展示了阶段目标,并指出了大家在项目组中的工作优势。涂静则让大家畅所欲言,说出工作中遇到的难处,并承诺替大家扫清障碍。随后邵老师指导各小组结合自身实际进行了项目进度及阶段性效果预估,并书写项目计划书。其余参与训练营的其他子公司学员也都模仿操作。梁恬还邀请了所有子公司总经理和授课导师前来班级,现场聆听项目组成员讲解自己的计划书,最后由总经理当面签署项目授权书,与项目组成员合影。品牌部也专程来现场进行采访,将训练营的项目启动仪式作为集团重点新闻发布出去,做足了仪式感。

两个月过去了,晶将训练营的学员们跟随着邵老师的指导,学习了最基础的"5S管理""目视化管理""看板管理及系统拉动"等课程,从最初的整理整顿和清扫清洁开始,边学边改造,肉眼可见地日日向好。车间的两个项目组经过初期改造,每月产能已经提升了13%。其中改善效果最明显的就是仓库,曾经的仓库因"脏乱差"现象屡遭诟病,若是赶上进料的日子,仓库大门堵得连下脚的地方都没有。如今仓管员不再需要每天焦头烂额地加班去理货对账,也没再因采购不及时而耽误生产,所有人都在夸仓库干净整洁、领料顺畅,曹伟更是在例会上点名夸奖,仓库的张部长乐得合不拢嘴,逢人就想把人家拉进仓库去展示一番。

张部长还自请到晶将训练营给其他项目组展示他们的成果。本以为只是一次具有鼓励性的展示,没想到张部长抛出一个巨大的惊喜——通过改造仓库,盘点出很多余料、废料,加以利用,直接节省经济成本近1000万元。培训教室里瞬间传来大家的惊呼。"不光如此,这个月仓库所有人都额外拿到了奖金。"张部长继续说,"仓库的性质决定了它肯定是最先见效的。大家别急,跟着训练营好好干,下一个惊喜就是你们创造的!"

　　张部长的发言还没等课程结束就传开了。不用辛苦加班就能把工作做得更好，还能获得奖励，这下原本持观望态度的那些人坐不住了。周一各班组的例会上就开始有班组长拉着项目组成员上去分享了，其他的组员则在下面仔细做起了笔记，就连陆明也拿着笔记本加入了听课学习大军。

拓展阅读

组织变革的阻力与策略

1. 组织变革的阻力

　　组织是具有复杂性、开放性、动态性的嵌套系统，发生在组织内部的变革必将渗透到组织的各个层面，影响着组织中的个体，同时组织中个体成员的态度和立场也势必反作用于组织变革的成效。

　　企业是组织的一种重要形式，面对日益激烈的全球化竞争，战略变革成为许多企业不得不直面的选择，企业变革更是国内外众多学者关注的主要话题。然而遗憾的是只有极少数企业变革成功，大多数都走向了失败，究其原因是变革者对变革中的障碍因素认识不足；因此规避或控制变革过程中的障碍因素，将不利影响降至最低成为变革成功的关键。如图 3-1 所示，通常来说，组织变革的阻力来源主要集中于个人阻力层面和组织阻力层面两个方面。

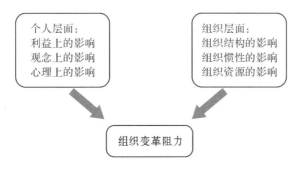

图 3-1　个人阻力层面和组织阻力层面的表现形式

组织变革是以人为中心的,因此员工在组织变革过程中发挥着重要作用,并且影响到组织变革的最终成败。首先,组织变革是一个不破不立的过程,要在组织内引入新的机制、形成新的组织结构,必然需要先打破现状,破坏已有的均衡。这个过程中难免会对组织以往的绩效标准和报酬制度进行调整,而这一调整首先会影响到组织内部所有个体的既得利益,其中利益受损的那部分人往往成为变革的抵触者。他们可能通过采取强硬态度、制造混乱、散布谣言等行为对组织变革进行抵抗。这里的既得利益不仅止于经济因素,一般还包括权力关系和环境安全。需要指出的是,因环境安全而产生抵触的群体往往不容易被发现,如果员工担心自己不能胜任工作,抵制行为就可能发生。其次,组织认同也是一个非常重要的因素,组织内的个体往往因为价值观念、知识结构、生活经历等方面的差异而具有自己独特的态度系统。囿于组织变革前的沟通障碍,组织在决定变革时往往忽略了组织认同对个体认知的影响。如果人们对组织变革的目的、机制和前景认知不足,理解差别很大,那么就有可能导致人们因理解不清或理解混乱而抵制、干扰变革(陈晔武,2008)。最后,个体惯性也是变革阻力的来源之一,通常员工会更愿意依靠习惯或程序化的应对策略来处理他们所熟悉的工作内容,尤其是他们用既定方法取得过一定成绩后,更会认为创新是一种冒险行为,因此拒绝改变。现代管理学之父彼得·F.德鲁克(Peter F. Drucker)在《21世纪的管理挑战》中提到有关变革的观点:只有抛弃过往的成功经验,才能更好地创造未来。过去的思维模式、知识系统、成功经验都会映刻于人的行为习惯中,这种来自习惯的障碍通常会使得变革缺乏必要认同和紧迫感。

在某种程度上,组织的性质是抗拒变革的。组织常常在做惯性任务时效率最高,而第一次做某件事情时则绩效很差。这样,为了保证操作的效率和效果,组织可能强烈地反对变革。此外,部门、团队和正式群体长时间以来已经建立和接受了区域权利和决策特权,组织变革会破坏既定利益和打破原有的这些权利(张军果、杨维霞,2005)。来自组织结构的阻力因素包括结构的调整、规章制度的变更等,变革中的利益再分配会促使某些变动较大的部门或群体视变革为威胁,从而产生抵触。此外,企业经过多年的经营,在组织内部已经形成了默契且稳定的工作流程和组织文化,即组织惯性,这些惯性因素倘若无法适应变革要求,就会自然地演变成阻力。同时,组织变革需要依靠资本、时间、人才、技术、市场等很多资源的支撑才能完成,比如大量设备的更新换代、变革后与岗位相匹配的人才等。

2. 应对变革阻力的策略

斯蒂芬·P. 罗宾斯(Stephen P. Robbins)和蒂莫西·A. 贾奇(Timothy A. Judge)(2016)提出了应对组织变革阻力的八种策略,如图 3-2 所示。下面我们将具体介绍这八种策略。

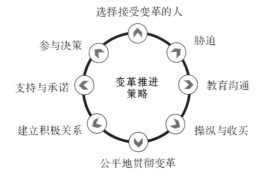

图 3-2　应对组织变革阻力的八种策略

(1)选择接受变革的人。每个人的自我调整能力不同,有些人就是比其他人更具有冒险精神,更趋向于多变灵活的风格,这种积极的自我认知和对高风险的容忍度能使他们更善于应对组织变革。

（2）参与决策。人们很难对自己决定的事做出抵抗，因此让员工对变革的决策提出建设性意见，能够获取他们的承诺，有效低阻力。

（3）支持与承诺。组织通过咨询、培训、带薪假等方式能够缓解员工的焦虑，燃起他们的热情，强调他们对组织整体的承诺，有助于他们从情感上接受变革。

（4）建立积极关系。推行变革的领导者应当尤其注意自身的管理方式，当员工足够信任该管理者时，他们就会更愿意接受变革。

（5）公平地贯彻变革。组织可对员工进行变革宣导，让他们不再对变革产生迷茫和恐慌，并且感受到变革的过程是公平一致的，这样也可以降低变革的阻力。

（6）操纵与收买。组织可通过激励机制设计等方式让员工接受变革，或者委以抵制群体的领导者关键角色，恰当汲取他们的意见，减少变革阻力。

（7）教育沟通。教育沟通的目的是解决组织内部的沟通障碍带来的阻力，如果向员工传达了变革理念，澄清了误解，阻力就会有所下降。

（8）胁迫。组织对于拒绝变革者采取直接威胁策略。

不同策略的应用情况，如表 3-1 所示。

表 3-1　不同变革策略的应用要点

应对策略	应用情况	优点	缺点
选择接受变革的人	多数人持观望态度	具有带动作用，缩短变革时间	选人的时间成本和沟通成本大
参与决策	变革资料不完善或反对者多	掌握更多变革信息，计划设计者更热衷于参与实施	一旦计划不符合变革，意味着浪费时间
支持与承诺	员工因调整而反对	处理调整问题的最佳方法	耗时耗力，结果未知

续表

应对策略	应用情况	优点	缺点
建立积极关系	推行变革的领导者兼具领导力与个人魅力	带动更多群体拥护	对领导者的要求很高
公平地贯彻变革	多数人对变革的未知感到恐慌而反对	让员工感受到变革的影响很小	由于变革的利益特性，难以保证完全公平
操纵与收买	当其他方式收效甚微时	相对迅速且节约的方式	操纵或收买失败，效果反而更消极
教育沟通	信息不对等	一旦被说服，会立马支持变革	涉及人数多，时间成本高
胁迫	抵制力量的关键人物具有相当的权力或时间紧迫	见效迅速	可能引发众怒

六、趁热打铁

看着眼前皆大欢喜的局面，曹伟的心情不由放松下来。整体来说，晶先机电的变革之路具有一定特色，分为两个明显的阶段：起初提出的变革是基于战略转型需要提高生产力，这个阶段所有主导变革的人都是茫然的，缺乏明确的变革主张和变革计划，并没有真正上升到组织层面的变革。在未做充分准备的情况下，变革领导者采用了不当策略，引起激烈的变革抵制。而后，晶先机电通过对组织架构进行变革调整以适应生产力提升的需要，运用合理的变革策略，有效推动变革进程，获得了货真价实的组织变革成果。

而这种成果的取得，源自晶先机电成功掌握并应用了卢因的变革三阶段模型。在解冻阶段，晶先机电做到了以下四点。

第一，建立紧迫感。皮之不存毛将焉附，组织与个人是相互不能分离的共生关系，为了让员工认识到变革与每个人息息相关，人力资源中心从绩效制度入手,开始介入车间,成为让大家感到压力的第一条"鲶鱼"。

第二,形成联盟。从变革最初的推进情况来看,无论是新任的人力资源中心副总监梁恬还是空降的涂静,都未能被大家心甘情愿地接纳。面对毛顺林的质疑和群众的不满,曹伟和林建积极为变革站台,立场相同的梁恬和涂静互相辅助配合,形成了坚不可摧的联盟,优势立现。梁恬通过训练营发掘苗子、培养苗子,涂静则为苗子提供试炼岗位,解决后顾之忧,最后成功打造出一支标杆团队。

第三,提出愿景。面对光伏行业发展趋势的要求和巨大的市场蛋糕,曹伟看到了潜在的危机和更上一层楼的发展机遇。因此,由光伏企业向半导体企业进行战略转型成为晶先机电新的发展愿景。

第四,传递愿景。为了让更多的人认识变革、接纳变革,曹伟作为发起变革的首要领导者,亲自出席了训练营,向大家讲解了变革原因,勾画了未来蓝图。这一举措使所有变革领导者获得了更多的群众信任,建立了积极关系。

在重塑阶段,晶先机电则从以下三个方面着手。

第一,授权员工对愿景采取积极行动。一方面是高层对中层的授权,梁恬提出的绩效改革和涂静提出的精益改造,目的皆是直接提高生产力。在收效甚微的情况下,涂静又向林建建言对组织结构进行调整,实则是收回陆明等老派员工手中的权力,以扁平化管理替换"山头"主义。这些有力举措皆获得了曹伟和林建的授权。另一方面是中层对基层的授权,涂静通过晶将训练营亲自签署项目授权书,支持了标杆小组对项目改造做出的积极改进。

第二,制定短期目标。实现变革的愿景通常来说需要较长时间,如果某一阶段的具体成效并不明显,就容易使组织成员产生心理压力,怀疑变革结果。因此,短期目标的设定可以使参与者尝到成功的喜悦,继而产生更大的动力去实现下一阶段的目标。晶将训练营和精益顾问邵老师帮助项目组成员制定了阶段目标,并在每次复盘会上进行阶段成果展示,这一举措为项目组成员提供了源源不断的动力。

第三,巩固变革成果并进行再评估。变革创造了新的文化,想要新的文化根植于企业,就必须找出并提拔那些认同新文化价值观的人,让这些人产生更大的影响力,帮助企业建立一个稳定的组织氛围。梁恬通过晶将训练营发现了一批拥护变革的员工,通过对他们的帮扶,获得他们的信赖和对变革的认可;涂静为这些拥护者提供了工作岗位,并将他们提拔为管理人员,实则也是将变革后的新文化渗入到群众中。

在冻结阶段,晶先机电通过展示新行为的成功,加强与变革的关联。正激励可以使员工理解和接受变革目标,认同并追求变革目标,从而提高员工的自觉性和主动性,化信念为动力,推动变革成功。正是利用激励的这种特性,变革领导者在年会上对项目组的成功进行展示并大力宣传,同时对成功予以奖励的行为,起到了良好的激励作用,使得大家纷纷效仿,主动参与学习,推动变革的深化。

当然,曹伟也深知,目前的局面仅仅是晶先机电管理变革提升的第一步,后面的路途还很长,需要克服的艰难险阻还有很多,但他心中充满了信心。他意识到,必须趁热打铁,尽快把管理改进的措施一步步地贯彻落实下去,让企业走上发展的快车道,早日实现"晶先人"心目中的蓝图。

拓展阅读

组织变革的理论模型

卢因提出了组织变革最具影响力的卢因三阶段模型,他认为成功的组织变革都应当经历三个阶段:解冻、变革、再冻结,用以解释和指导如何发动、管理和稳定组织变革过程。如图3-3所示,卢因将组织描绘成一个由驱动力量和遏制力量共同绘制的稳定平衡体,变革的动因来自两种力量的较量,每一次从现状的平衡到期望的平衡,组织都会发生变革。其中,驱动力量来自企业的环境改变、竞争压力、战略调整等,遏制力量来自企业习惯、旧的文化观念等。

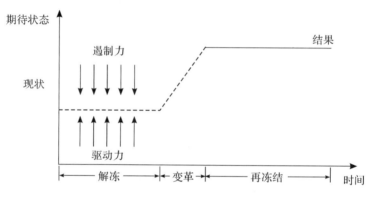

图 3-3　卢因组织变革三阶段理论

(1)解冻。卢因将变革看作是打破组织平衡状态。解冻阶段的主要任务是发现组织变革的阻力,采取措施克服变革阻力的同时,具体描绘组织变革的蓝图,明确组织变革的目标和方向,以形成待实施的比较完善的组织变革方案(孟领,2005)。

(2)变革。解冻完成就可以按照拟定的方案正式开始推行变革,但仅仅引入变革是不够的,组织变革的过程中驱动力和遏制力会随着环境的变化此消彼长、互为胜负,只有驱动力量大于遏制力量,才能保证变革的推进,并在期望状态下达到新的平衡。

(3)再冻结。一旦变革贯彻下去,特别是取得一定成绩后,个体和组织都有一种回归初始状态的行为倾向,因此变革的推行者需要采取措施巩固新的状态,才能使变革成功地维持较长时间。

变革专家约翰·P. 科特(John P. Kotter)通过对 20 世纪 80 年

代到 90 年代企业组织变革的实践研究，进一步发展了卢因的三阶段变革过程模型，创造了一种更加细致的变革贯彻方法——科特变革八步骤。他指出了高层领导在变革失败中容易出现的错误，如未能制造变革紧迫感、没有发展管理变革的联盟、未能及时有效地传达变革愿景、没有清扫障碍、没能有效分解目标、过早宣布成功、没有将变革融入组织文化。为了克服这些问题，科特将卢因的三阶段模型细化为八个步骤，其中前四个步骤代表了"解冻期"，第五至第七步代表了"变革期"，最后一步实现了"再冻结"。他认为如果组织按此八个步骤往前推进，则变革成功的概率就会更大，具体如下。

（1）建立紧迫感。该阶段组织应分析自身面临的环境和竞争，讨论潜在的危机与机遇，树立危机意识。

（2）形成联盟。该阶段组织可组建变革团队进行领导，给予变革强有力的支撑。

（3）提出愿景。该阶段组织可提出新的战略，引导变革的发展方向。

（4）传递愿景。该阶段变革者在整个组织中传达愿景，并作示范。

（5）授权员工对愿景采取积极行动。该阶段组织可鼓励全员参与变革，为他们扫清障碍、给予支持。

（6）制定短期目标。该阶段组织通过迅速创造"成就"推进变革步伐。

（7）巩固变革成果并进行再评估。该阶段组织利用成果带来的信誉，持续推进变革渗透到组织体制、文化等方方面面。

（8）组织通过展示新行为的成功，加强与变革的关联。

第四章　A电梯公司管理变革带来的"阵痛"[①]

A公司是一家传统电梯制造企业,其实际控制人陆向天为了提高企业竞争力,引进了战略投资者B公司,并且聘请国际知名电梯制造企业高管王升宇来推动管理变革。A公司在管理变革过程中遭遇了"阵痛":反对声音高涨、核心技术骨干提出辞职、经营效率下降、整体业绩剧烈下滑等。面对巨大的阻力,陆向天被要不要继续进行变革、如何进行变革等难题所困扰。

A公司位于浙江中部,由陆向天于1997年一手创立,原为生产电梯齿轮及扶梯部件的小厂。

由于创始团队的勤奋务实,再加上刚好赶上房地产行业快速发展的浪潮,公司取得了长足的发展。2013年3月,公司注册资金1.01亿元,占地面积为6.8万平方米,其中厂房建筑面积为4.8万平方米,已经成为一家集设计、制造为一体的电梯制造企业,产品包括自动扶梯、自动人行道、客梯、货梯、医用电梯、观光梯、立体停车库及配套件。

但是公司的快速发展很快碰到了瓶颈。由于A公司地处浙中,地理位置相对较偏,市场信息相对闭塞,因此很难吸引优秀人才加盟。

---

① 本章作者为王佳、张大亮、王世良、徐伟青。

公司的管理层文化程度相对偏低,品牌意识较为欠缺,公司的管理方式也较为落后。而公司的基层员工素质更差,基本上是附近村子里的闲散劳动力。

2013 年,A 公司受新增房地产投资放缓及自主品牌知名度低等因素影响,成长速度放缓,收入增长不到 10%,单台电梯毛利率由原来的 35% 下降到 27%,净利润较往年同期增长不到 5%,电梯自主维保率不足 2%(绝大部分由第三方维保单位承接),上述指标显著低于同行业已经上市的电梯生产企业。

当时的国内电梯市场已经呈现金字塔竞争格局,市场份额被牢牢掌握在前面几个梯队成员手中:第一梯队包括奥的斯、上海三菱、广州日立,市场占有率约为 50%。其中,上海三菱、广州日立的产品主要定位于中高端。第二梯队包括迅达、通力、蒂森克虏伯、东芝、富士达等十余家合资企业,市场占有率约为 21%。第三梯队包括康力电梯、沈阳博林特、江南嘉捷、申龙电梯、广日电梯以及沈阳三洋等国内品牌企业,市场占有率约为 15%。第四梯队为除去第三梯队国内品牌企业外的四五百家中小型民营企业,市场占有率约为 14%。

而当时 A 公司仅处于第四梯队,在品牌推广、渠道建设、产品研发等领域都难以跟外资品牌及国内品牌企业直接竞争,市场重心只能往我国中西部地区转移。

作为公司的创始人,陆向天对于公司面临的问题非常清楚。一方面,企业品牌知名度不高,客户资源有限;另一方面,资金短缺,周转困难。更重要的是经营管理混乱,企业管理跟不上市场快速发展的步伐。

2014 年 1 月,面对严峻的内外部环境,陆向天决定寻找战略投资方,一来增加资本实力,二来改善治理结构。经多方筛选,他最终选择与国内知名私募股权投资机构 B 公司合作。B 公司在地产投资领域精耕细作 15 年,旗下拥有近 40 只地产基金,与国内 20 多家大型房地产企业拥有稳定的合作关系。陆向天希望通过嫁接整合 B 公司的资源，来完成转型升级，争取进入行业第三甚至第二梯队。

同年 4 月，陆向天与 B 公司对公司进行新一轮增资。本轮增资完成后，A 公司总股本为 2.3 亿元，其中 B 公司占其 20％股权，陆向天及其管理团队共同持有 80％股权。同时，A 公司再出资 1 亿元，B 公司出资 9 亿元，共同组建规模为 10 亿元的智能制造与服务机器人并购基金，由 B 公司投资团队为 A 公司在全国范围内寻找合适的智能制造与服务机器人生产企业。

同时，在渠道开发及客户开拓方面，B 公司组织安排 A 公司管理团队与国内各大型房地产企业之间进行项目洽谈，为 A 公司挖掘潜在客户资源。

由于 B 公司在客户及资金方面拥有天然的优势，因此 B 公司战略入股才半年多，就给 A 公司带来了巨大的变化。2014 年，A 公司全年实现净利润 9000 万元，同比增长 50％，营业收入首次超过 10 亿元，跃升至国内电梯行业第三梯队，并且具有年产电（扶）梯超 8000 台的生产能力，年产值达 10 亿元左右，其生产的自动扶梯的最高提升高度能达到 21 米，自动人行道长度能达到 80.2 米，产品远销欧洲、亚洲、南美洲、北美洲、非洲和大洋洲。

公司能取得如此成就，管理层自然也倍受鼓舞。投资方 B 公司认为虽然公司已经晋升行业第三梯队，但是品牌知名度不高、产品研发能力不强、人才短缺、管理方式落后等问题依然存在，离上市的标准还有不小的差距。于是，公司打算 2015 年重点进行规范化管理变革，为后续上市之路做准备。可是，接下来发生的事情让大家始料未及。

一、职能调整

陆向天拖着异常疲惫的身体回到家,没有换鞋,径自向二楼的卧室走去,连美丽温柔的妻子打招呼也无心回应。他躺倒在床上翻来覆去睡不着,白天的场景一个个不断在脑海中闪现……

2015年7月12日上午九点,A公司召开了总经理办公会,会上生产、技术及工程部门领导一齐质疑当前公司推行的激进的管理变革措施,而负责推动管理变革的王升宇重申推行这些管理变革的紧迫性与重要性,公司董事长陆向天也表示支持。出人意料的是当天下午三点,几名公司资深技术骨干及生产关键员工向公司人事部提交了辞职报告。人事部刘经理立即将此事向陆向天和王升宇汇报。陆向天获悉此消息后,又于当天下午紧急召开公司核心骨干人员的扩大会议,动员大家支持公司管理变革,积极推进企业上市。动员会之后,陆向天和王升宇又亲自约见辞职人员,询问辞职缘由,并以承诺加薪及股权激励等措施留住他们。

身为公司创始人兼董事长的陆向天对当前企业面临的这起突发事件感到有些力不从心。公司推行的一系列管理变革大部分都是沿用国际先进电梯制造企业的管理经验,按理说应该能够给企业带来新的活力和发展动力,没想到却遇到这么大的阻力。更意外的是还触发了一系列的问题,如经营成本骤增、业绩出现急剧下滑,北京分公司员工市场开拓力度大大减弱,核心骨干闹离职,很多一线员工对于公司的发展充满迷惘等。更糟糕的是,原先跟着自己一起打拼的元老们也开始抵触变革,表现出不太愿意合作的态度,管理变革到底要不要继续? 创业至今,陆向天从未像现在这样感到力不从心,想到这些难题,他感到头越来越痛:到底该怎么办呢?

让我们把时间回放到2014年12月底。彼时作为公司的战略投资者,B公司认为A公司启动上市计划的时机已经成熟。为了让公司更加符合上市规范,B公司提议A公司进行管理变革,以达到规范化管理的要求。为了更好、更快地进行公司管理变革,B公司推荐了一位国际知名电梯制造企业管理专家王升宇担任A公司副总经理,主要负责公司经营绩效的提升与成本管控、管理信息化工作的推进、组织架构优化及调整等工作。

王升宇是顶尖大学商学院博士,毕业后一直在国际知名的制造企业担任管理顾问,对公司的规范化管理颇有研究,在业内有很高的知名度和口碑。陆向天对他也满怀希望,充分授权给他,让他放手去干。

得到陆向天如此信任,王升宇也倍受鼓舞,刚上任不久就组织召开生产、销售、技术、工程等部门领导会议。会上,王升宇全面分析了当前国内电梯企业所面临的六大主要风险(如图4-1所示),要求各部门积极采取有效措施,加强各类风险的防范工作(如表4-1所示),最终得到与会人员的一致认可。

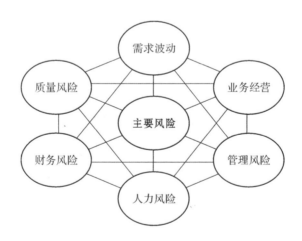

图4-1 国内电梯行业面临的六大主要风险

表 4-1 国内电梯行业面临的具体风险

需求波动	需求受社会固定投资影响较大； 受电梯下游行业房地产宏观调控政策影响
业务经营	营销网络扩张风险：网络的扩张将会给公司带来品控、产量上的风险； 经销模式下，随着经销商增多，公司难以保证授权的安装、维保的安全性和及时性
管理风险	随着公司扩张，管理制度面临战略规划、运营管理等风险
人力风险	专业性较强，行业对专业技术人才、研发人才争夺激烈； 随着规模扩张，公司对专业管理人才需求上升
财务风险	业务扩大，应收账款增多，可能发生的坏账增多；随着应付账款的增加，公司可能面临资金短缺
质量风险	涉及人身安全，属于特种设备，对质量要求严格； 随着企业扩张，保证出厂产品质量也是企业发展的一大难点； 电梯喷漆等环节对当地居民的生活环境造成影响

随后，经陆向天同意，王升宇又组织召开了公司经营班子会议，集中讨论公司组织架构调整的问题。会上，针对公司现有架构，王升宇将公司与标杆企业组织架构进行比较，并提出了公司架构存在的不足——缺少市场开发、法务、内部审计等职能岗位，同时仓储管理与生产部门未保持独立。这些都需要进行适当调整优化，具体职能调整如表 4-2 所示。

表 4-2 A 公司组织职能调整情况

序号	调整内容	调整原因	建议
1	增加市场开发职能	市场开发以销售经理开发代理商为主，开发渠道较为单一	建议拓展市场部的市场开发职能，由其负责客户资源和市场管理、品牌建设职能
2	增加法务职能	公司未有单独的法务人员负责公司合同法务的审核、法律事务的处理、重大决策事项的法律咨询等	建议增设法律部或聘用独立的法务人员，负责公司法律事务处理
3	将仓库从生产部中分离出来	仓库物料保管与生产领用属不相容职务，目前公司的部门设置未予分离	建议仓库独立于财务、采购、生产、销售

续表

序号	调整内容	调整原因	建议
4	设置内部审计职能	加大公司内部审计力度,加强对公司内部工作的监督	建议设置独立的审计机构,配置专职审计人员,定期或不定期开展内审工作

针对上述组织架构的调整,大部分与会代表表示认可,认为这样的组织架构调整和优化有利于公司内部经营效率的提高。特别是设立独立的市场开发部,这一举措能够很好地将公司的电梯产品往更深更广的领域营销推广,同时还可以在提高电梯品牌知名度上下功夫,对于客户资源的逐步积累、市场的有效管控以及品牌建设方面都有好处。

但也有反对的声音。比如生产部部长对仓库分设就明确表示反对:"我认为电梯类企业的仓储跟传统制造企业略有区别,电梯零部件及钢材因体积、重量都较大,移动不便,所以现行主流的电梯企业均会将仓库设在生产线周边。如果仓储部门分设,那么将增加若干仓储保管人员,同时生产领料速度将比原先同一部门内领料操作慢,这势必会对生产经营效率造成不利影响。"

针对生产部部长的意见,王升宇回复道:"如果仓库部门不独立分设,那么在生产领料时,难免会因部门内各员工之间的关系而使仓库管理宽松,导致无法独立复核。从之前的尽调情况来看,现有仓库盘点库存数量与系统账上数量存在较大差异,也存在未走领料单流程的现象,因此我还是建议仓库从生产部独立分设出来,以确保领料手续完整、账目清晰。"

常务副总经理赵际翔则针对新设内部审计部门发表了意见,"我认为增设内部审计部门将至少需要配备两名专业内部审计人员,这会增加公司运营成本。目前公司在业绩规模上,与上市公司还存在很大距离,所以此事并不急,我建议缓缓"。

王升宇接过话："赵总讲得很有道理,但我还是希望我们能够早点向上市公司标准看齐。"王升宇说完之后,会场陷入尴尬的沉默当中,看得出来生产部部长和常务副总经理并没有真正接受王升宇的建议。大家一起把目光投向了一直未说话的董事长陆向天。

陆向天见状,知道自己必须表态了。他清了清嗓子说道："首先,我们要对王升宇这段时间以来的努力工作表示感谢,同时我对此次架构调整优化方案也非常认可。自从我创立公司以来,确实从未与我们的竞争对手,尤其是与已经上市的电梯企业进行这么细致的对标,可以说这次王升宇开了个好头,也希望其他部门能够在工作、业绩等各项指标上向标杆企业看齐。"

陆向天顿了顿,环顾了一下四周,然后继续说道："当然,生产部部长反馈的意见也确实有一些道理,但我还是建议先让王升宇试试看,如果仓储部门单独设立,确实能对原先物料管理与生产领料等环节有帮助,那就继续执行。如果效果不好,那么还按以前的做法执行,将仓储部分再并回生产部。至于新设内部审计部,目前来看发挥的作用有限,不如暂交给上市辅导团队处理,先从形式上规范,再逐步发挥其应有的作用。"听陆向天这么一说,大家也不好再说什么了。

会后,陆向天又找王升宇单独沟通了一下。他认为组织架构调整是好事,但是建议王升宇在调整组织架构时,最好多考虑各部门之间的利益,事先与相关部门领导进行沟通,充分听取大家意见,这样推行起来也会少一些阻力。

二、全面变革

王升宇虽然出师不利,但是至少他提出的架构调整方案内容大部分都通过了,而且陆向天及领导班子也是支持他的。紧接着,王升宇开始对公司的管理状况进行诊断,经调查发现存在以下问题。

一是分公司管理问题。公司的北京分公司已办理工商营业执照登记,印章及证照齐全,能对外独立签订合同,但分公司管理全权委托指定的渠道商管理。该渠道商可自行使用公司电梯安装、维保及售后服务资质,并自行独立核算,收入确认方式与现行会计准则要求相违背。

二是成本管控问题。公司产品成本管控存在薄弱环节:项目报价未能把控合理利润率;技术配置标准不明晰,生产物料定额存在缺陷;生产的呆滞品改制利用机制不健全;采购比价把控不严,采购供应商管理不当,不利于采购成本降低;部分物料整进整出,期末盘点预估,造成当地成本虚高;成本考核机制及考核指标体系不健全等。

三是信息化落后问题。比如,公司的周生产计划制订及调整全凭手工完成,存货管理与成本核算不规范,仓库台账、财务账及出入库明细存在差异,对电梯每道工序进出环节无法按半成品核算等问题,以至于推算的单台电梯产品毛利率经常大范围波动。此外,公司每年因少发、漏发、错发导致的事故达 400 多起,装箱及封箱环节存在管理失职。

根据企业生命周期理论,结合 A 公司现状进行详细分析,A 公司应该处于成长期靠近成熟期的阶段。而处于这个阶段的企业,一般有以下特点:企业规模以及产品销售或服务市场的扩大、员工人数的大量增加,使得原有管理方式和组织架构已经不能满足企业发展的需要。企业如果想继续保持快速发展,就需要对公司重新进行调整,比如制定一系列规范化制度,增设新的部门,通过对各项工作进行细致分析,来界定各部门及部门内部成员之间的工作内容与职责。

拓展阅读

企业不同生命周期阶段的特点

企业生命周期是企业的发展与成长的动态轨迹,包括发展、成长、成熟、衰退几个阶段。企业在不同的生命周期阶段有不同的特点,具体如下。

(1)创业期。该阶段创业者领导大家热情工作,企业具有活力、创造性和冒险精神。这时组织系统不完善,没有明确的职责分工,决策基本上是由创业者独立决定的。

(2)成长期。该阶段企业的主要目标是发展壮大和实现差异化。企业盈利增长得很快,企业规模变大,这就需要相关的制度,这时企业开始制定一些规范的制度。

(3)成熟期。该阶段企业的目标是巩固和提升已有的地位,延缓衰退期的到来。企业设立完整的组织部门,各种制度得以规范;创业者之间开始产生矛盾,组织系统凝聚力受到削弱;做决策趋于程序化,做决策的时间延长且规避风险。

(4)衰退期。该阶段企业的主要目标是采用各种手段创新。企业的规章制度虽然很多,但组织矛盾突出;部门之间推诿责任,士气低落;走过场的会议过多;决策极端保守。

由此,A 公司面临的组织架构不健全、成本管控薄弱、信息化落后等问题,是公司管理方式跟不上发展速度导致的。这是成长期企业都会面临的问题,并不是 A 公司特有的。但是分公司管理的问题,是 A 公司没有划清渠道商和分公司的界限导致的,也和渠道商与公司的特殊关系有关,这不是一个常规性的问题。

这些问题不解决,就会阻碍公司进一步发展。但需注意的是,这些问题要分轻重缓急,其判断标准是这个问题是否直接制约了公司业绩的增长。另外,对于公司来说,不是所有问题都能解决,所以可从问题的难易程度方面着手,简单的问题可以考虑优先解决。A 公司问题总结与分析如表 4-3 所示。

表 4-3　A 公司问题总结与分析

问题描述	问题原因	重要性	迫切性	解决时机	解决对策
职能设置不完善	在公司之前的发展过程中,这些岗位不是必需的	重要	不迫切	当这些岗位的缺失严重影响公司日常运营时	可以把增加这些岗位列入工作计划,同时物色合适人选
渠道商与分公司定位混淆,授权过大	渠道商在公司发展过程中做出过巨大贡献,导致出现"功高盖主"的情况	重要	不迫切	当北京分公司业绩下滑或者出现其他经营问题时	在保证渠道商利益的前提下,逐渐收回授权。同时尝试寻找其他渠道商,避免一家独大的情况
采购价格过高,没有对库存物料进行盘点测算	由于之前产品品类较少,公司发展速度较快,因此掩盖了这些问题	重要	迫切	当公司毛利下降时,说明成本管控这个问题需要解决了	先向大家充分陈述目前存在的问题,强调成本管控的必要性。同时,将成本管控后提升的绩效与员工工资挂钩,提高员工积极性
信息化程度低,无法完成每个产品的成本核算,另外少发、漏发、错发情况经常发生	公司由于之前规模较小,采用手工记账的方式更灵活高效。但现在,这种方式显然是难以持续的	重要	迫切	少发、漏发、错发的情况时常发生,说明传统方式已经严重影响公司日常运营,目前难以改进	首先,向大家陈述该问题的严重性。同时在设计管理信息化系统时,让相关部门员工参与进来,使系统更加贴近员工的使用习惯。其次,在系统设计好之后,进行充分的培训,并设置相应考核,考核通过后方能再次上岗。最后,要有配套的激励机制

如此来说,成本管控薄弱和信息化落后问题,对 A 公司业绩具有直接影响,应该优先解决。因为如果成本管控问题不解决,公司管理层就无法比较不同电梯产品的成本和盈利能力,自然也影响到产品的

定价,最终影响公司的整体业绩。而信息化问题不解决,就会使得公司每年发货事故频发,这不但会增加公司的损耗成本,还会影响公司的整体形象和客户满意度,势必会给公司业绩带来负面影响。其中,信息化问题解决难度更大,因为管理基础与员工素质太差,牵涉面广,而且效益体现较慢,所以投入增加反而更明显。而成本管控容易出成果,如果激励机制到位,那么相关利益者容易达成共识,变革阻力会比较小。

对此,王升宇提出了相应的改进措施。关于分公司管理问题,王升宇指出,公司将北京分公司日常经营全权委托给指定渠道商负责,相当于为该渠道商提供了一份没有限额的连带责任担保,而且在无任何监督的情况下让其完全使用公司安装、维保及售后服务资质,给予的权限过大,所以存在较大的经营业务风险。王升宇认为,鉴于该问题对公司经营业务影响重大,应该立即撤销北京分公司,且取消该渠道商使用公司电梯安装、维保及售后服务资质。

关于成本管控问题,王升宇提出,公司成本管控对提升公司经营业绩有着至关重要的作用,原来公司仅采用每月综合平均成本,无法对单台或单批次电梯产品进行毛利率测算。这使得公司在不同电梯产品定价上几乎无差异,导致公司管理层无法比较不同电梯产品的盈利能力。同时,许多重要材料都是独家供应,缺乏有效的比价管理;生产过程浪费严重,存在大量的生产呆滞品。因此,王升宇认为应该从以下七个方面加强成本管控。

一是优化产品报价环节。王升宇建议财务部组织技术部、市场部编制电梯产品项目指导价格明细表,改变原来的整体报价模式,改为电梯产品所需材料以及加工费等项目明细报价,增加价格的透明度,提升客户满意度。市场部可根据市场行情变化,对指导价格进行浮动调整,但需经财务部审核,使报价及折扣符合公司综合、长期的利益。

二是改良 BOM(Bill of Material,物料清单)。由于扶梯配件种类繁多，配件清单未及时更新或不明晰，导致生产领料仅凭经验领取，缺乏统一的定额标准，以至于不同领料人为生产同一类电梯产品领取的零部件不完全一致。为改变上述现状，技术部应及时更新技术配置清单，做到任何一款电梯产品均有定制版的材料及零部件清单。如生产工艺发生变更，生产部有责任向技术部申报工艺改良方案，由技术部及时更新技术配置表。

三是优先改制生产的呆滞品。电梯行业因销售订单变更或暂停，会导致一周内已排产或已生产的自制件成为生产呆滞品，堆放在生产车间，无人问津。关于该问题，王升宇建议与管理信息化问题一起考虑，建立生产呆滞品仓库电子账，最好以后生产领料的时候，系统上会自动跳出是否有可选的生产呆滞品，经改制处理后可用作替代材料。

四是对采购成本进行事中控制。目前采购部未对关键采购材料进行价格跟踪，采购比价过程不规范，部分物料仅有唯一供应商，如不锈钢443只有M装饰材料有限公司；主机减震垫仅有B电梯配件有限公司。因此，采购比价过程缺失，价格市场公允性无法保证。

五是控制料场钢材耗用。料场钢材实际耗用缺乏控制，操作工人也未制订详细可行的切割方案以最大程度利用钢板，提高材料使用效率。因此，技术部可根据各批次或通用件标准制定详细可行的切割方案，协助操作工人进行正确操作。料场现场耗用钢材应及时填写领料单，注明实际领用的材料数量及型号规格，于次日上班前提交仓库统计入账。

六是对原存放在生产车间的钢材建立库位管理。公司财务部为方便处理生产车间的钢材，直接将外购且未使用的钢材存放在生产车间，但从财务账来说已办理入库及出库手续，即已消耗，此种操作方式将高估产品的生产成本。王升宇建议财务部在生产车间建立工位，材料从仓库调入工位，只做移库处理。待生产工人将材料投入使用时，开具领料单，领用后交予仓库统计入账。

七是进行投入产出分析及成本考核。为有效进行投入产出分析及成本考核,王升宇建议财务部增设半成品核算科目,对每道工序进、出环节按对应设备号或标准件号进行成本归集核算,领料环节按实际耗用量入账。

关于信息化落后问题,王升宇建议公司财务部针对现有普遍的问题以及上述问题,寻找多家信息系统提供商进行沟通,确定管理系统建设规划。

很显然,王升宇推行全面的管理变革,针对管理中存在的主要问题都推出了相应的改革措施,变革牵涉面大。也因此,对于王升宇提出来的改进建议,各部门都存在较大的抵触情绪。陆向天及其他高管专门就此事召开会议,明确表示可以按王升宇的想法先落地执行,重在尝试,不要一来就拒绝。同时,陆向天还表示,王升宇提的各项管理改进措施还要进一步细化,还要明确各措施责任人和期限。在陆向天的支持下,各部门领导最终表示愿意尝试。

王升宇也深知这些管理措施要想落地并非易事,于是又花了几个月时间进行方案可行性论证及细化。

三、矛盾激化

经过半年左右的酝酿以及与各部门领导讨论沟通,在陆向天的大力支持下,王升宇决定将自己的管理改进措施正式落地。但没想到推行不到半个月,部门领导、基层管理者、市场销售人员及生产一线员工的抱怨声就不绝于耳:"单个管理信息系统就要花费公司近百万元,这对公司来说是一笔不小的花费,改革成本太大了""我们做市场营销的,每次都要受财务部的气,他们是真的不了解市场,把价格抬得这么高,根本没办法卖""北京分公司原指定的那位渠道商现在决定与其他电梯厂商合作了,毕竟它每年为我们公司贡献了八分之一的收入,总不能一刀切吧？这样对市场推广是一个大忌""生产都忙不过来，现在还要填那个破领料单，真的有点影响进度""本来我们跟供应商关系非常好，现在人家听说我们要选择多家供应商比价，直接开始抬高采购价格了，毕竟他们家的产品质量绝对有优势，其他供应商即使价格低，也没办法比""生产呆滞品本来就应该直接淘汰卖掉，让我们要先从一堆废材中选择可以使用的材料，那是多么费力的一件事""如果我是领导，让我在效率与成本之间选择，那么我宁愿在成本相对可控的情况下，选择提升生产效率"……

可是，不管员工及部门领导怎么抱怨，王升宇依然坚持自己的主张。他认为这套管理方案是他从国际先进电梯制造企业学来的，既然这些企业能在市场上立于不败之地，那么就证明这套管理方案是可行的。陆向天也感受到了公司上上下下都在议论纷纷，于是约来王升宇说："升宇，我挺认同你推行的这套管理方案，不过最近公司里经常听到反对的声音，员工这种状态可有点消极，我们是不是推行得太急了？"

王升宇这样鼓励陆向天："陆总，您也知道任何公司要推行改革，都会遇到来自各方面的阻力，这叫改革的阵痛期。但经过一段时间后，等到大家重新适应新的工作方式，感受到规范化管理带来的便利，就不会有这么大的意见了。我们还是让时间来说话，不要急于求成。"

陆向天长叹一口气说："升宇，但愿你说得是对的。希望经过这次改革，我们的企业能呈现出一番新面貌。"

为了确保管理改进措施推进，王升宇还建立了责任制考核，并将其与中层干部的年终奖金直接挂钩。

陆向天本来也认为管理变革初期会比较艰难，阻力肯定很大，等熬过这一段阵痛期就会逐渐好起来。但事与愿违，推行不到三个月，公司就出现了各种问题。

首先是常务副总经理过来向陆向天诉苦："陆总，以前跟您一起打拼天下的时候,目标明确,大家都有干劲。现在倒好,各种约束,导致北京地区基本不开展销售业务了,这给我们公司造成了重大的损失。北京那位渠道商当初都是跟我们打拼天下的,大家都是兄弟,而且又是我们同一个村里出去的,你说这交情会乱来吗?被王升宇这样一搞,人与人最基本的信任都没了,谁还有斗志,我想再这样搞下去,公司肯定完蛋。陆总,您说什么我们都听您的。但是现在来了个外人,还瞎指挥,兄弟们心里真的不好受。"

后来又出现部门领导、关键技术、生产及市场销售人员集体闹离职等事件,更为严重的是,陆向大看了最近几个月的报表,发现业绩下滑得很厉害,还经常收到客户有关产品质量的投诉。物料管理也是一片混乱,还不如以前有秩序,新系统上线自实施开始就被大部分员工吐槽说系统操作太难,抵触情绪非常大,甚至一些部门还出现了员工罢工现象,这些对公司的品牌也造成了重大负面影响。

可以看出,王升宇虽然拥有国际化的先进的电梯管理经验,在电梯企业风险管理以及问题分析等方面确实经验丰富,但他对自己高度自信,缺乏对企业真实管理情境的了解,缺乏管理层和员工的信任,无法有效平衡各部门利益诉求,不会变通,导致大部分部门领导对管理变革提出反对意见,拒绝推行。

四、观点交锋

陆向天终于坐不住了,他认为不能再等下去了,这样下去公司迟早要出大问题。由于王升宇是战略投资方 B 公司引荐过来的,为尽快解决公司当时面临的问题,陆向天与 B 公司代表张程沟通了公司改革过程中碰到的种种问题。

张程对这些问题也非常重视,当即约了陆向天、王升宇以及公司的常务副总经理等几位高管一起吃饭。

席间,张程率先发话:"各位领导,我们在一起合作已经一年多了,大家都为公司做出了卓越的贡献。作为投资方,我非常感谢大家。王总是作为我方推荐的管理顾问来负责此次规范化管理变革,听说公司管理变革已经推行了许久,我也想听听王总现在的一些想法以及未来的规划。"

王升宇接茬:"张总,首先我总结和分析了电梯行业面临的主要风险以及应对措施。等公司管理层对电梯经营的各项风险有了直观的认识后,我以上市企业 KL 股份有限公司为标杆,对公司现有架构做了调整及优化,这对公司内部职能及岗位的梳理起到了一定的作用。随后,我开始对重要经营风险领域、成本管控领域进行调查取证研究,查找问题根源,也取得了积极的成效。总体来说,我此次管理变革是在国际先进电梯制造管理经验的基础上,结合本公司情况来完成构思的。虽然在推行这些管理措施时,遇到了巨大的阻力,但我坚信这些先进的电梯制造管理理念会深入人心,为企业的发展起到积极的推动作用。"

王升宇说完后,大家陷入了沉默,张程接着对陆向天说:"陆总,王总的一些管理措施确实对企业的发展起到了积极的作用,但我也听说现在北京分公司被撤销了,北京市场现在完全不开拓了,因为原来的渠道商不干了。可有此事?"

没等陆向天开口,王升宇主动接话:"张总,这个问题确实存在。我现在也在思考未来北京的市场地位,从长远来看,此次内部资源整合以及风险控制将使公司经营业务得到较稳、较快发展。"

这时,常务副总经理实在听不下去了:"王总,我们不谈未来,首先还是想想如何解决当前业绩持续下滑的问题吧!北京这么重要的市场一放弃,以后重新拾回难度很大。况且那边的渠道商很早就和我们合作了,对我们企业是有感情的,怎么可能为了一时的利益而伤害彼此的情谊呢?张总您给评评理。"

　　王升宇想接着回答,却被张程打断。张程说:"我认为常务副总经理的提议有可取之处。是不是可以将北京那位渠道商吸纳进入北京分公司?如果在讲究商业信用的基础上,是否可以委派人员进行监督?其实这些问题,王总也想过,他之前也跟我说过,但我们都认为行不通,因此这也是他迫不得已采取的措施。分公司委派给渠道商进行经营,对于我们企业来说确实风险很大。"

　　生产部部长这时按捺不住了,直接站起来说:"在座的各位,自从改革后,日子最难过的是我。生产工人大部分都是从当地村里招工过来的,文化程度不是特别高。现在生产领料这么严格,实际耗用都要进行精细统计,他们不仅得从头开始学打字,还得应付复杂的信息系统,而且每天还要清点材料、盘点仓库,这样实在太费力了。况且生产工人工资没有得到很大提升,大家对此意见都很大,纷纷找我诉苦。各位领导你们说我应该怎么办才好?"

　　王升宇说:"公司肯定要向前发展,总不能为了个别素质差的人,而使企业发展停滞。愿意主动学习的人势必会在这次管理变革中脱颖而出,促进企业形成非正式的学习型组织,只有这样才能使企业得到快速发展。相信我,这一切只是时间问题,我虽然来的时间不长,但是我真的想做一番事业出来。"

　　财务部部长也开始发话了:"王总,这次管理变革对我们部门来说也是挑战。光成本核算及归集就难倒我们财务人员了。有时生产工人填报的钢材实际耗用量存在误差,直接导致我们成本核算及归集出现较大的差异。生产部那边的工人确实也该提高一下素质了,整天给我们报一些错误的数据。现在财务核算真的没办法开展,而且生产系统与财务系统接口尚不兼容,这些也需要王总尽快解决。"

　　技术部部长也终于发话了:"王总,您的生产及管理系统参数设计,真的难倒我们了。现行电梯产品种类很多,各种参数都有微小的差别,您说我这些参数怎么设计?如果全部设计进去,到时候组合也会出错,因为这些不同的类型很难用参数一一表示清楚。"

王升宇再次接话:"各位听我说,现在别说我们公司了,就是国家也在改革。只要是改革就会触及各方的利益,改革初期也确实会很痛苦,因为这意味着大家都要告别原先熟悉的工作模式。但是一家传统的企业要向成熟的现代化公司转变,就必须经历这个过程。不能因为开刀的时候身体痛苦就不治病吧?"

"那你再改革也不能不管大伙死活吧!搞不好这改革没完成,公司先垮了!"不知道谁小声嘀咕了一句,然后大家就七嘴八舌地议论开了。

张程把问题抛给了陆向天:"陆总,作为投资方来说,我们肯定是希望公司沿着规范化管理的方向走的,这样也便于加快上市进度。毕竟现在市场竞争这么激烈,只有通过上市才能在同行中脱颖而出。不过话说回来,这公司是您一手创立的,如果您认为管理变革严重影响了公司的正常经营,那这事也只能缓一缓。"

大家都把目光投向了陆向天,而陆向天此时感到前所未有的无力。他摆摆手说:"这个问题毕竟事关重大,需要我们再多开几次会,好好研究评估一下。不管怎么说,大家的出发点是一致的,都是为了公司的发展。我相信,通过不断地沟通协商,我们会有办法解决这个问题的。"

这场饭局僵持了很久,各方均发表了自己的看法,但没有达成一致的意见。人事部、财务部基本赞成继续此次管理变革,而生产部、技术部、市场部则坚决反对此次管理变革,最后大家不欢而散。

五、阻力过大

陆向天坐在车后座,一直想着管理变革这件事情——这次变革究竟是否成功?王升宇的变革方案存在什么问题?为何会遇到如此大的阻力？

实际上，变革是否成功，最主要是看改革的成效，这也是判断方案合理性的主要标准。我们具体可以从王升宇的变革方案本身的合理性、方案的切入时机、方案的实施路径三个方面来分析存在的问题。

首先是方案本身的合理性。王升宇提出的这套方案是根据其在跨国公司的管理经验总结得出来的，包括其提到的组织架构调整、成本管控、管理信息化等措施应用在跨国公司都是非常合适的。但是这些措施放在 A 公司是否合适就要打一个问号。针对管理信息化的措施要想真正起效，就需要有配套的资源，比如素质较高的员工、较大的前期投入，牵涉面又广，这通常是"一把手工程"。因此，这其实是管理方式与公司资源是否匹配的问题。王升宇这个方案的核心是规范化管理，但是规范化管理是手段，而不应该是目的，变革的目标是让公司运转更为高效。然而，王升宇的变革方案自实施后，公司的业绩下滑，效率反而变低了。他的方案一定存在不合理的地方。

其次是方案切入的时机是否恰当。一般来说，变革方案的推出都是因为公司遇到较大瓶颈，再不变革公司就会无法运转。这时候推出变革，大家的接受程度相对较高，因为现状已经很不好了，即使变革也差不到哪里去，万一会变好呢，相关利益者都愿意试一试。而 A 公司在引进战略投资方后，经营业绩已经得到大幅改善，公司也已经进入电梯行业第三阵营，在经营上的资源投入，显然比管理投入更容易出效益。这个时候推出管理变革，会让员工有抵触情绪，因为他们可能认为现状已经很好了，所以缺乏对变革必要性的认识。

最后是方案在实施的路径上存在的问题。比如，王升宇在推进管理变革措施前，并没有广泛征求大家的意见，没有与各部门进行充分的沟通。另外，员工都存在路径依赖，习惯了之前的工作方式，对于陌生的工作方式自然会有抵触心理。而王升宇没有进行相应的培训，让大家对新的工作方式有充分的理解。还有一点，王升宇一直在强调变革会给公司带来的好处,却没有从员工切身利益的角度出发去说服他们。由此可见,王升宇只是依靠自己的力量单枪匹马来推进改革,虽然有董事长陆向天力挺,但是并没有得到中层和基层的支持。

由此可见,A公司此次变革的最大问题在于想一步到位,管理变革范围过大,没有根据轻重缓急、难易程度进行区分。对A公司来说,变革可能过于激进;对王升宇来说,主观上急于求成,客观上低估了A公司管理变革的复杂性,从而导致管理范围过大,人为增加变革阻力。

六、如何继续?

对于变革之路是否要继续,陆向天始终拿不定主意。从公司长远发展来看,陆向天深信规范化管理变革确实能够给企业带来翻天覆地的改变,能够让企业在激烈的市场竞争环境中实现可持续发展。况且,王升宇在业内有口皆碑,是一个难得的人才。但是自变革以来发生的这些事情,对公司的冲击实在太大了。最怕的是企业不进行管理变革是死路一条,进行管理变革了反而死得更快。接下来的管理变革之路该何去何从,陆向天陷入了深深的思考……

一个不容忽视的客观事实是,A公司原先的管理方式已跟不上公司发展的步伐,要改变现状必须通过变革来实现。也因此,改革势在必行,关键是怎样来进行变革。首先,变革者需明白A公司是一家管理基础差、员工素质低、开放度不高、成长速度快的民营企业,其管理理念落后,改革基础差,变革动力不足,这些都属于较为复杂的管理情境。因此,要想变革成功,需要做好充足的变革准备。

其次,从变革方案的内容来看,变革者可以针对变革具体措施,按照紧迫性和重要性做一个排序。紧迫性和重要性高的可以考虑优先变革,其余的则可以考虑缓一缓;容易的先做,难度大的先放一放。而对王升宇来说,他作为空降兵,需要尽快出成绩,才能取得管理层和员工的信任。因此,集中力量优先解决成本管控问题可能是最为合适的。

最后,从变革方案的实施方式来看,公司可以成立一个变革领导小组,引入变革代言人。变革工作组的成员除了王升宇和公司高层,也要包括各个部门的负责人以及基层员工代表。总之,要包括与本次变革相关的利益相关者。然后在正式设计方案之前,要与涉及变革的各个部门相关人员进行充分沟通,争取得到大家的支持。在方案正式确定之后,也要进行充分的宣传和培训,让大家对变革有正确的理解,消除他们的顾虑。另外,还要设计配套的激励措施,让员工切实感受到变革给自己带来的好处,特别是成本控制问题是容易做到的。

拓展阅读

管理决策

管理决策是指组织中管理者为了保证总体战略目标的实现而做出的,旨在解决组织局部重要问题的决策。管理决策旨在提高企业的管理效能,以实现企业内部各环节生产技术经济活动的高度协调及资源的合理配置与利用。

一个完整的管理决策过程由以下五个基本步骤组成。

第一,提出问题。管理中的问题是指在组织目标的实现过程中,先要研究讨论并加以解决的矛盾和疑难点。具体而言,它经常表现为管理中各项活动的实际执行结果与预期结果之间的差距。

第二,预测分析。预测是决策和计划的前提与基础。没有科学的预测,就不会有科学的决策,也不会有成功的计划。管理中各种问题的出现是与管理环境的变化紧密相连的。管理是一种综合系统活动,是一个动态过程。组织内外部影响管理的因素是不断变化的。之所以出现问题,是因为组织计划中的一些指标已不再适应变化了的管理环境,必须对组织计划进行调整。

第三,制订方案。制订可行的经营方案是发动群众、集思广益的重要阶段。在这一阶段应当使人们的想法充分表达出来,就某一管理问题的解决和处理设计多种具体的实施方案,并说明各种方案之间的区别和联系。

第四,评价和选择方案。决策是指对某一问题做出最后的处理决定。决策进入到评价与选择经营方案的阶段,所要做的事情就是确定最后的经营方案。这是对各个方案进行全面评价之后,从中选出一个较优的方案。

第五,管理决策的执行和反馈。决策的执行和反馈是决策程序的重要内容。没有决策的执行,就不能达到决策的目的;没有决策的反馈,就不能比较分析问题的处理效果,也不能为下一轮决策提供必要的信息。

变革管理

变革管理(Change Management)是指当组织成长迟缓、内部产生不良问题、越来越无法适应经营环境的变化时,企业必须制定组织变革策略,对内部层级、工作流程以及企业文化进行必要的调整与改善,以促进企业顺利转型。

阻力管理

一般情况下,我们可以将组织变革的阻力按来源分为三个层面:①个人层面的阻力。其主要表现为盲目的抵抗、情绪上的抵抗、政治性的抵抗、意识形态上的抵抗。②团队层面的阻力。其主要表现为团队强调自己的重要性、抵抗变革、要求更换领导、改变所有权。③组织层面的阻力。其主要表现为业务活动惯性、管理体系惯性、组织文化惯性、组织缺乏经验和能力、整个组织的保守主义。

减少阻力的方式一般有以下四种。

一是增加员工对变革的参与和投入。人们对某事的参与程度越大,就会越多地承担工作责任,支持工作进程。但是这种方法比较费时,在变革计划不充分时具有一定风险。

二是加强教育和沟通。这种方法适合信息缺乏和陌生环境的情况,实施起来比较花费时间。教育和沟通能够分享资源,不仅能带来相同的认识,而且能在群体成员中形成一种感觉,即他们在计划型变革中起着作用。

三是以时间交换空间。即使不存在对时间的抵制,也需要时间来完成变革。组织成员需要时间来适应新的制度,排除障碍。如果领导没有耐心,加快速度推行改革,就会对下级产生一种压迫感,引起新的抵制。

四是群体促进社会支持。这里包括建立强烈的群体归属感、设立群体目标、培养群体规范、改变成员态度和价值观等。这种方法在人们由于心理调整不良而产生抵制时比较有效。

第二辑 如何加强新员工融入，激发工作热情

当前，一支以新生代员工为主的队伍正在不断涌入企业当中。作为公司未来发展的生力军，他们一方面学历高、学习能力强、有个性、有想法、注重个人成长；另一方面工作期望高、依赖性强、习惯以自我为中心、承压能力有限。新生代员工与组织之间、与老员工之间似乎总存在着一条很深的鸿沟。既定的认知是不是导致"90后"员工管理问题成为普遍现象的原因？员工之间的代际问题是否无法解决？我们有太多的疑问……显然，改善领导—员工关系、激发新生代员工热情、加强新生代员工融入已是当下企业亟待解决的难题。

第五章 HM 公司新生代员工为何感到工作"没劲"?[①]

    HM 公司是一家以膜分离技术应用为核心的民营高新技术企业。在公司发展过程中,公司老一代中层管理者在领导方式上暴露出一系列问题,从而导致新生代员工心理不满足,具体表现在:对所从事的工作缺乏成就感;工作中难以发挥才干,缺乏工作自主性;不适应刻板僵硬、不能逾越雷池半步的工作方式;工作参与度受限,工作建议不受重视……新生代员工纷纷抱怨工作"没劲",公司分管副总经理老范为此深感忧虑不安。新生代员工的工作激励问题事关重大,老范深感忧虑,应该如何解决新生代员工的工作激励难题呢?

    HM 公司成立于 1997 年,总部位于浙江杭州,是一家集科研、设计、生产、销售、服务和系统为一体,以膜分离技术应用为核心的高新技术企业。公司以"改善水生态,循环水资源,创造绿色健康财富"为使命,致力于水资源循环利用和膜分离应用系统持续创新,运用先进的膜分离技术为客户提供水资源净化、工业流体的分离纯化、清洁生产、节能减排、达标排放等相关工艺技术开发和综合解决方案。经过多年努力,公司获得了多项发明专利及实用新型专利,技术水平国内领先。公司将所掌握的先进核心技术应用到化工、电镀、印染、造纸等

领域,取得了十分显著的社会效益和经济效益。与此同时,公司努力提升管理水平,全面改进服务品质,强化品牌意识,从而树立了良好的公司形象。公司在发展过程中,积极引进和培养水处理专业人才,打造了具有专业水平的研发、制造、销售和服务团队。公司现有员工300多人,其中专科、本科、研究生学历占比达80%。HM公司历经十余年的发展,业绩稳步增长,各项管理制度趋于完善。随着公司规模的不断扩大,新员工陆续加盟公司,员工中"80后"占到了80%左右,形成了一支以新生代员工为主的员工队伍。

一、工作没劲

晚春时节,杭州的天气逐渐变得燥热。随着气温的上升,感到烦躁的还有HM公司负责人事行政管理工作的副总经理老范。

老范是公司元老级人物,虽然并非管理专业科班出身,但是他勤奋努力、思想开放、好思善学,乐于接受新观念。在他的带领下,公司的人事行政管理工作一直有条不紊地开展着。

可平时一向平和稳重的老范近来总是眉头紧锁。自从公司从高速发展期逐渐转向平稳发展期后,各方面管理开始走向正规化,然而不知为何,公司内部似乎逐渐开始有了一种松垮泄气的氛围,不少新生代员工经常挂在嘴边的一句口头禅就是"真没劲"。很多中层领导感到他们和自己以前不一样,想法特多,不怎么服管教,似乎更难管理。而新生代员工同样也表现出了对顶头上司管理方式的种种不满。

更令他担忧的是,近段时期,新生代员工离职率呈现持续走高的趋势。前几天他收到人力资源部门经理提交的月度报告,其中显示,近两个月公司有十多位员工离职。俗话说"冰冻三尺非一日之寒",最近出现的这些问题肯定不是凭空冒出来的,虽然说这里面可能有着各种各样的原因,但公司部分中层领导的不当行为在这之中显然有着不可推卸的责任。HM 公司员工队伍比较年轻,公司大部分员工都是"85 后",其中还有不少是"90 后"。新生代员工的工作价值观、职业发展目标和老员工相比,显然已经有了很大变化,相比较以往员工注重工作经济报酬和遵章守规的特点,他们更看重的是自己的发展空间和价值实现等因素,组织忠诚度较低,因此新生代员工的流动率高一点本来也属正常。但 HM 公司往年统计数据显示,一般情况下平均每月大概会有 2—3 名员工离职,然而近几个月来离职人数持续增加,每月平均变成了 4—5 名,这两个月更是明显上升。不断有来自不同部门的年轻员工提出离职申请,老范能不心烦意乱吗?

　　面对新一代员工的种种问题,老范意识到,公司需要在创设适合年轻人奋斗的组织氛围方面好好下功夫,充分激发新生代员工的工作热情,而首先要做的就是深入年轻员工之中,看看究竟是什么原因造成了新生代员工感到"没劲"。

　　(一)场景一:物资部

　　北京时间早上八点差两分,"85 后"小青年小刘一边跨进物资部办公室大门,一边调笑着各干各的大伙说:"哎,这一天天的,我们每天上班干的这些工作不知道有什么意思,各位能告诉我吗?"

　　物资部的同事早就对小刘这副满不在乎、吊儿郎当的无厘头样子见怪不怪了,听他这么说话都不怎么搭理。小刘走到自己的位置坐下,看了眼边上空出的位子,不禁感慨:"哎哎哎,上个月小王不干了,再上个月小陈不干了,你们说这个月会轮到谁不干了呀?"话音刚落,一抬头就发现部门经理老张正站在门口。只见老张面无表情地说了一句:"你们都来了吧,工作给我认真点,别到时候又被我发现在玩手机或是聊天。"说完话,老张连门都不进,眼睛溜溜地往办公室里扫了一圈,便转身离开了。

　　"每次对着我们就只会说这两句,能不能说点有实质意义的话?

我们每天就只等着生产部把订单传过来,去看看公司库存情况,然后去采购,采购完了通知生产部门过来领用。只要不出现问题,他就不会过问,做好做坏了都不知道,这些年来一直都是这样,我感觉自己在工作上既没长进,又没奔头。"员工小伟抱怨道。

"说的也是,公司发展得怎么样了?今年打算做多少业务?我们之前的工作做得怎么样?我们今年的工作目标又是什么?他从来都没有告诉过我们这些信息。"早就憋了满满一肚子牢骚的小英也一股脑儿将不满发泄了出来。

"我们工作的意义何在?没有工作目标,即使做了工作也没有反馈。刚进来的时候我还满怀期待,告诉自己要努力工作,但是现在我的工作激情早已被消磨光了。就说上个月,公司又需要采购一批螺丝,我想我们公司对螺丝的需求这么大,花在螺丝上的采购费用非常高,而目前我们公司采购的螺丝价格其实有点贵,如果能找到相同质量但价格低些的供应商,就可以给公司节省不少费用。因此,我想起我在之前那家公司工作的时候也采购过螺丝,当时合作的供应商提供的螺丝质量很好,而且价格要比我们公司现在采购的这家便宜,于是就采购了一部分让生产部门的人先试用一下,看看质量如何,后来我询问了生产车间的几个工人,那批螺丝用起来情况怎样?大家都反映挺好。于是我才放心地向那家供应商采购,给公司节省了一大笔采购费用。按理说,物资部的工作与公司资金成本控制密切相关,关系到公司盈利能力,我们难道不需要拓宽一下物资采购渠道吗?不需要在保证物资质量的情况下把采购成本降低几个百分点吗?可是老张半句表扬的话也没有,我这么辛辛苦苦为公司着想,简直是自讨没趣,你们说说有这样当领导的吗?"进公司已经两年多的小林想到这个,就不禁感到疑惑和生气。

小伟也双手叉腰腾地一下站起来说:"你们看张经理肚子浑圆、红光满面的,至于原因我想大家都明白吧。他可没有什么精力来管我们的事,咱们干得好不好他可不会费心多想,他最感兴趣的就是琢磨让那些供应商去哪个高档饭馆请客吃饭,他那满肚子的油水就是这样吃出来的。"众人对此嗤之以鼻,听了之后无不发出"啧啧啧"的嘲讽声,一副义愤填膺想把老张拖出去斩了的样子。

　　小刘不由得自个儿在心里嘀咕开了,这些同事表面上一片和气,背地里其实是互不服气,平时不是嫌他人表现太出挑,就是挑刺被评为部门优秀的员工,一触及实际利益就谁也不让谁,这会儿大家倒是同仇敌忾起来了,真是难得。想到这里,小刘嘴角浮现出一丝苦笑。今早上他半开玩笑说,要不自己这个月拍拍屁股走人,这个想法还真不是一时兴起,其实在心里酝酿了挺久。想想自己目前的工作状况,完全不清楚工作目标是什么,工作结果也得不到反馈,不知道自己工作中存在的问题在哪儿,吃力不讨好,工作能力上很难有所突破;领导不关心下属的工作,即使付出再多,也不会被领导看在眼里;自己在领导的眼中其实就是一颗微不足道的螺丝钉,真的还有必要继续在这里待下去吗？小刘不禁陷入了沉思。

　　以上场景说明,物资部员工的工作意义感①是缺失的。根据目标设置理论,目标本身具有激励作用,能把人的需要转变为动机,使人们的行为朝着一定的方向努力,并将自己的行为结果与既定目标相对照,及时进行调整和修正,从而实现目标。而物资部经理老张却没有设置部门员工的工作目标。他几乎不怎么过问下属的工作情况,下属们每天只是机械地做着重复性工作,不知道自己的工作需要达成什么结果。这就导致员工很难体验到工作的意义和价值,工作起来就没有动力,对组织的归属感大大降低。

　　李超平等(2006)对心理授权在变革型领导与组织承诺之间作用

---

　　① 工作意义感是指个体根据自己的标准,对工作目标产生的价值感受,反映了工作要求与员工个人价值观的匹配程度。影响个体工作意义感的因素有很多,如工作反馈、团队氛围、组织价值观等。

机制的研究表明,心理授权的意义维度在愿景激励对组织承诺的影响中起中介作用。由此可见,帮助员工明确工作目标,并向其描绘组织的发展愿景,可以使员工体验到工作的意义和价值,增强其心理授权感受,从而提高他们的组织承诺水平。可是,老张却没有给下属提供必要的工作反馈——最近一段时间的工作表现是好了些,还是差了些?有什么地方是需要在以后工作中改进的吗?物资部员工对于这些问题都存在一定困惑。当下属在工作中做出贡献时,老张也无动于衷,没有给予下属任何鼓励。这就导致两个方面的问题:一方面,下属不知道自己工作中存在的问题在哪,很难在工作能力上有所突破;另一方面,大家认为自己付出再多努力也不会被领导看在眼里,有吃力不讨好的感觉。

基于这样的情况,老张的下属缺乏对工作中两类重要信息的获取,一是与工作目标相关的信息,二是与工作结果相关的信息。其中,与工作目标相关的信息可以使下属了解组织和部门前进的方向,为员工创造工作意义感;而工作结果反馈信息可以使下属了解自己的工作情况,帮助他们改进和提升工作能力,增强自我效能感。也因此,物资部员工缺乏干劲。

拓展阅读

心理授权理论和研究

Thomas 和 Velthouse(1990)指出,心理授权是一系列受工作环境影响的认知感受,是被授权的个体内心体验的综合体,包括意义、自我效能感、自我决定以及影响力四个维度。这四个维度构成了心理授权概念结构。其中意义是指个体对工作目标产生的价值感受以及体验到的工作意义感;自我效能感是指个体对自己能否较好完成工作的能力感受;自我决定,又称"工作自主权",是指个体对能自主决定工作行为的感受；影响力是指个体对自己能在多大程度上影响公司战略、工作行为以及工作结果的感受。Menon(2001)则指出心理授权包含控制感、胜任感和目标内化三个维度。其中"控制感"类似于"自我决定"维度，"胜任感"与"自我效能感"类似，"目标内化"则体现了员工对组织目标的承诺程度。

1. 心理授权的前因变量

心理授权的前因变量大致可以分为三类，分别是个体相关因素、工作特征相关因素和组织相关因素。在个体相关因素方面，Spreitzer(1996)对年龄、教育程度和性别三个因素展开研究，结果发现只有教育程度与心理授权存在正相关关系。而Koberg等(1999)与Spreitzer(1996)的研究结果不一致，他们发现任期与心理授权呈正相关，教育程度与心理授权之间的相关性则不显著。Spreitzer(1995)还发现自尊与心理授权之间呈正相关。在工作特征相关因素方面，研究者一般从任务多样性、任务完整性、技能多样性、任务重要性、反馈等方面予以描述。Liden等(2000)、Chen等(2003)研究发现，工作特征相关因素对心理授权有显著影响。Kraimer等(1999)的研究进一步揭示了工作特征的不同层面与心理授权不同维度之间的相关性，表明工作意义与心理授权的意义维度，工作自主性与心理授权的自我决定维度，工作反馈与心理授权的自我效能感维度均显著相关。在组织相关因素方面，Seibert等(2004)研究发现，员工对组织管理结构、管理政策等的知觉会对心理授权水平产生影响，组织内良好的授权气氛有助于提升个体的心理授权水平。Spreitzer(1996)发现，组织支持、员工获得信息的机会、参与性组织气氛、控制幅度均与心理授权呈正相关，角色模糊则与心理授权呈负相关。Alge等(2006)也发现员工的信息私有知觉与心理授权存在显著正相关。除此之外，大量的研究探索了组织中领导行为与心理授权的关系。研究发现,魅力型领导、变革型领导、高领导—成员交换关系、领导者的支持性管理行为、领导者的分权和商议行为都能提高下属的心理授权水平。

2.心理授权的影响作用研究

在以心理授权为自变量的研究中,研究者主要研究心理授权对工作态度、工作行为、绩效等结果变量的影响。不论是将心理授权作为自变量,还是将其作为中介变量来研究,现有的研究成果都表明,心理授权会对员工的工作行为、工作绩效、工作满意度、组织承诺、离职意向等产生影响。Spreitzer(1995,1997,1999)研究发现,心理授权与管理有效性呈显著正相关。Spreitzer(1996)还探讨了心理授权不同维度对不同结果变量的影响,结果发现,心理授权中的自我效能感和影响力维度影响员工工作绩效,工作意义维度影响工作满意度,工作意义和自我效能感维度还与工作压力相关,其中自我效能感与工作压力呈负相关,工作意义与工作压力呈正相关。Janssen(2005)研究发现,心理授权中的影响力维度与员工创新行为呈显著正相关,且受到主管支持这一因素的调节。研究者还考察了心理授权各个维度分别对工作满意度、组织承诺等态度变量有什么影响,结果发现心理授权的意义、自我决定、影响力维度均对个体工作满意度和组织承诺有正向影响,心理授权的自我效能感维度对组织承诺有正向影响。

(二)场景二:行政部

行政部办公室窗台上的几盆花在阳光和雨露的滋润下愈发娇嫩了,但是小罗近来的精神总是不好,天天耷拉着脑袋蔫蔫的。小罗30岁出头,有一个3岁的女儿,当初为了能离家近一点照顾孩子,应聘了HM公司的行政岗,算起来在公司工作也有五年了。小罗最近觉得自己在工作上越来越心力交瘁，每天都非常疲惫。以前下班回家吃完晚饭，她还经常带女儿去小区附近的公园散散步、玩一玩，现在是心有余而力不足，想起昨天晚上女儿可怜兮兮地缠着自己想要出去玩的样子，小罗既心酸又无奈。

公司行政部门共有 3 名员工，小谢在前台，负责人员接待事宜。小罗和小肖负责工作服发放、卫生检查、办公室设备管理等杂事。小罗性格温顺内向，不善言辞，但工作勤勤恳恳，领导交代给她的任务总是尽心尽力去完成。眼看着自己承担的工作越来越多，有时候夜深人静躺在床上，小罗会想："凭什么我一个人要做这么多工作，每天早八晚五，中间除了吃个中饭就没有休息时间。一会儿这个员工要来领新的工作服，一会儿那个部门的空调坏了要联系商家过来修理，一会儿又要给员工做行政制度培训，单是行政部门的工作就已经一大堆，每天忙得焦头烂额。前段时间，周经理还把考勤和高温补贴核算的工作交给了我，全公司 300 多人的考勤和高温补贴数据都由我来统计整理。有这么做领导的吗？当我是超人吗？而且我是行政部门的员工，凭什么把人力资源部门的工作也交给我做？这些工作究竟原本就该由我负责，还是说只是暂时帮助人力资源部的同事做一下呢？领导会不会对我这类工作任务的完成情况进行考核，并和奖惩挂钩呢？"这在进一步加大小罗工作负荷，让她感到无力胜任的同时，还让她对自己在公司中的角色定位产生了疑惑。

第二天，小罗又在忙碌中度过了一上午，临近中午的时候，周经理笑眯眯地走进来把小肖叫走了。中午吃饭的时候，一起吃饭的同事问起小肖被周经理叫去是什么事情。果不其然，又有好事落在小肖头上了——周经理打算把部门这次获得的唯一一个办公技能培训名额给她。人力资源部的晶晶心直口快，听到后调侃道："哎哟，小肖啊，你看看，每次你们部门有什么培训机会，老周就只想着让你去，他怎么这么偏爱你？"晶晶口无遮拦，大大咧咧惯了，没注意到此时小罗脸色有点难看,边上的小燕暗示性地用手戳了她一下,她才反应过来,赶紧埋头往嘴里扒饭。同部门的小谢这时开口说道:"小肖啊,我们部门行政主管的位子空了很久了,也该有人顶上来了,没准回来以后老周就升你为主管了,到时候可要罩着我们啊。"小肖听后尴尬地笑了一笑,这顿中餐,大家吃得可以说是百味杂陈。

回到办公室后,小罗想了又想,思绪慢慢飘远,回想起自己在公司工作了三年多,要说公司每年提供给行政部的培训机会并不少,但自己参加培训的次数屈指可数,每次一有培训机会周经理总是优先考虑小肖。小肖的工作能力倒是不断提高了,自己却一直在原地踏步,在工作中遇到问题还经常要向小肖请教,这三年来自己的工作能力一点儿没见长,工作带来的疲惫倒是与日俱增。小肖不但总能得到各种培训机会,平时工作任务也不多,自己每天忙个半死不说,还总是得不到培训和晋升机会,一想到这个小罗心里就不平衡。虽说小罗心里也承认小肖的性格讨人喜欢——她活泼开朗,不斤斤计较,善于夸赞别人,人缘非常好,也深得领导的欢心。可难道就因为她更讨人喜欢,领导就把什么好处都留给她,对她各种优待,而自己非但从来没有得到什么好处,还要承担比她多得多的工作量吗?领导这样待人处世也太不公平了!

很明显,小罗的自我效能感①不足。工作负荷直接影响员工的自我效能,如果员工在工作中感到力不从心、情绪低落或者工作绩效下降,领导者就该想到分配给该下属的工作任务是否超过其负荷了。小罗每天被繁重的工作任务压得喘不过气,行政部自身的工作已经够多了,部门经理老周还把考勤、津贴费用计算这些本该由人力资源部门负责的工作扔给她。除此之外,因为领导的不公平对待,小罗难以获

---

　　① 自我效能感是个体对自己能较好完成工作的能力感受,是员工对自己能够凭借已有技能完成工作的信心。该指标能有效预测工作绩效、工作满意度、组织承诺、离职意向等指标。

得培训机会,无法通过培训学习提升工作能力,她感觉自己越来越无法胜任工作。工作负荷过重、角色模糊、培训机会缺失,这些因素都让小罗的自我效能感大大降低,使她对自己能否达到工作要求越来越没有信心。

与此同时,有研究发现,员工在对工作的目标、期望和工作中的权利、义务与责任,以及工作表现与回报间的关系缺乏清晰、稳定认识的情况下,就不知道该做什么,也不知道怎样才能有效承担起工作角色,不知道自己的行为是否有回报和成就。这就在无形中给员工造成了工作上的压力,从而降低他们的工作满意度水平。Liden 等(2000)研究发现,心理授权的自我效能感维度在工作特征与工作满意度之间起中介作用。而行政部经理老周的不当领导行为导致小罗出现工作负荷过重、对自己的工作角色定位产生模糊、因缺乏培训学习机会而对自己能力失去信心等问题,使其自我效能感不足,心理授权感降低,从而对工作满意度和组织承诺水平产生消极影响。

小罗端起水杯走到窗前,望着窗外车水马龙,而自己前面的道路似乎越来越窄……小罗心想:再也不能忍了,培训机会缺失、胜任感不足、角色模糊,这一个个问题还是得放到桌面上找周经理好好谈谈,摊开来说道说道,大不了卷铺盖走人。她回到自己的位子上放下水杯,转身朝周经理办公室走去。

(三)场景三:研发部

HM公司的快速发展很大程度上得益于公司高层对研发工作的重视,公司的研发水平在国内水处理行业具有较高知名度,吸引了许多对水处理行业及研发工作感兴趣的青年才俊加入。公司的核心业务是利用膜分离技术对水进行分离纯化,所以研发部一部分员工研究过滤用膜,另一部分员工研究成型的水处理设备。每研发出一种新的膜料,都需要用采集到的各类污水来检验过滤效果,设计成型的水处理设备也需要不断地调试。除部门经理老邱和几位资历较老的员工外，研发部员工大多是"80后"，他们大都接受过良好的高等教育，大学期间主修化学、机械、生物工程等专业，是一群不折不扣有想法、爱折腾的理工男。虽然在生活中他们有点自由随性，但在工作中个个都是拼命三郎；读了十几年书，现在终于走出学校步入职场，每个人都迫不及待想要借助一个平台来展示自己的才华。对他们来说，在原有产品基础上做出一点改进、设计研发出一个新产品，这些成就所带来的兴奋和喜悦是无法形容的。

每天早上九点多快十点的时候，你会看到一个个穿着牛仔T恤，一手提着电脑，一手拿着早点的员工陆陆续续走进办公室。时不时还能听到几声："昨天晚上回家画图纸画到半夜两点，困死我了。"说完打个长长的哈欠走到自己的位子坐下，三两分钟把早点啃完，换上白大褂，然后就开始泡在实验室里做实验。水处理研究工作往往需要连续运转，研发部这群干劲十足的热血小青年经常一头扎进实验室就忘了出来，有时候连中饭都顾不上去食堂吃，大家就让部门内勤帮忙打包回来，三两下解决完之后继续埋头做实验。

研发工作是一项需要发挥创造力和主观能动性的工作，但是研发部经理老邱让很多年轻人感觉到自己仿佛憋着一股劲儿没处使。老邱今年50多岁，一头整齐利落的黑发已然爬上了几许银丝，鼻梁上架着一副方框金丝眼镜，他认真仔细，对下属向来十分亲切友好。不要看他已经50多岁了，由于对研发工作的狂热兴趣，他工作起来有时候比部门里的年轻小伙子还要疯狂，经常为了一个研发项目通宵达旦。老邱的为人以及敬业精神都让下属十分钦佩，但是他什么都要自己一手抓，总是要求下属按照自己的指示一步步开展工作，这一工作风格招致了研发部员工的不满。刚开始的时候还好，大家觉得毕竟自己刚工作没多久，各方面经验都还欠缺，有经验丰富的领导指导自己去做是件好事。可是时间长了，大家对产品研发也慢慢有了自己的想法和思路,这时老邱还一味地要求下属完全按照自己的指示一步一步去做,大家就不乐意了。这群"80后"在思想观念上更开放,也更愿意接受新事物,他们经常关注行业相关领域一些前沿的研究成果,从中学习和掌握了许多更高效的研究方法,非常希望能把自己学到的这些新方法用到工作中去。尽管最后确实取得了比原来更好的效果,但是每次都会挨老邱一顿批,老邱总会指责他们不经同意就擅自用了新方法,然后严厉告诫年轻人,下次在工作中有任何细小的变动都要向他请示批准之后再去执行。

研发部员工们也理解老邱的担忧,所以每次如果在研发想法上有大的变动,他们都会先向老邱请示,经他批准之后再去实践自己的想法。对于一些无关紧要的细节,他们认为没必要事事都向老邱报告,就不报告了。老邱显然对此不放心,要求他们严格按照他的指示工作,如果年轻人想按自己的想法执行,就必须事无巨细,哪怕一个细小的变化都得向他报告之后再去执行。夸张点的说法就是,哪怕他们在裁剪膜材料时用的剪刀换了一把都要报告。小李对此非常无语,经常抱怨道:"老邱这个要求真是过分了,难不成我做实验的时候打个喷嚏都要向他报告?"大家都感觉自己手脚被束缚住了,无法伸展,在工作中完全没有自主权,如果工作中的每个举动都要提前请示并申请批准的话,那一天花在研发上的时间就不知道有多少了。

研发部的青年员工对水处理方面的研发工作可以说充满理想和激情,当初选择HM公司也是因为HM公司的科研水平和科研设备在全国水处理行业都算是处于较高水平,公司对大家来说都是一个不错的发展平台。对于玩的就是"才华"和"想法"的研发部员工来说,他们希望领导提供的是充足的资源和足够大的平台,以此订立工作目标,至于如何去达成目标则应该给予他们自主发挥的空间,领导只要在旁边及时给予指导和帮助就可以了。但现在的情况是,年轻人感到自己在工作中一点自主权都没有,做什么都得按部就班,都得按照领导的指示去办。大家不禁疑问：我不可以有自己的想法吗？在这里，我真的有实现自我价值、施展自己才华的机会吗？

是然，研发部员工工作满意度下降的最重要原因就是工作中缺乏自主权。研发部的这群"80后"员工非常看重个人价值实现以及自己的发展空间，他们希望拥有一个能让他们施展才华、发挥创造力的平台。但部门经理老邱却要求他们在工作中事无巨细地向他请示，经批准之后才能去实行。老邱的这一要求引起大家的不满，虽然他们知道老邱的出发点是为了避免研发工作中出现大的失误，如果在研发方式上有什么大的变动，他们也都会自觉地提前向老邱请示之后再去执行。但老邱要求他们无论事情大小都得报告，这未免有点过头了。也因此，研发部的员工们感觉自己的能力不被信任，导致他们对工作越来越没有热情。

根据心理授权理论，自我决定也就是员工体验到的工作自主权[①]，即能否自主决定工作方式方法的感受。领导的授权行为直接决定了员工体验到的工作自主权。Spreitzer(1995)认为，授权能够有效调动员工的工作积极性，使其在工作上有更好的表现。Arnold(2000)、Ahearne(2005)均指出，领导的授权行为能增强下属的自我效能感，提升员工的工作满意度。老邱不善于授权的领导行为直接影响了下属体验到的工作自主权，而工作自主权与心理授权的自我决定维度直接相关。除此之外，工作自主权缺乏还会对员工的自我效能感、体验到的工作意义感产生不良影响，最终影响下属的工作满意度和组织承诺水平。

---

　　① 工作自主权这一概念最早出现在赫克曼(Hackman)和奥尔德姆(Oldham)于1974年构造的工作特征模型中，工作自主权被认为是会影响"对工作结果责任的承担"的心理状态，他们认为工作自主权可以提高员工内在工作动机，增强成长满意度以及总体工作满意度，并能提高工作效益。在后续研究中，Hackman和Oldham(1975)等发现工作自主权与员工的工作满意度呈正相关。获取工作中的自主权是心理常情，人们总是希望能够对自己的行动做出自由选择。Kraimer等(1999)研究表明，工作自主性与心理授权的自我决定维度之间的相关性非常显著。

（四）场景四：人力资源部

HM公司的人力资源部门除了部门经理胡伟，还有三名女同事——人事主管小燕，主要负责绩效管理与人员招聘工作；两位人事专员小青和晶晶，小青主要负责员工关系与薪酬管理，晶晶主要负责员工培训，也承担部分员工招聘工作。她们三个年纪相仿，有许多共同的兴趣爱好，经常约着一起看看电影逛逛街。这不明天就是周六了，她们早就趁着午休时间商量好了下班后一起去搓一顿。于是，三人下班后到餐馆点好餐之后，开始有一搭没一搭地聊天。她们聊电视剧聊男朋友，聊着聊着话题就转到了工作上，开始吐槽起了自己的困惑和不满，矛头鲜明地指向了部门经理胡伟。胡伟是空降来的人力资源部经理，目前工作还不到一年。人力资源科班出身的他，之前在其他公司也一直从事人力资源方面的工作，工作经验丰富，个人工作能力也不错，但是年轻人对他的工作方式似乎并不买账。

这不，晶晶愤愤不平地开始倾诉起自己的不满。晶晶一直负责员工培训相关工作，在公司工作了这么长时间，她认为公司新员工入职培训的工作方式存在很多不足。这种培训方式实行有好几个年头了，初衷是为了让新员工对公司制度有所了解，以便入职以后更好地开展各项工作。公司一直以来的做法是在新员工入职当天，把7—8份书面的公司制度文件，包括考勤制度、培训制度、绩效考核制度、行政管理制度、报销制度等，一股脑儿地都灌输给新员工。首先让他们花半小时到一小时时间自行阅读，阅读完之后接着让他们做一套测试卷，检验他们对于制度学习的效果，不过这份测试卷完成情况的好坏并不会影响公司对他们的录用。但是经过这么长时间的观察，晶晶发现这种培训方式的效果很差，新员工需要看的制度非常多，看完之后真正被他们吸收进去的其实很少，很多人在测试卷写到一半的时候就会表示自己记不住，向晶晶请求开卷。员工花了个把小时看制度，看完之后却还是处于一问三不知的状态。晶晶觉得这项工作得做出一些改进，于是前段时间她去找胡经理反映了这个问题，并提出了自己的看法。晶晶的想法是精简一下培训内容，以 PPT 的形式将员工刚开始就需要了解的重点制度提取出来，并结合人事专员对重点制度的讲解，加深新员工对制度的印象。至于入职当天没有必要让新员工学习的其他众多繁杂的制度规定，可以让他们自行去公司办公管理系统的文件柜中查阅学习。更何况，在新员工入职一个月之后，公司按照惯例都会对他们做一个制度方面的系统培训，到时候再由人力资源部门工作人员做一番详解也不迟。

晶晶说完自己的想法之后，胡经理边转着手上的笔，边看着她说："目前我们提供给新员工学习的所有制度都很重要，都是他们一开始就需要了解的，在培训内容上不允许随意精简。他们考试如果没有合格的话，你就让他们重新看一遍，重新考，直到达标为止。"

晶晶心想："没达标就让他们重新看、重新考，那恐怕有的人得考到猴年马月，我们还要不要工作了，就整天为了这个空耗着？从长期来看，员工确实需要对所有制度都有所了解，但是员工刚进来的时候，其实只要了解基本的考勤、报销等制度就好了，又不会一开始就对他们进行绩效考核，系统的培训工作也是日后开展的。因此，这些制度暂时不掌握又不会影响工作，让他们自己慢慢了解又有何妨？"她刚准备把心里想的那些说出来，但转念一想，胡经理固执得跟头牛一样，他一向认为自己的想法才是对的，别人的想法都不成熟，都不对，即使现在说了也是白说。最后这件事也就不了了之了。

小燕也深有同感地抱怨道："我就没见过这么自以为是的领导。"她也说起了自己类似的经历。她曾经找胡经理谈过对改进招聘流程的想法，话没说完就遭到了他的拒绝，说这也不行那也不行，但其实他给出的反对理由很牵强，完全没有说服力。刚开始的时候，她们三个都很努力把自己的工作做得更好，总是积极地去反思工作上的不足，并尝试提出改进的方法,都很希望自己的想法能够得到领导的支持和赞赏,能够对工作结果产生一些积极的作用,但是每次胡伟的态度都让她们感到十分郁闷。在知道胡经理就是这么个固执、听不进下属意见的人后,大家现在都懒得跟他提建议,反正怎么做都是白搭。

除此之外,胡伟还很会推卸责任。每次上头的领导批评人力资源部门工作做得不好的时候,胡伟总是能把原因归结到她们三个身上。就拿最近的一次来说,范总到部门里来拿员工档案,小青找了好久才找到他要的档案,范总看到一团乱的员工档案非常生气,就严肃批评道:"我上个月就吩咐过你们部门,要在这个月 20 日之前把公司所有员工的档案按照部门归档整理好。今天都已经 22 日了,档案资料还是这样乱成一团糟。"

胡伟看见范总不高兴,立马也跟着批评起了小青:"我不是跟你说过 20 日之前要把资料整理好吗,你怎么到现在还没弄好?"

小青刚想说话,马上就被胡伟打断:"你不要多说什么了,再给你三天时间,给我把这些档案整理好。"

"你们说说有这么变态的领导吗? 全公司 300 多人的档案整理是需要时间的。他自己忘了范总的吩咐,到这个月 15 日才想起来跟我说,五天时间我怎么可能整理好,现在倒怪起我来,说是我的责任了。"小青想想就一肚子气。况且碰到这种事情也不是一次两次了。小燕和晶晶也经常会被当成替罪羔羊,她们三个现在一看到胡伟就非常不爽,每次中午吃饭的时候就开始吐槽他,可见她们三个对他的不满程度。小燕最近已经开始在网上关注起其他公司的招聘信息,她觉得在这样的领导手下做事,如果还指望自己的才华和能力能得到尊重,还指望自己能对部门工作、对领导的想法产生影响,简直是白日做梦,还是另谋出路吧。

实际上,人力资源部门的小青、晶晶和小燕一开始都对自己的工作充满激情,希望通过自己的努力去改进部门工作,把部门的工作做得更好。于是,她们认认真真地对待工作,积极反思部门工作存在的不足,思考探讨改进方法,并向领导提出合理建议,满怀期待领导能够给予认可和鼓励,而结果总是事与愿违。部门领导总是固执己见,不愿意听取并考虑她们的意见想法。领导这种极端自我中心、不愿听取意见的态度让这些新生代员工非常郁闷。慢慢地她们就会感到自己无论怎样努力都不会得到领导支持,不会对部门的工作改进产生影响,进而懒得再去费心费力思考。造成这一问题显然跟部门经理胡伟不肯听取下属意见、不给予下属支持的领导行为有关系。

　　根据心理授权理论,影响力是指个体对自己能在多大程度上影响组织战略、工作管理行为以及工作结果的感受。每个人都希望自己的工作能对所在组织、所在团队以及领导的想法,或者哪怕仅仅对手头一项小小的工作任务产生影响,这样才觉得自己付出的努力得到了尊重。Armeli 等(1998)、Stinglhamber(2003)指出,上司支持可以通过满足员工受尊重、受认可和建立社会联系等需求来强化其对组织的承诺。当上司关心并尊重下属、倾听他们的意见和想法时,下属亦会对组织产生责任感和义务感,从而提升对组织的承诺水平。李锐等(2010)研究发现,上司支持感还与员工的沉默行为相关。如果上司专权独断、对下属缺乏支持,那么下属就会倾向于保持沉默,选择保留自己的观点。由此可见,HM 公司人力资源部门经理独断专权、不愿意听取并支持下属意见的行为让下属觉得自己的想法和努力得不到认可,觉得无力对部门的工作成效、对领导的管理行为产生影响。从心理授权角度看,这会对员工的影响力感受产生消极影响,从而影响员工的工作态度。

　　此外,人际关系不和谐、公平感缺失、培训机会缺乏、工作—家庭冲突等都会影响员工的工作激情。比如,人际关系不和谐会影响员工的凝聚力和归属感。Liden 等(2000)发现,领导与下属的关系会影响心理授权中的影响力和自我决定两个维度。May 等(2004)的研究表明，人际关系状况与员工投入度高度相关。符益群等（2002）的实证研究发现，人际关系与员工离职倾向呈负相关。HM公司中也存在人际关系不和谐问题，如公司物资部同事之间钩心斗角、人力资源部门员工与部门经理关系恶劣等，这些都会导致员工工作"没劲"。

古语有云：不患寡而患不均。追求公平性是人之常情，职场中的公平问题备受员工们关注。组织层面的公平涉及方方面面，一般认为有分配公平、程序公平、人际公平和信息公平四个类型。组织公平与员工的工作满意度、组织承诺高度相关。领导在分配任务时的公平性、对下属评价的公正性、对下属的认可和尊重等因素都会影响下属对于领导公平性的感知。因此，提高领导公平性对增强员工工作动机至关重要。而HM公司行政部门经理老周在任务分配、培训机会分配上都明显偏向于下属小肖，导致部门其他员工内心非常不满。

工作—家庭冲突对员工的影响也不容忽视。Bacharach（1991）、Allen（2001）指出，工作—家庭冲突与工作满意度呈负相关。行政部员工小罗作为一个3岁孩子的妈妈，繁重的工作任务使其没办法照顾好孩子，让她觉得非常内疚，再加上其他不如意因素，动摇了她的工作态度。

二、从需求出发

经过一番调查了解，老范对公司新生代员工问题的原因已经有了点底。于是，他叫来人力资源部门经理胡伟说这个问题。胡伟接到电话后没过几分钟便拿着笔记本走进了办公室。老范端起茶杯喝了口茶，开门见山说道："小胡啊，我今天找你来主要是想跟你谈谈公司新生代员工工作中的心理问题。你也看到了，最近一段时间，我们公司主动离职的新员工人数不断上升。这段时间我也了解了一些情况，我发现我们公司中层领导的一些不当行为是导致员工工作中感到'没劲'的重要原因。许多员工都私下抱怨自己的领导,例如工作任务分配失衡或过量、培训学习机会的缺乏和有失公平、工作活动中缺乏自主权、绩效反馈没做到位等。如果任由这些问题发展下去的话,后果是非常严重的。你也是个中层领导,想必在管理过程中也遇到过这些方面的问题,谈谈你的看法吧。"

胡伟推了推鼻梁上的眼镜,说道:"您说的问题确实在中层领导身上存在,但中层领导也有自己的一些难处。首先,在工作反馈问题上,很多员工抱怨上司没有给予他们必要的工作反馈,而实际上据我了解,原先许多部门领导在每周例会上都会对下属工作做个回顾总结,但是很多员工对此表现得很散漫,认为开会讨论这个有点浪费时间,着急回去做自己的工作。久而久之,一些部门就把这一环节取消了,只要员工工作上不出现失误就行。员工一方面抱怨领导反馈工作做得不到位,另一方面又不给予领导认同和支持,这让中层领导们也很为难。其次,在工作自主权这个问题上,下属总是希望得到尽可能大的自主权,能够按照自己的想法去工作。但中层领导们也有着自己的顾虑,他们担心给予下属过多自主权之后工作会失控,容易出现重大失误,也有部门领导认为给予下属太多自主权反而会降低工作效率,还不如让下属直接按照自己的想法去工作来得简便高效。最后,在工作目标问题上,生产操作部门的工作目标比较容易量化,直接告诉下属这个月你们要完成多少任务量就可以了。但对于行政部门或是人力资源部门这些职能部门,领导者很难帮下属树立一个可衡量的目标,因此他们就会产生一种目标缺失感。"

实际上,诸多企业中层领导者或许都能在HM公司中层领导存在的不当行为上找到自己的影子。中层领导在组织中处于枢纽位置,上有高层领导,下有普通员工。他们在工作中既要领会和体现上级领导的意志,根据上级的意思规划部门工作,又要使下属能够领会并认同上级的想法,保证决策能得以有效推行。在组织中,中层领导既是决策者又是执行者,由于处在组织的中间位置,使得他们肩上担子重大,权力却受限。上级领导并不总是能够站在员工角度考虑问题,他们更多考虑的是公司利益,这个时候中层领导工作的难处就出现了。例如,作为公司高层管理者,他们总是希望组织能够平稳运行,不要出现大的问题。对此,中层部门领导就通过制约下属的工作自主权来控制风险,而这势必会引起员工的不满。如何平衡好上级的要求与员工的利益始终是摆在企业中层领导面前的难题。除了沟通上下级关系,作为企业中层部门领导,他们还要协调好和同级部门之间的关系。因此,要做好企业里的中层领导不是件容易的事,现实中很多企业的中层部门领导在实际工作过程中都会遇到这样或那样的问题。不敢放权、对待下属有失公平等不当领导行为随处可见,这些行为会对下属的工作满意度和组织承诺产生消极影响。

　　听着胡伟说完,老范往办公桌前挪了挪,说道:"对于新生代员工这一组织中的新生力量,企业除了适应,别无选择。我们要尊重每一个时代和群体的特殊性,不能用老一代的价值观对待新一代群体,不能把自己的管理目标定位为把他们改造成类'60后'、类'70后',这显然是不现实的。我们对新生代员工应该给予更多的理解、包容、支持和信任,从他们多样化的需求出发,给出相应的管理和激励策略,善用其长,而避其短。作为中层领导者,你们在日常工作中遇到的一些问题都不是'是'或'否'的简单选择题,也不能只站在自己的立场去考虑问题,要更多地去理解员工的职场心理,了解他们的心理需求,从而有效实现公司目标和员工愿望之间的平衡。我准备召集公司中层领导专门开个会,大家共同检讨一下中层领导者身上可能存在的问题,好好想一想如何改进我们的管理工作,如何才能让自己成为一个合格的中层领导,成为能够理解年轻人工作心理需求的'贴心人'。我们要为年轻人创造一个能够更好激励他们的工作氛围,让激情能够重新燃烧在公司新生代员工身上,最终实现组织与新生代员工的共赢。这件事,你回去好好考虑考虑,你和我都需要认真思索一下,提出一个合理可行的工作改进方案……"

拓展阅读

领导行为与心理授权

1. 领导理论概述

三种传统的领导理论分别是领导者特质理论、行为(风格)理论和权变(情境)理论。第一,领导者特质理论认为存在天生的领导者,而这些领导者存在与生俱来的优秀特质。特质理论力图寻找优秀领导者身上的共同特质。领导者特质理论虽然有一定的道理,但不能完全解释领导实践。第二,行为(风格)理论研究领导者的外在行为特点。最具代表性的理论是美国学者怀特(White)和李派特(Lippett)提出的领导方式理论[①]。他们将领导风格切分为三种类型:权威型领导方式、民主型领导方式和放任型领导方式。其中权威型领导方式指的是领导者的权力集中,风格独断,和下属保持距离;民主型领导风格希望组织成员通过讨论决定相关政策和措施,领导者在其中充当协调和鼓励的角色;放任型领导风格则是将管理决策的权力完全下放,领导者不干涉。虽然人们多倾向民主型领导风格,认为其会产生更高的工作绩效,但在特定的情况下,专制型领导风格可能会产生和民主型领导风格一样,甚至更高的工作绩效。第三,权变(情境)理论研究在不同的情境下领导者的行为模式,如在某种情境下领导者适时调整领导行为以保持对外部环境的适应性。权变(情境)理论的代表性人物是心理学家菲德勒(Fiedler)[②]。

[①] 美国管理学家怀特(White)和李派特(Lippett)所提出的三种领导方式理论——权威式、参与式、放任式领导方式,是管理学中非常有影响力的理论之一。

[②] 菲德勒(Fiedler)是美国当代著名心理学家和管理专家,被西方管理学界称为"权变管理的创始人"。

他认为领导行为是一个非常复杂的系统，需要综合情景因素进行讨论。

　　传统型领导理论有其管理上的现实意义，能够解释一些领导现象，但是随着时间的推移和社会的发展，传统型领导理论对于现实的解释显得力不从心。管理者面对组织承诺感日益缺失的员工，希望能找到激发员工为企业工作和奉献的新机制。研究者们不得不改变领导理论的研究视角，希望从新的角度解释领导现象，为管理实践提供理论依据。因此，新型领导理论主要包括变革型领导理论、魅力型领导理论、愿景型领导理论等。新型领导理论侧重研究领导者激发下属员工的工作动机、赢得下属员工的尊重和敬仰、取得下属员工的信任和支持、产生工作绩效的内在原因机制。这些领导理论的共同特点是希望在领导者和员工之间建立一个良性循环，领导者能够用自身出色的领导能力和感召力提升员工需求层次，提高其组织承诺和工作绩效。

　　2. 心理授权与领导行为的关系

　　在领导行为问题研究领域，心理授权往往被视为重要的中介变量。例如，研究发现，心理授权是变革型领导与组织承诺、领导—成员交换关系与工作满意度之间的完全中介变量。Seibert 等（2004）研究发现，心理授权在授权气氛对工作绩效的影响中起完全中介作用。Aryee 等（2006）发现，心理授权在领导—成员交换关系对任务绩效和心理退却行为的影响中起中介作用。Hepworth 等（2004）还指出，心理授权在魅力型领导与工作侵犯的关系中具有部分中介作用。还有学者进一步探索了心理授权的不同维度所起的中介作用。例如，Liden 等（2000）研究发现，意义维度在工作特征与工作满意度及组织承诺之间起中介作用，自我效能感维度在工作特征与工作满意度之间起中介作用。李超平等（2006）

的研究表明,意义维度在变革型领导中的德行垂范维度对工作满意度及组织承诺的影响中起完全中介作用,自我效能感维度在愿景激励对工作满意度的影响中起完全中介作用,意义和自我效能两个维度还在愿景激励对组织承诺的影响中起中介作用。

3.心理授权在变革型领导与工作结果变量关系中的作用

Walumbwa 和 Lawler(2003)指出,变革型领导能通过给予下属支持、激发下属参与度等方式提高员工的组织承诺水平。在众多相关研究中,研究心理授权在变革型领导与组织承诺关系之间的中介作用是一个热点。李超平等(2006)的研究证实了在中国情境下,心理授权在变革型领导风格与组织承诺的关系中起完全中介作用。还有研究者探索了心理授权不同维度在变革型领导与员工工作态度之间的作用。李超平等(2006)的研究表明,变革型领导的愿景激励与德行垂范维度对组织承诺、员工满意度均有显著影响,而领导魅力与个性化关怀只对员工满意度有显著影响。研究还表明,愿景激励与德行垂范通过心理授权的意义维度影响员工工作态度,愿景激励还通过心理授权的自我效能感维度影响组织承诺。而心理授权中的自我决定维度与影响力维度在变革型领导与员工工作态度关系中并不具有中介作用。此外,领导魅力与个性化虽然会影响员工满意度,但不是通过心理授权实现的。

4.心理授权在领导—成员交换关系与工作结果变量关系中的作用

领导—成员交换关系理论认为,领导者在工作中会区分不同下属,与之建立不同的关系。领导者会与一部分下属建立较好的关系,给予他们更多的信任与关照,这部分人就成为"圈内"人士,其余下属则成为"圈外"人士,他们与领导的关系仅局限于正式的权力系统范围内。领导与"圈内"人士建立的是互相信任的高质量领导—成员交换关系，与"圈外"人士建立的则是一种以等级关系为基础的低质量领导—成员交换关系。

许多学者探索了心理授权在领导—成员交换关系与工作结果变量之间所起的作用。Aryee 等（2006）的研究表明，高质量的领导—成员交换关系与心理授权呈正相关。研究进一步表明，心理授权在高质量的领导—成员交换关系与工作满意度、工作绩效、心理退却行为等变量之间的关系中起完全中介作用。为下属设置有挑战性的工作目标、给予下属足够的信息和决策权等领导技巧均会提高下属的心理授权感受。

第六章 HG 公司"90 后"员工怎么了？[①]

在最近一次 HG 信托有限公司（以下简称 HG 公司）中高层管理人员的会议上，多名主管反馈，虽然"90 后"员工思维活跃、创新意识强，但缺乏工作热情和积极性，有个别员工不服从管理，过于自我，经常不买领导的账。HG 公司"90 后"员工占比达 30%，公司要想进一步发展，离不开新生力量的注入，现在"90 后"员工的管理问题突出，提升"90 后"员工的工作热情至关重要。公司高层领导遂命人力总监杨建军负责此事，务必找到原因，提出改善方案。杨建军组织人事部开会商议讨论，并亲自主持了一次"90 后"员工的座谈会。结果表明，多数"90 后"员工对部门领导的管理方式感到不满，认为自己的工作内容缺乏挑战性，上级不够信任自己，工作成就感低，自己无法更好地发展。这些因素导致他们工作态度消极。从整体的调研情况来看，这个问题是复杂的。如何调和矛盾、激发"90 后"员工热情，成为 HG 公司需要解决的一个问题。

HG 公司由某省国际信托投资有限责任公司增资扩股重组后形成，后经原中国银监会批准，公司换发新版金融许可证，按照《信托公司管理办法》与《信托公司集合资金信托计划管理办法》（简称信托新两规）要求开展信托经营业务。HG 公司建立了权责制衡、界面清晰

---

① 本章作者为许小东、李寄。

的公司法人治理结构；组建了高素质、专业化的业务管理团队；具备雄厚的产品研发和创新实力；构建了覆盖公司各类业务的操作流程、经营层级及四级镶嵌式风控体系；搭建了涵盖公司业务开展、财务管理、监管对接等需求的信息系统功能模块和信息管理系统。HG公司除强化公司本部的功能建设外，分别在北京、上海、深圳、郑州等地建立业务联络处，现已形成以公司所在地市场为依托，以全国市场为支撑的业务发展格局。在实现高起点、稳起步的基础上，经过多年来坚持不懈的努力，公司各项工作迈上一个新的台阶。这标志着HG公司在国内外经济形势复杂多变和信托市场竞争不断加剧的背景下，成功地解决了公司长期面临的生存问题，初步实现了从重组型公司向发展型公司的转变，为公司更好、更快地发展创造了较好的条件。

　　HG公司历经十余年的发展，业绩稳步增长，各项管理制度逐步趋于完善，随着公司规模的不断扩大，新员工陆续加盟公司，员工中"90后"占到了30%左右，形成了一支以"90后"员工为主的员工队伍。公司具体的人员分布情况如表6-1所示。可是，随着"90后"员工逐渐进入职场，"90后"员工的管理问题开始逐步显现。管理者对这些"90后"员工深感头疼，在管理工作中经常会由于代际差异而产生冲突，"90后"员工的管理目前已经成为一个普遍的管理问题。

表6-1　HG公司人员分布情况　　　　单位：人

人员分布情况		2020年	2021年
年龄分布	20岁以下	0	0
	20—29岁	40	81
	30—39岁	155	121
	40岁及以上	59	65
学历分布	博士研究生	5	4
	硕士研究生	183	196
	本科	56	58
	专科	9	8
	其他	1	1

续表

人员分布情况		2020 年	2021 年
岗位分布	董事、监事及其高管	13	14
	自营业务人员	12	11
	信托业务人员	148	160
	其他人员	81	82
在职员工数		254	267

一、问题引爆

在 HG 公司第一季度的经营管理分析会上，公司的中高层们一起讨论公司的经营形势。随着信托行业监管政策收紧，行业的发展存在诸多变数，公司的经营压力陡增，而一季度是公司业务开展的黄金时间，这个季度如果能够做足够多的业务，当年定的目标就能完成一大半，为后期目标的达成提供很大的空间。因此，HG 公司急需找到合适的方式降本增效，其中一项就是人力资源优化。

财务总监陆思远结合一季度数据，开始分析当年的整体情况："第一季度的完成度很低，只完成了年度目标的 15.2%。我们现在的收入和时间是成正比的，后期成立的项目只会产生更少的收入。如果要达成年度利润目标，只能不断地扩大规模，并且控制好我们的成本。由于我们公司是轻资产运营，因此成本的控制主要是在人的方面，这方面我认为可以让人事部杨总给我们谈谈。"陆思远揉了揉眉心，坐了下来。

"好的，那我就谈谈自己的看法吧。我们现在的人员数量其实是不够的，如果真的要和业务进行匹配，我们还得招兵买马，新设几个部门，所以在人的方面，其实很难做到成本的降低。现在的重点不是怎么去降低人力成本，而是激发大家的斗志，燃起大家的激情，做出更多的业绩。"杨建军正襟危坐，十分严肃地谈起自己的看法，"我们在近两年做了比较大的人员结构调整，招募了比较多的新员工，他们大多是'90后'，学历高、素质高、有想法，但在目前没有突出的表现，而且今年还流失了不少。"

大家在谈论有效激励与人员结构调整问题时，不约而同地谈到了公司"90后"员工的管理问题，这就像一个导火索一样，瞬间引爆了很多人对"90后"员工积攒已久的不满情绪。

信托一部的负责人王立诚貌似很有意见，他说道："老杨，你说的这个'90后'员工，还真是个让我头疼的事情。我们信托一部成立的时间算是最早的，老员工在我的团队里占比比较高。从我个人的接触以及老员工的反馈来看，目前他们对于最近这两年招来的新员工有很大的看法，比如不喜欢加班、扛不住事情、喜欢顶撞领导等。上次，我把一件事情交给部门小李去做，结果他做得不是很理想，我便批评了他几句。不承想另外一名年轻员工小蒋居然开始质疑我，他认为把这种扯皮的事情交给一个新人，也不说清楚该怎么做，这是我的问题，我不应该批评他。这搞得我当时很尴尬。你说我想团结他们，激起他们的斗志，这太难了，我们压根不在一个频道上。"

财富中心的负责人赵勇也坐不住了："我很同意王总的看法。我们财富中心近一两年也来了不少'90后'，他们青春，且有活力，这对于我们财富中心来说，确实是一件好事，我想投资者也不希望天天看着我们这些老脸。"大家听到这句话，都哈哈笑了起来。"但是我就是搞不懂这些'90后'，他们总是会提出一些稀奇古怪的想法，并且对我们的营销方案和方式有很多意见。当然，从我个人的经验来判断，他们的方式肯定是不可行的，但是他们总是会在执行过程中仍旧保留自己的想法，有几次差点让我们丢失几位重要的客户。我不太明白这帮小年轻心里到底在想什么，到底有没有组织和服从的概念。"

公司上海部的负责人钱浩也喃喃道："现在这帮年轻人不是很懂

礼貌,见了我们的面连招呼都不打,这个和我们刚进公司的时候完全不一样。平时让他们加个班,感觉他们的心情和上坟差不多,没有一点以公司为家、以工作为本的想法。咱们的人员培训是不是做得不到位?"

这不由得让公司分管人力资源工作的杨建军陷入了问题讨论的中心。他是 HG 公司开创时期就加入公司的"老资格",沉稳、勤奋,善于处理人际关系,和公司大多数高层一样,是一名"70 后"。他听到这话,心中很不是滋味,这批"90 后"员工的培训都是按照公司既有流程做的,并且自己还给他们上过培训的课程。他现在听到其他部门的总监对这批员工的意见,开始怀疑自己,是招错了对象,还是自己平时的工作真的没有做好。在这样的氛围下,原本的季度经营分析会变成了对"90 后"员工的吐槽大会,现场你一言我一语,感觉积压已久,今天总算是发泄了出来。总而言之,公司领导认为这些年轻人懒散、执行力差,不能吃苦,不珍惜工作机会。

"咚咚咚……"总经理使劲敲了敲桌子,说道:"看来大家对于咱们公司的年轻人都很有看法。我在这里也说下我的想法,年轻人肯定是公司的未来,他们素质高、有想法、有自己的个人理想,而现在的问题是怎么将他们更好地融入公司中,让他们产生更大的价值。到底是他们的问题,还是我们公司自身的问题,又或者是我们二者都有问题,这需要搞清楚。只有解决好这个问题,才能让公司更好、更稳地发展。老杨,这件事情就交给你了,你去给这个问题把把脉,想想法子,激活我们公司重要的'资产'。下面言归正传……"

会议终于被总经理拉回了正轨,各业务部门经理进一步讨论起如何做好业务,以破解公司的经营困境。可是,对于这次经营分析会上提出的问题,只有杨建军在思考:要解决"90 后"员工"难管理"的问题该从何下手?该怎么去了解公司"90 后"员工的想法?出现这样的问题只是"90 后"员工单方面的原因吗?据他所知,"90 后"员工对他们各级领导的管理行为,其实也有着很多不满。一想到这里,杨建军心中不免有些沉重,毕竟自己作为公司的人力总监,如果这些问题没有得到及时解决,以后一定会给公司带来消极后果。现在看来,必须马上着手调查处理,为公司的发展奠定稳定的基石。

二、老员工眼中的"90后"

自从周二开了经营分析会以后,杨建军一直在思考应该怎么去分析其中的问题。后来,他决定先在部门开个内部会议,听听大家的意见——部门里本身也有"90后"员工。就在周四下午,杨建军主持召开了人力资源部门会议。

会议开场,杨建军先做了主题说明:"公司目前的经营遇到了一定的瓶颈,正是在这样的时刻,我们更应该心往一处想,劲往一处使,但是现在出现了很多的问题——老员工对新员工有意见,'90后'员工也出现了消极思想。人才是我们公司最重要的资产,能进我们公司的人,都是经过精挑细选的,绝对符合我们公司的标准,但是怎么才能激活他们,让他们能够为公司的发展提供动力呢?今天我们会议的目的就是听听大家对于咱们公司'90后'员工的看法,一起找找问题、想想方案。"

杨建军刚说完话,部门的老人毕老师就说道:"我是负责做培训的,就我个人角度来看,这些'90后'学习能力还是很强的,并且在初次接触的时候,我认为他们对于公司未来的工作是充满期待的,都很有干劲。虽然现在和他们接触得少了,但是我也听到不少老员工对他们的评价,这些评价毁誉参半。大家提到最多的就是,'90后'员工都很有个性,对于不合自己心意的事情,总会直接跳出来,顶撞老员工。"

方老师听后也点了点头,附和道:"我也听说了些,这种事情在我们还是公司新人的时候,想都不敢想。作为新人还是要谦卑,多向老同志学学经验,现在的小孩就是生活环境太好,没受过什么委屈,什么事都喜欢以自我为中心。"

负责考勤的李老师也颇有感触地说道:"我看了咱们公司的考勤记录,'90后'貌似不怎么加班,好多都是在下班的时候直接打卡走人,我也不知道是不是现在工作不饱和,还是有什么其他原因。我们当时进公司,包括现在,还是会加班多做些工作,感觉他们没有以公司为家的概念,没有和公司共进退的想法。"

在一帮老员工七嘴八舌讨论时,部门新人小胡按捺不住了:"我觉得其实公司'90后'没有大家说得这么差劲,大家现在是不是过多关注到了他们的一些缺点,而漠视了他们的贡献呢?以我自己接触的一些年轻同事来看,大家都很积极,特别是在刚进公司那会儿,他们对于自己的工作都充满了期待,并且他们有想法,愿意去尝试,给公司很多部门都带来了活力与变化。只是随着工作不断深入,他们开始出现了一些变化,我能想到的原因可能是公司的管理方式没有考虑'90后'的特点吧,所以让很多'90后'的工作激情被消磨。当然,肯定还有很多其他原因,我觉得公司还是应该考虑怎么沉下去,去倾听'90后'员工的想法,毕竟如果不把他们进一步激活,发挥出他们的价值,那么这对于公司的发展是一笔不小的损失。"

大家讨论得很激烈,不知不觉已经过去一个半小时,杨建军在会场一直认真听着,时不时还用笔记录大家的看法。听了这么久,最让杨建军觉得该去做的一件事情就是,走到"90后"员工中,去真切地了解他们的想法,做好"田野调查",毕竟没有调查,哪来的发言权。这次会议结束后,杨建军让小胡着手准备"90后"员工的座谈会,他要亲自去听听大家的想法。

三、"90后"员工座谈会

"90后"员工的座谈会筹备了近一周的时间,小胡在组织过程中遇到的最大问题就是，怎么让大家参与进来。通过这一周的努力，小胡最终召集了一名即将离职的员工和一些在职的"90后"员工，他们愿意站出来聊聊自己的想法。这次会议选择在周五的下午，杨建军想着接近周末了，大家心情应该会愉悦些，更愿意敞开心扉聊一聊。

周五下午，杨建军显得很期待，早早地来到会议室，在会议桌上摆了些茶点。随着会议时间的临近，几位参会的"90后"员工都陆续来到了会场。刚开始大家都比较拘束，但是没过一会儿，这帮小年轻就聊了起来。奇怪的是，大家在进来之后都没有和杨建军打招呼，只是看了一眼，然后笑着点了点头，这弄得杨建军有点尴尬。会议时间终于到了，杨建军清了清嗓子，做了开场："各位同事好，今天把大家请过来主要是想听听大家的烦恼，大家有什么就说什么，不用顾忌什么，如果能让我出出汗，那么是最好的。我这个老同志，也想向大家取取经。"在座的同事们听后稍微轻松了些，本以为大家会捣鼓半天才说话，可没过半分钟，信托一部的小王就示意要说了。

小王调整了下坐姿，开始说了起来："杨总好，我就先抛个砖吧，后面希望能够引得大家的美玉出来。我叫王文博，是信托一部的信托业务人员。不过我已经提离职申请了，我大概会在下个月的这个时候离开咱们公司，所以我就先来开个场。我来公司差不多两年时间了，这段时间对于我来说是很珍贵的时光，我见识了很多东西，成长了很多。刚来公司那会儿，我非常期待我的工作，因为我本身是学金融的，一直想着自己能够像电视剧中的主角那样，穿梭于各大高档写字楼，和同事指点江山，能够用自己所学的知识创造财富，实现自己的价值。来到公司的初期，我做了很多基础性事务，从打印到后期担任项目协办，这些事情一做就做了快两年的时间。可能对自己还是有所期待吧，我总觉得我可以开始做一些更专业的事务，但是直到现在，我也没有接触到那些事情，比如合同的撰写、交易结构的设计、客户的谈判等。当然，我知道自己还需要更多的训练才能去做这些事情，但是我觉得应该让我逐步去接触、去尝试。然而每次向领导提出这些请求时，通常得到的反馈是，你现在还没到做这些事情的时候，别眼高手低，先把交给你的那些事情做好再说。这个理由已经用来对付我很多次了，可是我有自己的职业理想，如果总在一个地方原地踏步，这对我来说没有什么意义。我认为，这个年龄段应该是我尝试做各种事情，并且让自己变得更专业的时候，如果长时间投入到一些琐碎的事情上，没有专业上的进步，我会选择离开。或许我的领导会觉得我没有耐心，抑或是他没有认可我的能力，所以不愿意让我承担一些更专业的事情。谁在乎呢？我选择离开，或许能找到一个契合度更高的工作，一个更愿意培养我的领导。"小王说完后，突然间松了下来，感觉也是憋了好久的一番心情，今天能直接当着人力总监的面说出来，算是一件不错的事情。杨建军听后，倒是觉得这个小年轻还挺有想法的，有执行力，但这只是片面之词，难以直接对小王下定论。不过小王的这一段开场倒是激起了另外几位同事说话的意愿。

财务部的小胡进行了接下来的发言："刚才听了文博的感想，我也想聊聊自己的所遇所想。我叫胡宇，来自计划财务部。我来公司也差不多有两年的时间了，计划财务部属于公司的后台部门，所以是一份相对来说不用和外部有太多交流的工作。其实这样的工作性质和我的性格比较符合，外加公司所处的行业也一直是我想从事的，因此能来到咱们公司工作，于我而言是一件开心的事情。我也是怀揣职业理想过来的，所以在工作方面，我都是一丝不苟地做好自己的每一项任务，希望在公司能够有大的发展。但是做到现在，我逐步发现自己的一些理想与想法在公司都是没法实现的。首先是工作内容，在做了这么长时间的工作后，我发现我的工作其实找一个高中生来做，完全没有什么问题。经过简单的培训，他们就能胜任。其次在工作过程中，我一直在思考，怎么才能让我们部门在公司内部变得更有影响力，能够从后台延伸到前端。这种想法和我之前工作过的公司有很大的关系，我也时常会去和老员工或部门领导谈这个想法。当然，我的想法并不是想一味地强调财务部的重要性，而是想如何更大地发挥出财务的价值，从而提升财务部的影响力。和前辈们聊天往往只有两种答复，和老员工聊通常得到的答复是，'我们现在就挺好的，何必折腾这些事情，完全没有必要'。和领导聊的时候，能够体会到领导也希望能够提升财务部的影响，但是在领导看来，这件事情太难，不是我们现在需要做的。所以我现在只是机械地在做一些核算工作，不用过多地思考，更谈不上思维的提升，为公司做出更大的贡献。这些事情使我对工作失去了激情，因为这并不是我想要的工作状态。最后，我发现公司的晋升通道太窄了，上升通道基本上没有。部门只有三个层级——一个部门总经理、一个部门副总经理，其他的全部是基层员工。我发现部门大多数工作了六七年的同事还是基层员工，因为'一个萝卜一个坑'，上层职位就两个，你能力再强，晋升机会还是渺茫的。这样的结构，也打击了我的工作热情。努力也没用，更何况还没有努力的机会。"小胡说完后，另外一位后台部门的同事也非常赞同地点了点头。

杨建军听后，向小胡投去了赞同的目光，这个问题其实在公司已经存在许久了，但是一直没有得到解决，现在看来已经到了不得不解决的关头了。"前面两位同事说得非常好，我看大家都是很有想法、很有冲劲的年轻人，和你们交流才会发现公司未来真正的发展其实在你们身上。后面两位同事还有什么想法，尽管说出来。"杨建军中场插了一句。

"我来说吧。"同是后台部门的小方开始发表自己的看法，"我说的不多，其实前面两位同事说到的问题，我也有同样的体会。在他们的基础上，我再说几点自己的困惑。第一，我很尊敬我们部门的前辈们，但是在和他们接触的过程中总会发现，部分老员工总是喜欢摆架子，用一副职场老人的态度来教育我们。学习经验当然没什么问题，但是他们总用自己的想法来绑架我们，这让我特别难受。第二，我想说说加班这件事情，我觉得每个人都有自己生活与工作的界限，有了界限才能更好地处理不同领域的事情。但是现在，工作很难与生活分开，平时如果下班之前已经把自己的工作做完了，我就会立即回家，去做一些自己想做的事情。但在每次我走的时候，总会有一些老员工对我耳提面命，像老教师一样告诉我，不能走这么早，再加会班才是合适的。其实我发现，有些人加班压根就没有做什么有意义的事情，很多都是在划水而已。因此，这种无效的加班除了浪费生命，没有任何的价值。可能在某些老员工的眼里，这是爱公司、体现自己愿意奋斗的好时机，但是对于我来说，我宁愿在领导心中留下不好的印象，也不愿意将自己的生命耗费在一些无意义的加班上。"

"小方说的是无意义的加班，我想谈谈我这边业务部门的加班。"业务二部的小张发言了，"我叫张恒宇，是信托业务二部的员工。我来公司差不多三年的时间了，我倒是没有像小王那样，一直做不了核心的工作，我现在已经开始独立跟项目了，但是真的很累，压力非常大。今年新董事长上任之后，对公司的业绩提出了新的要求，这个要求在信托行业正在衰退的现状下，真可以称得上是逆势而行，所以我们身上都背负了巨大的业绩指标。我每天都在想怎么做业务，怎么才能做出更多的业绩来达到公司的目标。但是在目前的市场环境下，这本身就是一件很难的事情，所以天天长时间的加班成了常态，妻子对我也颇有微词，觉得我没有管家里的事情。然而部门里面的老员工倒是没我这么焦虑，可能是因为他们已经上岸了，也或许是他们有多年资源的积累，搞定这些业绩不是什么太难的事情。有时候和他们发点牢骚，反而会遭受他们的嘲讽，认为这么点压力都不能承受，太脆弱了。其实我已经开始怀疑自己的能力了，我不知道自己到底还能不能胜任这份工作，最近总是有很消极的想法，觉得自己如果真的做不下去了，就直接躺平算了，接受公司的处罚，估计到时候没了奖金，回家还得遭一顿白眼。"小张说完后，苦笑了一下。

虽然这场座谈会只有五个人，但是谈了很久，几名"90 后"员工在会上敞开了心扉，聊了自己的困惑，谈了自己的感受，有对工作抱怨的，有对公司不满的，有失望也有感恩。

四、矛盾分析与解决

杨建军在这场座谈会中，倒是没说太多，他只是仔细倾听，即便偶尔插话，也只是为了更好地挖掘问题。通过这场对话，杨建军对"90 后"员工有了一定程度的认识，得出以下结论。

第一，"90 后"员工有其独有的群体特质（如表 6-2 所示）。

表 6-2　HG 公司"90 后"员工的群体特质及表现

序号	"90 后"员工群体特质	具体表现
1	有个性，习惯以自我为中心	人力资源部的内部讨论中提到，"90 后"员工敢于直接表达自己的想法，在做事的过程中不太考虑别人的感受
2	生活和工作有界限	人力资源部的内部讨论中提到，"90 后"员工不喜欢加班；在"90 后"员工的座谈会中，有"90 后"员工表示每个人都有自己的生活，不喜欢无意义的加班
3	思维活跃，有想法	人力资源部的内部讨论中提到，"90 后"员工工作积极，有想法，给部门的工作带来了新生
4	工作是为实现自己的价值，而不仅仅是为了生存	离职员工王文博希望自己的工作能够更有价值
5	更加注重个人的成长	财务部胡宇不希望只做机械化的工作，希望能够做对公司更有意义、更有创新的工作
6	希望得到尊重	后台部门小方提到，老员工总是喜欢摆架子，不够尊重新员工
7	学历高，学习能力强	人力资源部的内部讨论中提到，"90 后"员工普遍学历高，学习能力很强
8	承压能力有限	业务二部张恒宇提到，在公司下了比较重的业绩指标后，自己无法平衡工作与家庭的压力

第二，"90 后"员工与领导之间存在很多认知上的差异，通过对比

分析"90后"员工群体特质与领导的不满之处，能够找到二者之间的对立面（如表6-3所示）。

表6-3 HG公司"90后"员工的群体特质与领导不满之处的对比分析

序号	"90后"员工群体特质	领导的不满之处
1	有个性，习惯以自我为中心	"90后"员工喜欢顶撞领导
2	生活和工作有界限	不喜欢加班，不能和公司同进退
3	思维活跃，有想法	想法不切实际，执行的过程中仍旧保留自己的想法
4	工作是为实现自己的价值，而不仅仅是为了生存，更加注重个人的成长	好高骛远，不能脚踏实地
5	希望得到尊重	不尊重老员工，不够谦虚
6	承压能力有限	压力承受能力不强，喜欢打退堂鼓

由此，可以知道"90后"管理问题出现的深层次原因。"90后"员工有个性、学历高、敢于表达自己的想法，并且在工作中更注重自己能够学到什么，是否能实现自己的价值，因此与老一辈员工存在很大差异。而HG公司中绝大多数的领导都是"70后"或者"60后"，通过总结对比两个代际的人的群体特质差异，并结合老一辈对"90后"员工的不满之处，我们可以发现两个群体之间存在工作价值观和组织承诺度上的差异，从而导致二者对立（如表6-4所示）。

表6-4 工作价值观与组织承诺度上的代际差异比较

群体特质		公司领导层（"70后"为主）	"90后"员工
工作价值观	工作与生活之间关系	工作优先 工作生活交织	生活质量很重要 工作生活分离
	追求自我实现	服从组织安排优先于满足自身的兴趣和实现自我价值	高度追求自我实现，兴趣导向，高度渴望对自身价值的认可
	权力距离	高，服从权威	低，挑战权威

续表

群体特质		公司领导层（"70 后"为主）	"90 后"员工
组织承诺度	情感承诺	未涉及	未涉及
	持续承诺	较高,不易离职	较低,容易离职
	规范承诺	高,认为频繁跳槽不好	低,不为跳槽而内疚

拓展阅读

工作价值观

休珀（Super）指出,工作价值观是个人追求与工作相关的目标,表达出个人内在需求和所追求的工作特质。[①] 工作价值观能指导员工工作选择和工作行为的倾向及优先性,作为影响行为的内在价值体系,它既影响员工对自身主体的定位,也影响员工对工作客体的要求。霍娜和李超平（2009）指出,休珀的定义是基于需求层面进行考量,而他们认为个体的工作价值观会影响个体的需求及偏好。工作价值观影响个体对于工作目标和任务的优先排序与抉择,不同价值观对于工作内容和工作任务的需求与偏好也有所不同。新生代员工和老员工在工作和生活的优先顺序上,显示出了显著差异,老员工倾向于秉持"工作优先"的价值观,个人生活服从工作的要求,愿意为工作牺牲个人生活;而新生代员工则更加注重个人生活,主张个人生活和工作之间应该有明显的界限,不喜欢工作占用自己太多的时间,如果发生这种情况就会出现不满情绪,严重的会导致职业倦怠从而产生离职倾向。除此之外,新生代员工认为工作就应该能实现自我的价值,如果工作不能实现自我的价值和理想,则会对工作产生厌倦。老一辈则不然,他们认为做好

---

① 资料来源:休珀的著作（*Work Values Inventory：Manual*）。唐纳德·E. 休珀（Donald E. Super）是美国一位有代表性的职业管理学家,他的职业发展阶段理论是一种纵向职业指导理论,重在对个体在不同生命阶段中的职业倾向和职业选择过程本身进行研究。

自己的工作,安安稳稳就行,并未有强烈的自我实现意愿。

工作中的价值观也反映了更为广泛意义上的价值观。例如,吉尔特·霍夫斯泰德(Geert Hofstede)①的价值观理论中的权力距离(power distance)价值观。权力距离价值观反映了个人对权威的接纳和服从程度。已有研究表明,"70后"或者更早的员工往往具有较高水平的权力距离价值观,他们愿意服从权威,认为领导说的都是对的,领导让做什么就做什么。而新生代员工的权力距离价值观比较低,他们更倾向于领导与自己建立较为平等的关系,认为谁说的对就应该听谁的,而不是一味服从领导。

组织承诺

组织承诺是指个人对特定组织的认同和参与的相对强度,是对行为一致性的解释,也是员工全身心参与组织各项工作的意愿。组织承诺,可分为态度与行为两个部分。员工对组织的感觉和思考是态度承诺,而将个人模式固定到组织中是行为承诺。组织承诺从最初的单维度,逐步发展为多维度,目前多数研究者在研究中使用约翰·P.迈耶的组织承诺三维度模型——情感承诺、持续承诺、规范性承诺。② 下面我们对三个维度的组织承诺分别进行介绍。

一是情感承诺,它表明员工对组织的依恋程度,包括对组织目标成功的信念、意愿和愿望;其与个人特征、年龄、性别、任期、组织特征等有着密切的关系。

二是持续承诺,它是指员工预见离开组织可能带来的损失大于

---

① 1980年,吉尔特·霍夫斯泰德(Geert Hofstede)首次提出权力距离的概念,作为他衡量不同国家文化差异的一个重要维度。这一维度在随后的研究中被广泛接受和应用,成为跨文化管理和文化研究中的一个重要概念。

② 1991年,约翰·P.迈耶(John P. Meyer)与纳塔莉·J.艾伦(Natalie J. Allen)提出组织承诺三维度模型。这一模型在学术界和管理实践中产生了广泛的影响,成为理解和评估员工与组织关系的重要工具。

他的接受范围，因此员工选择继续留在组织中。员工离开的损失包括他投入组织的工作时间、组织允诺在退休时为其发放的福利、与其他同事建立的人际关系等。

三是规范性承诺，它是指员工对组织的忠诚度，员工对组织有义务感。老一辈员工对组织更加忠诚，不轻易离职，其中一个原因就是在他们的价值观念中，长期留在一个组织中工作是正确的做法，经常跳槽是负面的行为。因此他们较少会因为工作不开心就轻易离职，甚至在不太满意或者遇到困难时也会坚持留下来工作。新生代员工则不是这样，在他们的价值观中更强调个人价值的实现或者追求个人的快乐，因此工作如果不能满足他们的需求，他们就会出现离职倾向，在外部各种因素的刺激下产生离职行为，并且自身认同这样的做法，认为这种方法本身是在帮助自己寻找更加适合自己的工作，从而更好地去实现自己的价值。

从需求层次理论来看，"90后"的实际需求层次和管理层对其需求层次的认知存在较大的差异（如表6-5所示）。当前HG公司的管理层大多是"60后"和"70后"，他们经历了物资短缺、外在生活条件较差的年代，因此对于"90后"员工初入职场的需求认知更多是基于自身的经历。然而随着我国经济社会的快速发展，"90后"员工成长过程中的物质水平和教育水平有了大幅提高，因此他们在需求层次方面更加注重尊重需求和自我实现需求。公司管理层基于自身认知采取对应的管理措施，必定难以满足"90后"员工的个人需求，从而导致"90后"员工难以管理的现状，在两个群体之间产生对立情绪。

表 6-5　公司管理层对"90 后"员工需求层次的认知与"90 后"实际需求层次比较

需求类型	公司领导层对于职场新人的认知	"90 后"员工
生理需求	生理需求强,年轻人需要首先解决生存问题	生理需求没那么强,不会吃不饱穿不暖,有地方可住,只会考虑品质问题
安全需求	安全需求强,初入职场一定想要一份稳定的工作,自己的工作和生活不会受到什么威胁	安全需求没那么强,生活在一个安全的时代,不会受到威胁;对于工作更多抱着一种尝试的心态,初期并未强调工作的稳定性
社交需求	社交需求强,初入职场应该想很快融入集体当中,被大家接纳	社交需求没那么强,生活在一个充满个性的时代,追求自我,对于集体并没有那么强的追求
尊重需求	尊重需求一般,初入职场需求集中在短缺需求层面,对于晋升、名声等没有特别需求	尊重需求较强,"90 后"一般学历较高,生活环境好,自尊与平等相对于他们来说更重要
自我实现需求	自我实现需求一般,初入职场需求主要集中在生理、安全和社交需求上	自我实现需求较强,希望能够不断完善自己,发挥出自己的潜能,做出能够与自己能力相匹配的事情,实现自己的个人理想

拓展阅读

需求层次理论

马斯洛需求层次理论是行为科学的理论之一,也被称作"基本需求层次理论",由美国心理学家亚伯拉罕·马斯洛(Abraham Maslow)于 1943 年在《人类激励理论》论文中提出。该理论把人的需求分为生理、安全、社交、尊重、自我实现五个方面。其中前三项属于人的基本需求,这些需求通过外部条件就可以得到很好的满足,而后面两项属于高级需求,一般只有通过内部因素才能得到满足。其中生理需求是指人类维持自身生存的最基本要求,包括吃、喝、衣、住、性、健康方面的需求,生理需求是推动人行动的最强大动力;安全需求是指人对安全、秩序、稳定及免除恐惧、威胁与痛苦的需求;社交需求是指人要求与他人建立情感联系,以及隶属于某一群体，并在群体中享有地位的需求；尊重需求属于较高层次的需求，比如成就、名声、地位和晋升机会等，它既包括对成就或者自我价值的个人感觉，也包括他人对自己的认可与尊重；自我实现是最高层次的需求，是指人希望最大限度地发挥自身潜能，不断完善自己，完成与自身能力相称的一切事情，实现自己理想的需求。新生代员工初入职场时的状态不同于老一辈员工，新生代员工生活在一个物资相对充裕、更加自由的时代，并且他们拥有更广阔的视野，能获取更为充足的信息，个性更加张扬，因此他们对于生理、安全和社交的需求相对老一辈初入职场时更弱一些。如果管理层仍旧采用自己以往的经验认知去管理新生代员工，那么这种做法将难以产生有效的激励效果。

"90后"员工的特色注定了其能够对企业的发展产生巨大助力，但若管理不当，则会挫伤"90后"员工的自尊心和积极性，严重影响其为企业做出应有贡献。因此，针对这一特殊群体，HG公司管理层或许可从以下方面入手。

第一，以包容的观念和开放的心态接纳"90后"。一是要树立正确的观念，这样才能在日后管理中真正从员工的角度考虑，做到关心和尊重员工。"90后"员工与传统老一辈员工存在差异是客观事实，要保持包容的观念，对员工的不成熟表示理解并加以引导，而不是一蹴而就，希望员工在入职之时就能做到最佳状态。二是要明白年轻的"90后"员工有自己鲜明的个性和独特的见解。作为管理者，要学着去接受和认可，包容他们的言行，对其中有益于企业发展的想法或建议要加以采纳和表扬，对其中不成熟的部分要采取合理的方式加以批评指正，这样才能引导"90后"员工逐渐融入企业的发展，同时又能够实现自身的成长。三是要意识到"90后"员工具有开阔的眼界和丰富的知识,能够从多种不同的角度看待问题。管理者要善于从"90后"员工身上学习经验,保持对新事物变化开放的心态,这样可以有效避免企业因故步自封而失去活力的现象。因此,适当地任用"90后"员工,可以有效提高组织对于变革与创新的包容度,同时能够使企业根据环境的变化做出最合理的应对,有效化解危机与应对挑战,使得企业能够真正做到与时俱进,实现长久经营。

第二,人尽其才,关注"90后"员工的长期发展。适才适所,让每一位员工在适合的岗位上发挥作用是最有效、最直接的激励方式。企业应为"90后"员工提供符合他们知识结构和能力水平的工作,让他们充分运用所学知识来解决问题;适当设置一些与日常工作有区别的、具有挑战性的工作任务,来避免平常枯燥的工作给员工带来的倦怠感;有效激励"90后"员工为解决问题而尽力去发挥自己的才智,这同样考验管理者对于任务的划分以及对每位下属的了解程度。"90后"员工初入职场,还有很多不成熟的地方,但是正如上一代的老员工一样,他们也是从新人阶段成长为老员工的,因此企业需要对新入职的"90后"员工进行培训和引导,使其熟悉企业的事务。同时"90后"员工对自我的认知水平都比较高,实际上也具备相应的知识与技能。使"90后"员工的本领与企业需求相契合,并且使其掌握企业发展所需的新素质,是企业对"90后"员工管理的重要目标,为此需要对"90后"员工做长期的职业生涯规划,帮助他们认识到自己对职业生涯发展的需求,以及自己未来成长的方向,从而使自己未来的发展与企业的前途命运联系在一起,对企业产生归属感。

第三,尊重个性,满足"90后"员工的需要。"90后"员工往往对自我期许较高,又对新生事物有着较强的好奇心,因此企业可授予"90后"员工适当的自主权,将他们的意见加入决策的参考意见或者直接让"90后"员工参与决策,让他们感觉到对自己的工作具有掌控力,话语权得到尊重和认可,这样既可以更好地激发他们的工作热情,也能帮助他们在这个过程中适应自己在企业中的角色,在组织中不断成长。另外,从生活上考虑,"90后"员工通常有着自己独特的兴趣爱好,管理者需要在员工的兴趣爱好不影响正常工作的前提下,表示理解和支持,如果有可能还可以适当了解,以拉近与"90后"员工的关系,加深对其的理解。同时,"90后"员工希望工作不要过多影响到自己的生活,将时间留给自己安排,因此企业可以采取个性化的激励手段,比如弹性工作制、自选福利以及自由选择工作时间等方式,使"90后"员工在完成工作之余,可以合理处置自己的闲暇时光。

第四,采用合适的领导方式与领导风格。由于权威式领导更多强调上级主管的绝对威严和下属的服从,因此这种领导方式适用于一些流程较为固定,或者一些需要对工作有一定掌控程度的关键岗位。很多时候员工对这种领导方式的感受是压抑的,尤其是自我意识强烈、强调平等和尊重、敢于挑战权威的"90后"员工,权威式领导反而会激发他们的逆反心理,最终对企业任务的完成产生不利影响。因此,企业的管理者要首先从平等的视角来看待自己的下属,将他们作为与自己一同完成任务的工作伙伴,不仅是对"90后"员工,而且是对所有的员工,这样才能真正体现企业以人为本的理念;然后可以根据"90后"员工的成熟度,来选择参与型领导方式或授权型领导方式,在管理中减少命令行为,多采用支持行为,与下属共同决策,更多地提供便利和支持。

第五,建立通畅的沟通渠道。不同年代出生的人相互难以理解对方思维方式的现象被称为"代沟"。代沟产生的原因之一是双方沟通不足,对彼此缺乏相应的了解。因此,在企业中建立通畅的沟通渠道十分重要。这种做法一方面有利于企业的管理者对"90后"员工增进了解,通过直接组织"90后"员工面谈或者设置意见反馈信箱,了解他们的所需所求,从而制定更有针对性的激励政策;另一方面也能让"90后"员工了解企业,"90后"员工通常渴望得到肯定与鼓励,也希望自己在组织中的地位能够得到提升,管理者要清晰地传达组织对"90后"员工的期望,让他们了解自己的工作目标和绩效表现,同时快速准确进行反馈,以助他们进一步改进自己的绩效。

即便如此,杨建军的脑子里还是冒出了其他的疑问——"90后"员工还是有很多可取之处的,但是为什么在上次的经营分析会上,这些领导对"90后"员工有这么大的意见呢?他们对于"90后"员工的认知是不是有问题?错误的管理方式只会产生负向反馈。这些既定的认知,是不是导致他们在"90后"员工的管理上出现问题,从而进一步恶化这一群体的管理问题呢?太多的疑问……看来今天这场座谈会并不是结束,而是一个开始,后面还需要设计调查方案,去找到产生这些问题的原因。

拓展阅读

新生代员工研究

新生代员工的概念最早是从"新生代农民工"的概念中衍生过来的,国务院在 2010 年发布的文件中首次提出了此概念,后期经不同学者在相关领域的推广应用,逐步形成了"新生代员工"这一说法,但是目前学界对于该概念并未有统一的定义。胡丽丽和王刚(2020)认为,新生代员工是在经济全球化背景下我国实现经济转型时诞生的,他们工作更多不是为了生存,而是为了谋求自我的发展。该概念与国外文献中的"Y 世代"很相似,Zemke 和 Raines (1999)提出,Y 世代一般是指出生在 1980—2001 年的人,他们生于计算机网络与信息大爆炸的时代,能够通过互联网与整个世界紧密相连,而且也生活在物资丰富的时代。

我国研究者一般从年代角度把企业内员工划分为"60后""70后""80后""90后"。国内一般以"新生代"指代"80后",也包括正在进入职场的"90后"。李雪等(2020)认为,国内外关于新生代员工的划分方式大同小异,只是基于不同的时间与文化背景做了区分,但是其划分依据是一致的。刘玉新等(2013)指出,当前的新生代员工主要是指在1980年以后出生的、进入社会工作时间相对没有那么长的员工。这些新生代员工大多从事非农活动,主要是在城市的企业中工作,远离了祖辈们工作的地方。总体来看,在国内研究中,学界对于新生代员工主要从年龄的角度划分,划分的界限主要是出生于1980年以后的、在企业工作的员工。当前已经进入一个新的历史时期,"80后""90后"正是各个领域最为活跃的群体,因此结合我国的时代背景,这里将新生代员工界定为20世纪80年代后期出生的员工。

新生代的生活环境和老一辈的生活环境有着天壤之别,新生代大多成长在优越的环境之中,并且拥有较高的学历水平,面临着残酷而复杂的生存环境。这使得新生代员工有着与上一代员工不同的特点,比如工作价值观、思维方式、自我定位等。新生代员工大多生活在不同以往的家庭架构当中,形成了"自我特征"明显的价值取向,而作为一代网络原住民,他们缺少对自身的正确认知,这也对企业对于新生代员工的管理提出了新的挑战。

伍晓奕(2007)对新生代员工的特点进行了总结,具体包括:讨厌循规蹈矩的工作、专业技术能力和计算机水平较高、对权威有见地、对成功的理解独到、职业观念具有多变性、工作态度既积极又消极。这些特点表明新生代员工更具个性、追求自由、不以工作为重心。时宝金(2012)则强调了新生代员工的优点,认为新生代员工思维敏捷,更具创新精神,知识水平比较高,学习能力比较强。学界对新生代员工的研究大多是基于他们在职场中的表现,并结合他们的生活环境进行定性分析。也有部分学者扎根理论,对新生代员工的工作观念进行了剖析,如李燕萍(2012)等的研究成果表明,新生代员工的工作价值观由物质环境、革新特征、人际关系和自我情感四个要素构成,这样的工作价值观使得新生代员工有明确的工作偏好。

第七章　SL 公司"90 后"员工为何与其领导相互不满？[①]

  SL 科技有限公司（以下简称 SL 公司）是一家发展势头良好的创新型电商公司。然而，在最近一次中高层管理人员会议上，多名分管总监反馈：虽然"90 后"思维活跃、创新意识强，但他们缺乏工作热情和积极性，不服从管理，有个别员工过于自我，经常不买领导的账。SL 公司"90 后"员工占比达 80％，公司创始人郭达及其他高层领导一致认为，公司要想进一步发展，离不开"90 后"的贡献，解决"90 后"管理问题至关重要，遂命行政人力总监魏建国负责此事，让他务必找到原因，提出改善方案。魏建国组织人事部开会商议讨论，并让分管人事的经理俞飞对"90 后"员工开展调查。结果表明，多数"90 后"员工对部门领导的管理方式感到不满，认为工作束缚过多，工作成就感低，自己无法更好地发展，工作没劲。魏建国反复思考着——分管领导对"90 后"的行为不满，"90 后"对领导的管理不满，双方存在的矛盾随时可能给公司带来消极影响；因此如何改善领导—员工关系，如何更有效地管好、带好"90 后"员工，成为 SL 公司迫切需要解决的问题。

  SL 公司创始于 2004 年，是浙江省商务厅首批认定的电子商务服务企业。公司总部位于浙江丽水，并在杭州成立运营中心及子公司。

---

① 本章作者为许小东、张梦。

2015年5月,SL公司正式进军移动电商市场,向移动电商转型升级,自此获得飞跃式发展,业务增长迅速,逐渐在细分领域跻身前列;2017年9月,公司成功挂牌新三板,获得国家高新技术企业认证,公司的快速发展被国内外多家知名风投公司看好,遂谋求融资并尝试在香港证券交易所上市;公司旗下的手机移动商城,是国内领先的共享社交电商平台,于2017年11月被写入《2017共享社交电商行业白皮书》。公司以带动农副产品销售为切入点,逐步扩展为全品类产品销售,避开竞争已经很激烈的一、二线城市,去开发三、四线城市以及农村市场,并持续优化供应链,经过多年努力,取得了十分显著的经济效益和社会效益。

公司创始人郭达是一名"70后",具有敏锐的商业头脑,在公司发展初期吸纳了其他几位业界精英,比如"60后"的孙总监,他叱咤商海多年,人际关系广泛,主管品牌营销部门;"70后"的张总监主抓供应链,负责公司招商和采购部;"80后"的周总监具有多年电商从业经验,负责公司运营部;"80后"的李总监是技术出身,负责公司技术部。同时,公司在2015年转型时引进了人力资源科班出身的魏建国,负责行政人力部。公司创始人及高层领导行事果断,敢想敢做,关于公司业务发展虽然偶有意见不一致,但对共同努力使公司上市的目标保持高度一致。多年来,公司高层团队较为稳定,无一人离去。公司高层团队在公司代表着绝对的权威,并拥有绝对的话语权。在发展过程中,公司积极引进电商行业专业人才,吸纳了一批年轻、有活力、有创意的"90后"。公司员工近400人中,本科及以上学历占比达80%,"90后"员工占比达80%。可是,年轻人在给公司带来活力和创意的同时,也给公司领导造成了困扰。高层领导纷纷表示他们与年轻时的自己差异很大,对工作缺乏奉献精神和吃苦耐劳的精神,不服管教,想法多,不够尊重领导。高层和"90后"员工之间时有摩擦。

一、"90后"员工管理问题

这天风和日丽,东方升起的太阳照亮了西湖水面,早起的鸟儿叽叽喳喳唤醒了丛林。SL公司的高层领导早早来到西湖边的茶馆召开第四季度碰头会。会议由公司创始人郭达亲自主持,他首先汇报了公司前三季度的业绩:"经过大家的努力,公司业绩稳步上升,尤其是新增的爆品专区,为公司带来了可观的业绩增长。"大家的脸上堆满了笑容,一向大嗓门、总是精神抖擞的品牌营销部孙总监打趣道:"当年初次见郭总,我就知道咱们公司将来能上市,你们说我看得准不准。"他还兴奋地提议大家鼓掌,庆祝共同的努力获得了回报。

随后,郭达对近期的融资谈判情况进行了说明,表示国内有几家知名风投公司都看好SL公司的发展,有意向进行投资,并打趣地问大家:"我们是不是要批准他们进来呀?"招商和采购部张总监接话说道:"领导就喜欢卖关子。"听罢大家哈哈一笑,互相打趣了一会。接着郭达润了润嗓子,郑重地说道:"虽然公司业务增长迅速,但盈利数据不可观。公司人员增长快,用人成本居高不下,这几年公司处于快速发展期,有不少员工来公司没多久就离开了,这在一定程度上造成了人力资源的浪费。第三方管理机构建议我们梳理公司内部管理问题,提高人力资源效率,降低用人成本。针对这个问题,大家说说看,咱们现在都存在哪些问题?"

在公司负责人郭达提出优化管理以降低人力资源成本后,高层领导对"90后"员工积攒的不满一下子爆发了,会上多位总监反馈了很多关于"90后"的管理问题,对一些"90后"员工颇有不满,认为"90后"的懒散表现降低了工作效率,浪费了资源。

张总监首先说道:"郭总说的这个问题我深有感触,我认为需要重点关注年轻员工,因为管不好年轻员工,势必带来人力资源浪费。对于年轻员工,我最大的感触是难管理,远不如老员工。老员工对于领导部署的工作总是毫不犹豫地执行,而现在的年轻员工会有很多自己的意见,甚至不认可部门领导说的话,自行其是。这种行为不就是在浪费时间、浪费资源吗?"运营部周总监随后附和道:"我认可张总监的看法。'90后'员工确实难管理,就拿我部门来说,有时部门会议,我本想给大家加油打气,便费心地讲了很多自己的经历,但环顾四周的年轻员工,却是一脸无动于衷的表情。空有我一人满腔热血,现在的年轻员工太难带动了!"

技术部李总监也抱怨说,当年他做程序员时,经常加班到深夜,从来没有抱怨过,也没要求公司一定要给加班工资,而现在的年轻人锱铢必较,不管是什么原因加班都要求有加班工资。

随后其他总监也反映了一些关于"90后"难管理的问题,表示现在的年轻人远不如他们这代人能吃苦耐劳了,一些年轻员工来公司不到几个月就开始工作不积极,工作热情丧失,明明做领导的还在加班,一些年轻人就下班走人了。他们表示,现在的年轻人还不如领导有干劲,很难理解他们的一些想法和做法。特别是孙总监,他对"90后"员工已经是牢骚满腹了。曾经有一次,一名"90后"员工没有与迎面走来的孙总监打招呼,使其对"90后"员工积攒的不满爆发了。恨铁不成钢的孙总监径直来到行政人力部找到魏建国,让其组织安排一场关于礼仪的培训,并决定自己来讲授这堂课。迫于压力,魏建国安排人事经理俞飞组织了一场让公司"90后"参与的礼仪培训课程,会上孙总监特意提起了碰到领导不打招呼的事件。这场培训过后,虽然"90后"员工对公司高层的礼仪更上了一层,但魏建国也听到了年轻人背后唏嘘不已的议论。

关于"90后"的管理问题,眼看大家已经讨论了很多,郭总拍板道:"既然大家一致认为'90后'的管理问题突出,那么就先集中精力解决这个问题。魏总监,你作为行政人力负责人,就全权负责此事,务必在一个月内找到原因,提出解决方案,在座的其他总监都需要全力配合。"

此话一出,一下子让公司分管行政与人力资源工作的魏建国陷入了问题讨论的中心。作为公司元老级人物,魏建国是一名沉稳、勤奋、善于处理人际关系的"80 后",他一手建立了 SL 公司的行政人力中心。在他的带领下,部门从只有他一名员工,到现在十几位员工,并划分出行政部、人事部、公共事务部三个部门,行政人力管理工作开展得有条不紊。对于这次高层碰头会上提出的问题,魏建国感到有些棘手。要解决"90 后"难管理的问题该从何下手呢? 出现这样的问题是"90 后"员工单方面的原因吗? 据他所知,"90 后"员工对他们各级领导的管理行为也有着很多不满。

魏建国接过话说道:"各位总监提到的年轻员工管理问题,我也发现了,这是咱们面对的新的人力资源挑战。公司'90 后'员工人数占比已经达 80%,人数非常多。'90 后'有创意、思维活跃,这恰好对咱们这样的互联网公司而言是优势。因此,如何扬长避短、充分发挥'90 后'优势? 这需要我们好好开动脑筋,找找方法。"

会议结束后,魏建国在自己的办公室中来回踱步,回想起高层领导和"90 后"员工之间的种种摩擦,以及刚刚高层碰头会上讨论的场景,魏建国不免感到有些沉重。这个问题过去他虽有所注意,但并没有当回事,现在看来需要把这项工作作为现阶段的重中之重,尽快妥善处理才好。一番思考后,魏建国认为自己目前所掌握的信息不够全面,要想解决"90 后"管理问题,必须先找到问题的关键,才能提出有针对性的改善措施。因此要先深入"90 后"员工,了解"90 后"员工的想法。魏建国决定召开部门会议,召集人事部的同事共同商议讨论一下,希望大家了解到问题的严重性,各抒己见,分析问题的原因,进而找到解决问题的方法。

二、人事部会议

转眼到了召开部门会议的时间,人事部的同事齐聚公司问道厅。会议开始后,魏建国首先开场说道:"进入本年度最后一个季度,大家都在忙着打好最后的收官之战,我知道大家都挺忙,就话不多说,直接进入正题。今天召集大家开会的目的是讨论一下当下公司出现的年轻员工工作热情丧失、工作效率不高,'90后'员工与上级领导时有摩擦,高层领导认为'90后'难管理的问题。对于这个问题,想必大家都已注意到,尤其是负责培训和员工关系的同事,大家或多或少都能收到来自领导或者'90后'员工的一些不满。公司年轻员工之间流传着一些负面的情绪和言论,我注意到一些员工在刚进入公司时工作热情高涨,几个月过后,就像变了一个人,工作不再积极主动,工作落实不到位。今年是公司发展的关键年,如果人力资源出问题,将很有可能给公司业务带来非常大的负面影响,所以当下工作的重点是找到问题的根本原因,找到解决问题的方法。大家可以各抒己见,把自己对这个问题的看法都表达出来。"

说罢,魏建国环顾着大家,会议室顿时变得很安静,无一人想要发言。见此,人事经理俞飞圆场道:"大家可以畅所欲言,我们不分对错,自己看到的、听到的都可以说,话题发散一些也没有关系,我们先来一场头脑风暴。"

负责培训和员工活动的小兆带着一丝不满的情绪,首先发言道:"我觉得问题主要出在'90后'自己身上,咱们公司的年轻员工集体感很弱,想法和要求很多,总是想着自己怎么方便怎么来,碰到有冲突的事情也不愿意调整自己的时间。我在组织活动时发现,有些比较重要的活动公司高层领导都到齐了,很多年轻员工还不愿意来。我觉得应该在入职培训时增加一些提高集体意识的课程。"

　　绩效专员媛媛顺着小兆的不满，继续说道："我认同小兆说的话。现在的员工受不了一点委屈，没有奉献精神，我觉得公司各方面已经做得很好了，但还是有很多地方让他们不满。我这边收到了不少他们的意见，比如客服部有'90后'员工问中午吃饭的时间工作能不能算加班，又如运营部一些同事在不忙的季节晚上加会班，但加班时间很短，按照规定不能计入加班时间，他们也来找我抗议说不合理。我觉得平时培训也应该加入一些关于工作价值观和工作态度的培训，提高大家对公司、对工作的奉献精神。"

　　人事经理俞飞补充道："'90后'成长的环境比较好，多数是独生子女，在家里是小公主、小王子，有些自我是可以理解的。他们在工作之前几乎没有吃过什么苦、受过什么委屈，进入公司后环境转变较大，产生一些不适应也可以理解。对于'90后'的一些不足，我想我们应该多些包容，多加引导，让他们尽快适应职场环境。现在的'90后'也有很多优点，比如受教育程度普遍较高，学习能力很强，工作上手很快，而且很有创新意识，这点对我们这样的互联网公司来说尤其重要。听了小兆和媛媛的发言，我想导致现在'90后'难以管理、工作热情不高的原因有一部分来自他们自己，除了这些原因，还有可能是哪方面的原因呢？我们还有哪些方面存在不足？"

　　负责招聘的君君说道："我听到有员工抱怨，说领导喊开会喊得太频繁了。很多工作在钉钉里发布一下工作任务，大家就知道该怎么做了，还非要喊大家一起开会确定，每次领导都要说很多，搞得好像他不说我们就不会做似的。每天做的工作明明在钉钉日志里已经提交了日报，还要每天晨会上再说一遍，这很浪费时间，感觉每天都被监督。有时候一件工作，领导要来问好几次，每次都要说他的看法和意见，我能自己独立完成，也很想自己独立完成，但领导这样，我感觉很没劲。"

　　另一名招聘专员小天补充道："我感觉问题可能出在领导身上。我听说有些部门一些项目的确定方案都是以领导的意见为准，但是公司的很多领导都已经脱离一线很久了,对市场的掌握和专业度不如年轻员工。我听过运营部的同事抱怨,说高层领导的很多想法比较死板,跟不上时代,但是他们非要坚持自己的想法,导致年轻员工很无奈。员工私下抱怨说,公司指着我们干活但又不尊重我们的意见,领导处处干预,工作效率低,工作很受束缚。我觉得是不是公司领导的管理方式有些问题,让大家觉得没有话语权,不被尊重?"

大家的话匣子被打开,你一言我一语陈述着可能的原因,除了以上关于"90后"本身的问题以及领导管理方式的问题,还有公司薪酬制度不合理、工作环境不好、培训不到位等问题。大家提到的原因很多,但说法都是凭感觉的,关于导致现在问题的关键原因和问题的解决方法并没有定论。人事经理俞飞提议在公司展开人力资源调查,通过访谈的形式收集了解在职员工以及部分离职员工的想法。

听了大家的发言和建议,魏建国经过一番思考和总结后,向大家部署了以下工作内容:对部分离职和在职"90后"员工进行访谈调查,由员工关系专员小静等人对近几个月离职的部分"90后"员工以及在职"90后"员工进行访谈,访谈名单由小静确定,并由小静对所获资料进行整理汇总,提炼关键信息和典型案例;人事经理俞飞根据人力资源调查的结果进行归纳整理和汇总分析,最终向魏建国汇报,讨论确定问题的最终解决方案。

三、访谈调查结果

员工关系专员小静根据工作安排,确定了9位有代表性的"90后"离职员工以及13位"90后"在职员工,经和人事经理俞飞商议调整后,确定了最终的访谈名单。小静负责9位离职员工的回访,媛媛和君君负责13位在职员工的访谈。对于离职员工的访谈,小静表明来意后,大部分离职员工都很配合,给出了积极的回应,个别不愿意旧事重提的员工在小静诚恳的态度下,最终也打开了话匣子。对于在职员工的访谈,媛媛和君君遇到了同样的问题,一番沟通之后,"90 后"在职员工也坦诚地表达了自己的想法。经过几天的努力,工作顺利完成,三人开了个碰头会,详细交换了访谈收集到的信息。随后小静对所有访谈记录进行分析处理,提取关键信息,获得了一些比较有代表性的事例,其中一个是关于离职员工的,两个是关于在职员工的。

(一)事例一:爆品专区负责人朱龙(离职)

朱龙是一名"90 后",今年 30 岁,离职之前是 SL 公司爆品专区的负责人,入职时间为 7 个月。他所负责的爆品专区是公司新成立的项目,与以往注重产品种类多和全的宗旨不同,本项目追求精而少,旨在打造单个超级爆品,进行全网营销,成为网红产品,从而产生巨大销量。本项目不论是在人员配置上,还是在各部门的协同支持上,都属于公司最高优先级。在朱龙的带领下,爆品专区的运营逐渐趋于稳定,销量也在稳步提升,过去几个月还成功培育了几款爆品。朱龙的表现深受郭总及其他高层领导的认可,他们认为其潜力巨大,是优秀的年轻人代表,考虑给予其更多的职责,将其培养为未来的接班成员。正是在这样被看好的态势下,朱龙却主动提出离职,引起公司一片哗然。朱龙在离职谈话时表示对自己所做出的成就并不满意,也不认可公司现有的管理模式,想要寻求更好的发展。小静联系上了朱龙,并约了时间、地点会面,通过访谈详细了解了朱龙离职的真相。

根据朱龙所言,他对公司的发展前景是很看好的,公司各方面的福利待遇挺不错,对于自己的工作,公司也给予了很多支持。但他越来越没有成就感,对于自己做出的业绩也越来越不满意,关于工作的想法和创意也越来越少。他可以感受到公司对自己的重视,但觉得这样的发展方向并不是自己想要的,自己继续留下来只会越来越不开心。虽然离开公司有些遗憾,但是经过长期的深思熟虑,他最终还是选择了离职,并且不后悔。

据朱龙所说,在他刚来公司时,很多工作的创意和策划是按照自己的想法开展的,但随着时间的推移,领导对他的工作干预越来越多,甚至到后期,已经不是按照自己的想法来开展工作了,自己更像是一个执行者。就拿业绩指标来说,按照总指标,朱龙已经将指标拆分到季度、月度,爆品组的同事每个人都很清楚自己的目标,对于目标的实现也已经明确制订了工作计划。一般情况下,工作计划至少需要提前一个月确定,一些重大活动甚至需要提前半年开始谋划。然而郭达及其他高层领导总是打乱他的计划,临时更改活动方案,临时更改业绩指标,临时增加产品,甚至有一次他拍板确定的产品设计风格,因郭达看到有些不满,周总监就毫不犹豫地通知他改成郭达满意的风格。他觉得领导的专业技能欠佳,自己并不认可领导每次提出的意见,领导也没有尊重自己的专业性,对他的工作控制过多。对于公司帮他规划的职业发展路径,即希望他往总监方向发展,他表示不愿意,因为他认为对一家互联网公司来说,扁平化管理和专业能力才是重要的,而公司组织层级过多,领导众多,公司高层领导对本部门的工作不能给予专业性的规划和指导,只关注指标以及郭达的意见,自己还想在电商营销的领域创造出更大的业绩,并不想这么快脱离一线走向管理岗位。除本职工作经常被打乱、受高层领导过多干预之外,朱龙更是被频繁拉去陪高层领导应酬,比如政府部门来访、投资机构来访等,他们都会叫上朱龙,他有时觉得自己不是一名电商运营人员,而是商务接待员。自己工作得很不开心,对公司的管理很不满意,工作热情也快要丧失殆尽了,这让朱龙对自己产生了质疑,经过深思熟虑后,他决定离开。

在其他人员的离职访谈中,有多名员工表示对领导的管理方式不满意,领导的专业能力欠佳,却过多地干预自己的工作,工作计划经常被打乱,成就感低,最后变得消极,没有了工作热情。

（二）事例二：招商三部负责人林浪（在职）

招商三部的负责人林浪，今年 29 岁，在职时间一年。一年前，SL 公司组织架构调整时，将招商部拆分成六个分部，林浪就是那时进入公司的，他所在的三部负责美妆类目的招商和产品采购。在来公司之前，林浪已经有五年的行业经验，手上积累了不少行业资源。进入公司后，林浪借用自己的资源成功引入不少有实力的供应商，美妆类目商家整体实力显著提升，大家都认可了林浪的实力。在访谈之前，媛媛就对林浪的事迹有所耳闻。据美妆类目其他同事对林浪的评价，他特别好相处，很幽默，偶尔会讲一些段子逗大家开心；部门内的氛围很融洽，他带给大家很多工作上的帮助，而且会对上级领导的不合理要求进行反驳，帮大家减轻了不少压力。

媛媛和林浪约好在公司思政厅见面。在约定的时间林浪准时来到会议室，媛媛详细解释了访谈的目的和大致情况，并表示会对访谈的具体信息保密，不会让除人事部之外的人知晓，林浪则表示会真实表达自己的想法。整个访谈大概持续了 30 分钟，在沟通的过程中，媛媛感觉林浪是一个积极乐观幽默的人，同时也感觉到了林浪对目前工作状态的不满，对领导管理方式的不满。据林浪所说，他来公司之前，自己的发展已经到了瓶颈，想换个平台重新拓展资源，考虑再三，最后选择了 SL 公司这个更大、更高一级的平台；但来了公司之后才慢慢发现，部门工作的方法缺乏创新，领导总会告诉你很多沉积下来的规矩需要遵守，很多禁忌不能触碰，所以自己的工作很受束缚，工作一年，感觉自己一直在吃老本，没有多少长进。为了按照自己的想法推进工作，他常常需要和上级领导据理力争，花费很多时间，工作效率低下，自己也很累。领导也不太希望花太多费用在行业交流会上，林浪曾多次提出希望自己或其他同事能外出交流学习，但领导都以尽量节省经费为由拒绝了。他找领导沟通过，表示对目前的工作成果不太满意，没有达到自己预想的目标,对于个人的成长也不太满意,但领导安慰他说不要对自己这么严格,要适当放松心态,不然压力太大也会影响工作。虽然领导本意是开导和安慰自己,但林浪心里很不是滋味。

从交谈中,媛媛感受到了林浪渴望进步、渴望成长、希望成为业界精英的愿望,但现在的他眉头紧锁,对工作的热情和尝试似乎在消退,俨然一副职场不顺的表现。在这次访谈中,有一些员工和他有相似的情况,媛媛将此类情况一一详细记录了下来。

(三)事例三:行政专员小赵(在职)

行政部小赵,今年 25 岁,在职时间两年。小赵的情况很具有代表性:公司部分"90 后"员工和小赵很相似——工作不算忙,每天准点下班,对于公司活动都参与但鲜少表达意见,领导布置的工作按时完成,既不主动给领导添麻烦,也不会主动承担部门工作。君君认为像小赵这样的员工工作压力不大,工作和生活都能兼顾,应该有着很高的工作满意度。和小赵见面后,君君详细说明了访谈的目的和大致情况。小赵听后笑道:"公司终于注意到我们这样的基层员工了吗?想要听听我们的意见吗?"随后小赵开始一一表达自己的想法,她觉得自己在公司工作了两年,虽然算是老员工,但一直没有存在感和归属感。刚毕业时,她是冲着互联网公司年轻人多、公司氛围活跃才来的,然而现在她觉得 SL 公司更像是一家传统公司,公司有着很清晰的层级划分,不同职级的员工使用不同颜色的工牌,自己则是最底层的专员,一直使用的是红色工牌和带子。有一次路过品牌部,看到某主管半开玩笑对一名专员说,"你不同意我的说法,也不先看看你脖子上挂的工牌颜色。"对方说这话的时候,小赵刚好路过,内心很不是滋味。小赵还说自己管理着会议室,经常有同事过来反馈会议室不够用,公司有 15 个独立办公室,被领导占了 12 个,只留了三个会议室供杭州分公司的近300 名员工使用。平时公司也是经常组织高层领导参加一些培训和团建活动,而对于其他年轻员工,团建活动和培训比较少。平时人力资源部发出的通知,落款是主送公司高层,抄送SL员工。她认为,公司处处维护着领导的地位和权威,丝毫没有表现出对于在基层干活的员工的尊重和重视。自己也向上级提过多次建议,但都石沉大海,领导表示这是公司的传统,很难一下做出改变,让她专心做好现有的工作。公司在快速发展,这期间肯定会存在一些问题,自己也能理解。公司在福利待遇方面很好,机会也多,但她希望公司能听听基层员工的想法,让公司氛围变得更像一家互联网公司;希望公司能调整一下管理方式,发展得越来越好,早日上市。

在和小赵的谈话中,君君感受到了她的失落。在对其他员工进行访谈时,她也发现有部分员工和小赵有同样的感受,君君将这些情况一一记载了下来。

四、如何改善领导—员工关系？

在公司行政人力总监的办公室,魏建国送走了汇报完"90后"访谈调查结果的人事经理俞飞。通过此次访谈调查,魏建国发现SL公司的管理确实存在很多问题,大部分"90后"员工反馈的问题和不满都集中在领导的管理风格上。看到这样的结果,魏建国思考着应该如何向郭达及其他高层领导汇报。公司能发展到现在,这些领导功不可没,公司也一直延续着命令—执行式的管理模式。或许这种局面需要改变了。公司需要创造一个更适合"90后"员工的工作环境,领导需要改变自己的管理风格以适应现在的年轻员工。公司领导能否接受这样的局面？要如何改善现在的局面？他一边翻阅调查资料,一边思考SL公司该如何根据不同的员工情况、组织环境来选择合适的管理方式,从而改善领导—员工关系,提高领导效能。

根据领导替代理论可知,SL公司作为一个民营企业,在代际差异的背景下,面临领导—员工之间矛盾冲突、领导行为失效等问题,公司应该围绕新的人力资源环境,改变现有的管理方式,选择新的适合"90后"员工的管理方式以及工作环境,以达到减少领导—员工冲突、改善关系、充分发挥"90后"群体人力资源价值的目标。SL公司的典型性在于,在"90后"员工逐渐成为职场中坚力量的社会背景下,企业中"60后""70后""80后"等群体与"90后"之间存在代际差异。"90后"独立性强、学习能力强、追求专业性等特征因素,以及来自工作任务本身、组织环境等因素部分替代了领导的作用。而企业尚未意识到这样的背景改变,沿用了传统的管理方式,导致领导—员工冲突不断,进而产生工作效率降低、员工不满等问题,领导的行为没有发挥出积极作用。

拓展阅读

领导替代理论

在许多情景下,领导者表现出怎样的行为是无关紧要的,领导者的行为没有发挥任何积极作用;某些个体、工作和组织的因素可以作为"领导的替代物",部分或全部替代了领导者的影响。在组织活动过程中,极其广泛和多样性的因素,比如个人、任务、组织和环境特征等,复杂地影响着领导行为与下属的满意度、士气、绩效之间的关系。一些变量,比如工作压力和下属对领导行为的期待等,可以影响到相应的领导方式,从而有效地激励、指导和控制下属。但是另一些变量可能导致了领导的替代,否定了领导者改善或者降低下属满意度和绩效的能力。基于这一思想,史蒂文·克尔(Steven Kerr)和约翰·M. 杰米尔(John M. Jermier)两位学者提出了著名的领导替代理论。[1] 该理论突破了以往领导理论仅仅从领导者角度探讨领导效用的局限,转而从下属、工作任务和组织

---

　　[1]　1978年,克尔和杰米尔聚焦非领导因素对结果变量的影响,提出了领导替代(substitutes for leadership)理论。

层面出发,以全新的视角研究领导有效问题,为领导理论的发展开
拓了新的境界(许小东和王晓燕,2008)。

关于领导替代因素的研究,克尔和杰米尔提出的领导替代理
论模型中,领导替代变量被归纳为被领导者因素、任务因素和组织
因素三个维度,共有13个替代因素。这些因素分别在某种程度上
抑制了领导行为作用的发挥,从而减弱了传统领导的作用,或者直
接作用于工作行为效标变量,替代领导活动发挥了作用;后有研究
者提出了领导替代理论方面的一些新的替代因素,关于领导替代
因素研究如表7-1所示。

表7-1　领导替代因素研究

研究者	维度	替代因素
克尔和杰米尔	被领导者特征	被领导者的能力、经验、培训和工作知识
		被领导者的专业化导向
		被领导者的独立性需求
		员工对组织奖励的漠视态度
	工作任务	明确的、常规化的、方法不变的工作任务
		本身令人满意的工作任务
		本身可提供绩效反馈的工作任务
	组织	组织活动定型化
		组织活动刚性化
		工作指导和同事支持
		凝聚力强且相互依赖的独立工作团
		非领导者控制的组织奖励
		上级和下属之间的空间距离
其他	新发现因素	计算机信息系统的广泛应用
		强有力的组织文化
		业务用户的信息沟通和反馈

下面我们从不同维度分别介绍不同的领导替代因素是如何发挥作用的。

第一，被领导者特征因素对领导者的替代作用。具体有以下四个替代因素。

一是被领导者的能力、经验、培训经历和工作知识。在知识经济时代，员工受教育程度普遍提高，工作中的学习和培训大量增加，专业知识较为丰富，工作能力和个人素质有极大提高，能够自我总结工作经验，具有独立处理问题的能力。在具体任务的完成过程中，他们对领导者的依赖程度较低，自主性和独立性较强，可以从自己已有的知识、培训经历和经验中获得工作活动帮助，依靠自己的能力而不是领导者的指导和帮助来完成工作。

二是被领导者的专业化导向。专业导向型的员工侧重从自己职业生涯的长期发展中考虑工作的问题，注重培养横向而非纵向的社会关系网络。他们更多从专业成就的角度来审视自己的工作过程与成效，并不过于在意组织内部正式的绩效评估；倾向于从组织外部寻找参照物来分析自己的现状与发展前景。这些态度和行为降低了传统领导者的影响力。

三是被领导者的独立性需求。综合素质高的被领导者有依靠自己能力独立完成组织分配任务的强烈愿望。他们在独立工作的过程中，体验到成就的喜悦，满足了自尊、自我价值实现等高层次需要，获得了内在的满意和激励。他们强烈的独立愿望会不断激励他们认真工作，达成目标，因此很少需要领导者的指导和激励。在这种情况下，领导者指导和激励员工的作用就被代替，从而显得多余和不必要。

四是员工对组织奖励的漠视态度。领导者经常利用他们手中的奖励权来激励、约束和控制被领导者。但当员工对组织中的某种奖励形式不怎么关心或者认为该奖励无关紧要时，领导者便无法利用手中的奖励权力来影响员工，领导者的激励活动往往会失去应有的效用。

第二，工作任务对领导者的替代作用。具体有以下三个替代因素。

一是明确的、常规化的、方法不变的工作任务。当员工重复地执行明确清晰的工作任务，并且完成该任务的技术和方法也固定不变时，员工完全可以凭借自己的工作经验独立完成。此时领导者任何有关工作任务的具体指导都变得没有意义。

二是本身令人满意的工作任务。这类工作任务会对员工产生一种"拉动"作用，激发员工自我实现等高层次需求，从而使员工自发地为完成任务而努力。在这种情况下，工作任务代替领导者发挥了领导的激励作用，使领导者显得无关紧要。

三是本身可提供绩效反馈的工作任务。这类工作任务是传统领导行为的另一种替代方式。员工可以直接、清晰地从工作结果反馈中得到诸如内部激励、满意、工作效率等心理上的优势，而领导者作为绩效反馈提供者的组织角色变得不重要。这种优势在有高成长需要的员工身上表现得尤为突出。

第三，组织因素对领导者的替代作用。具体有以下六个替代因素。

一是组织活动定型化。如果组织有非常清晰的目标和计划，每位员工都知道自己的工作任务和职责范围，那么领导者作为解释组织目标、辅导员工制订工作计划和解决员工角色冲突的组织角色就无需存在。

二是组织活动刚性化。它是指组织内有明确和固定的规章制度、程序和方针。这些规章制度、程序和方针规定了员工可以做什么，不可以做什么，也规定了他们做事的方式和日常的决策模式。当员工遇到问题时，他们可以从这些明确固定的制度和程序中寻找处理问题的依据和解决方法。

三是工作指导和同事支持。当组织中有充分且具体的工作指导和同事支持时,员工可以非常方便地获得具体工作任务、组织制度政策、人际关系处理等各个方面的指导,可以从同事那里得到充分的帮助支持和对自己工作绩效的反馈,这样必然会减少员工对其领导的依赖,充分的工作指导和同事支持也就成为领导者的替代。

四是凝聚力强且相互依赖的独立工作团队。组织中许多工作任务往往是基于团队而不是个人展开的;志同道合的员工组合在一起,为某个项目共同努力工作,团队成员通过相互研究讨论并自行解决工作问题;同时团队成员也互相监督、互相鼓励、互相肯定、互相提供反馈与指导。由于员工可以从团队中获得归属感和满足感,获得前进的动力以及工作中必要的指导,因此领导者作为指导工作、提供建议与反馈的组织角色就被弱化或者替代。

五是非领导者控制的组织奖励。当组织的奖励模式固定,或者说奖励虽然是权变的,但奖励与相应因素如工作绩效的关系明确,也就是说奖励多少并不在领导者的控制范围内时,领导者的奖励权力也会受到削弱。而奖励权力的丧失必然弱化领导者领导作用的发挥,造成一些领导活动的失效。

六是上级和下属之间的空间距离。当下属在距离上级较远的地方工作时,许多常规的领导行为会受到限制。远程办公系统的开发使得更多工作人员能够在距上级很远的地方执行工作任务。在空间距离较远的情况下,上级无法对下级进行直接的工作指导与控制,也无法及时提供反馈和人文关怀,领导的指导和激励作用自然就被减弱。

第四,领导替代理论方面的新的研究发现,还有一些其他的替代因素,例如以下三个因素。

一是计算机信息系统的广泛应用。爱德华·劳勒[①]研究发现,计算机信息系统的广泛应用正在许多领域里代替领导者发挥作用。

二是强有力的组织文化。组织文化对领导者的替代体现在它的无形影响力和凝聚作用方面。过去往往是领导者激励、控制、影响和凝聚着被领导者,现在更常见的是组织文化激励、控制、影响和凝聚组织成员。

三是业务用户的信息沟通和反馈。传统领导理论认为,员工从其上司那里获得有关指导和良好的感觉,如关心、信任等,可以很好地保证他们圆满完成任务。然而,最新的一些研究表明,员工能够从用户那里寻求相应的指导或积极的感受,从而将用户当作领导的替代者。

"90 后"代际差异研究

"90 后"生长在中国改革开放后、经济快速发展的时代,他们生活条件优越,受过良好的教育,具有较好的学历背景,是知识型的一代;随着互联网的快速发展与普及,"90 后"享受着互联网带来便利的同时,也接受着爆炸式的信息冲击。在这样的成长环境下,"90 后"具有鲜明的个性和多元化的价值观念,以及较强的创新意识。张君等(2019)的研究表明,"90 后"具有有主见、有活力、聪慧的积极社会特征,同时具有缺乏责任感、任性、自我的消极特征,并且他们热爱自由。智联招聘发布的《2019 春季跳槽报告》中提到,以"90 后"为首的年轻人在跳槽时,除追求薪资和福利外,还看重生活和工作的平衡。马剑虹和倪陈明(1998)在研究中发现,"60 后"

[①]　爱德华·E. 劳勒(Edward E. Lawler)作为美国心理学家、行为科学家以及著名的人力资源管理大师,其在研究中指出,信息技术(特别是 e-HR,即电子化人力资源管理)具有巨大的潜能,能够在很大程度上改变人力资源服务的管理和行为方式。这种变革不仅限于人力资源领域,而且渗透到组织管理的多个层面。

> "70后"具有干一行爱一行、忠于事业、忠于组织、服从大局等工作价值观。这与"90后"追求自由、追求生活与工作平衡存在很大差异。而在企业中,管理者多为"60后""70后""80后",这些管理者还在延续老套的管理方式和工作价值观念,因此造成"90后"的不适应,从而使"90后"与管理者发生冲突。

想到这里,魏建国渐渐有了清晰的方向——在代际差异背景下,认识到领导—员工的矛盾点,认识到"90后"员工群体的领导替代现象,从而选择新的管理方式,解决"90后"人力资源管理问题。

首先,他需要了解SL公司高层领导属于哪种领导风格,有怎样一些特征,以及这种领导风格会给"90后"员工带来怎样的影响。

从孙总监借助礼仪培训在"90后"员工中间立威的事件,以及魏建国召集人事部门开会时,君君反馈的领导对下属工作指导过多的情况,再到离职员工朱龙的不满,在职员工林浪反馈的部门工作方法缺乏创新,以及在职员工小赵在公司两年依然没有归属感和存在感等,均暴露出SL公司以领导为中心的管理方式,即过于看重领导的作用而忽视员工的重要性,领导对下属授权较少、过度控制,处处维护自己的地位和权威等。从这些行为特征分析,SL公司高层领导风格偏向于家长式领导。依据以往研究,家长式领导包括威权领导、德行领导、仁慈领导,SL公司高层领导偏向于威权领导,具有立威和施恩两个方面的行为特征,注重自己在下属心中及公司的地位、注重对下属严格的控制等。

孙总监借助礼仪培训立威后,年轻员工表面上表现出对领导的尊重,但背后颇有微词;SL公司"90后"之间流传负面情绪和言论,君君和小天还收到了"90后"员工的抱怨和不满;优秀员工朱龙离职;林浪初入公司时工作热情高涨而此时忧心忡忡;小赵在SL公司没有归属感和存在感、内心失落……这些情况都表明：SL 公司高层领导的管理方式使"90 后"员工产生了抵触和消极的情绪，员工感受不到领导和公司的重视。基于社会交换理论，员工工作满意度及组织认同感会降低，也会通过减少工作投入来宣泄不满情绪，甚至产生离职倾向。基于此，SL 公司"90 后"年轻员工工作热情丧失、感到工作没劲、不积极参加公司活动的现象便很好理解。

由此一来，魏建国清楚了每种领导风格的优点和缺点，了解到没有任何一种领导风格适用于所有领域。领导风格的有效性会受到具体情境的影响，唯有清楚不同情境对不同领导风格的需求与影响，才能为管理过程提供指导，继而实现高绩效的企业管理。

拓展阅读

家长式领导

西方领导理论的研究起始于 20 世纪初，现已形成交易型领导、变革型领导、魅力型领导等丰富的理论成果。与西方崇尚个体主义文化、奉行自由平等价值观以及社会正义不同，东方几千年人治主义和尊卑等级传统的历史，形成了高权力距离、集体主义、尊重权威、差序格局等社会文化特征。这些特质决定了西方的领导理论很难与东方组织中的传统文化相契合。家长式领导正是基于对华人组织中领导行为的反复研究而形成的本土领导理论。

Silin(1976)在对中国台湾一家民营企业进行为期一年的个案研究后发现，该企业的老板与经理人采用类似于管理家庭成员的方式管理员工，即表现出教诲式领导、德行领导、中央集权、保持上下距离、不明示意图、控制等行为。虽然他当时并未明确称之为"家长式领导"，但为后来"家长式领导"概念的提出奠定了基础。此后，Redding(1990)、Westwood 等(1997)研究表明，华人家族企业的领导风格带有明显的家长式作风。真正使家长式领导研究得到深化并形成理论体系的,是以中国台湾学者郑伯埙为代表的一批学者。他们以个案研究为切入点,通过长期深入的观察与访谈,详细论述了家长式领导的行为方式以及下属相应的反应(曾楚宏等,2009)。通过比较分析发现,目前学术界对家长式领导概念的界定,主要围绕以下三个维度展开:一是威权领导,即领导者的权威是绝对的、不容挑战的,领导者对部属进行严密的控制,并要求部属毫无保留地服从领导者的意志;二是仁慈领导,即领导者对部属的个人福祉做出全面、长久的关怀;三是德行领导,即领导者通过表现出更高的操守或修养以赢得部属的敬仰与效法。有关家长式领导内涵的代表性观点如表 7-2 所示。

表 7-2　家长式领导的内涵

研究者	定义	维度
Westwood 等 (1997)	一种父亲般的领导方式,它将强大的权威与关怀体贴结合在一起	威权领导;仁慈领导
郑伯埙等 (2000)	在一种人治的氛围下,表现出严明的纪律与权威、父亲般的仁慈,以及道德的廉洁性的领导方式	威权领导;仁慈领导;德行领导
Aycan (2006)	具备控制和关怀的二元性,包含仁慈家长式作风、利用家式作风、独裁式管理和恩威式管理四种风格的领导方式	威权领导;仁慈领导
Gelfand 等 (2007)	在一定程度上,领导者如家长一般指导部属的职业和个人生活,作为交换,期望获得部属忠诚和顺从的一种层级关系	威权领导;仁慈领导

关于家长式领导的研究,学者们关注的焦点之一是家长式领导的具体行为特征以及下属相应的行为反应。郑伯埙(1995)提出家长式领导的"二元理论",他认为家长式领导包括立威与施恩两个方面的行为特征。其中立威包括领导者树立个人权威和支配下属两种行为,部属相应表现出服从和敬畏等行为;施恩表现为领导者

视下属为家人,对其给予工作与生活上的照顾和指导,并在下属急难时给予帮助,部属则出于尊敬而表现出顺从与忠诚。这种一开始就建立在清楚的上下级关系基础上的领导行为,与建立在领导者和部属间平等基础之上的西方领导行为有着本质区别。郑伯埙(1995)强调,与西方领导理论中的体恤不同,家长式领导中的仁慈不仅限于工作上的宽大关怀,还会延伸到部属的私人问题,并且是长期取向,领导者期望下属依赖并服从于他的上司。凌文辁等(1987)研究认为,品德也是华人领导行为中一个独特而重要的层面。据此,郑伯埙等(2000)在回顾这些研究的基础上,将德行作为家长式领导行为特征的第三个维度,并对前两个维度的表述做了一些调整,提出了家长式领导的"三元理论",即家长式领导包括威权领导、仁慈领导和德行领导。其中威权领导和仁慈领导与"二元理论"中的立威与施恩分别对应;德行领导强调以树德为主,领导者注重塑造良师和楷模形象,表现出以身作则、公私分明等为集体谋利益的高尚道德行为,而部属出于景仰和尊重,则表现出追随和效仿的行为。

Aycan(2006)长期致力于跨文化视角的组织行为研究,在对比研究不同社会文化背景中家长式作风之后,提出家长式领导具备控制和关怀的双重内涵,并指出领导者的意图是区分不同家长式领导行为特征的关键。在控制方面,艾詹(Aycan)认为家长式领导的管理方式包括专制式管理和权威式管理。其中专制领导者采取控制和剥削行为,为获得奖励和避免惩罚,部属表现出依赖行为;而权威领导者出于为部属谋福利而对其采取控制,部属明白领导者的好意,因而尊重上级的决定并遵守相应的规则。在关怀方面,根据领导者的仁慈和利用两种意图,她认为家长式领导的作风包括仁慈的家长式作风和利用的家长式作风。其中仁慈的领导者关心部属,并与部属建立紧密的个人关系,部属出于感激和尊敬而表现出顺从与忠诚;出于利用目的的领导者同样关心和培育部属,但动机是获取部属的顺从以实现组织目标。艾詹从领导者内在动机深入解读不同家长式领导的行为特征,进一步拓宽了家长式领导理论研究的思路。

王甜等(2017)通过元分析方法,对家长式领导与领导效能相关的 87 篇实证研究文献进行了总结,结果发现,家长式领导风格下不同领导行为对领导效能有不同的影响,其中仁慈领导是最为有效的领导方式,威权领导的效能是负向的。仁慈领导、德行领导对员工的工作态度,比如工作满意度、组织承诺、离职倾向等的影响程度要强于对员工的工作行为,比如组织公民行为、任务绩效等的影响程度。

关于威权领导中领导效能的研究,学术界存在争议。威权领导通常会对下属严密控制、要求下属绝对服从、做事专权独断、无法容忍错误、唯我独尊。威权领导会带来压抑紧张、非人性化的工作氛围,使员工产生抵触与消极情绪(郑伯埙等,2000;周婉茹等,2010)。在这种领导方式下,员工丝毫感受不到领导的重视与支持,基于社会交换理论,员工工作满意度及组织认同感会降低,也会通过减少工作投入来宣泄不满情绪,甚至还会产生离职倾向(姜定宇等,2012;Wu et al.,2012)。

关于仁慈领导中领导效能的研究表明,仁慈领导会对员工的福祉做出个别、全面且长久的关怀,宽容员工的错误,维护员工的面子,帮助员工解决困难(郑伯埙等,2000)。根据社会交换理论,当员工得到来自领导的有形或无形资源的支持时,除了直接回报,如忠诚、信任领导本身,还会将回报扩展到工作态度及行为方面。在这种领导方式下,员工与领导会形成高质量的交换关系,员工会更加满意自己的工作,更加钟情于组织。员工为了回报领导的恩惠,会更加快乐积极地工作,尽自己所能去做对组织有利的事情(吴敏等,2007;吴宗佑等,2008;Chan et al.,2013)。

关于德行领导中领导效能的研究表明,德行领导公正无私,不滥用权力,对员工一视同仁,为员工树立典范,以自身的德行为员工做出表率,促使员工认同组织目标,内化组织价值观(郑伯埙等,2000)。在这种领导方式下,领导者以自身言行做出表率,员工信任并效法领导者。在榜样的影响下,员工会对工作满意,对组织依赖,也会提高工作效率,从事更多角色外的行为来表达对领导的爱戴与拥护(吴宗佑等,2008;Chan et al.,2013)。

其次,魏建国分析了 SL 公司高层领导与"90 后"员工之间存在的冲突。从孙总监立威事件可以看出,高层领导在意自身的权威地位与"90 后"员工漠视权威之间存在冲突;高层领导碰头会时,张总监反馈"90 后"员工难管理、意见多、不如老员工听话、不服从领导,甚至对不认可的工作反着干,对"90 后"这些表现不满,体现了老一辈服从组织、服从管理的思想,这与"90 后"员工思维活跃、追求民主、注重个人想法的特点相冲突;李总监反馈的"90 后"员工锱铢必较、要求加班有加班工资的问题,以及媛媛提到的"90 后"员工对于加班问题的看法,体现了老一辈甘于奉献、不计短期回报的精神,这与"90 后"维护自身权益、追求薪资收入相冲突。

综合魏建国收到的来自高层领导的抱怨,以及人事部会议上大家提到的"90 后"员工对高层领导的不满、高层领导与"90 后"员工之间的种种摩擦,可以看出这是高层领导注重集体主义与"90 后"员工注重个人主义之间的冲突;高层领导忠于组织、强调奉献精神与"90 后"员工注重工作和生活的平衡、追求个人利益之间存在冲突;高层领导对下属进行控制、努力保持权威地位的行为与"90后"员工希望工作独立、追求民主和扁平化管理之间存在冲突;高层领导重视过往经验、缺乏创新、专业性不足与"90后"员工专业性强、学习能力强、创新意识强之间存在冲突。

而这些冲突缘于"60后""70后""80后"高层领导与"90后"员工在工作价值观上的不同。"60后""70后"具有忠于组织、干一行爱一行、服从大局、集体主义等工作价值观,具有较强的奉献精神和吃苦耐劳的精神。有研究显示,中国新生代职场人的休闲价值观、外在价值观及内在价值观显著区别于"60后""70后"职场人,且"90后"的价值观显著区别于"80后"。张君等(2019)的研究表明,"90后"具有思维开放敏捷、敢想敢为、勤奋乐观、有追求等积极特征,同时具有安逸、情绪化、娇气、迷茫等消极特征,还具有民主意识强、强调工作和生活的平衡、有个性、沉浸于虚拟生活以及喜爱社交和时尚等中性特征。所以,代际差异导致工作价值观不同,从而给组织带来不同的冲突。

最后,魏建国从领导替代的视角思考了领导的有效性。从人事部反馈的领导—员工关系问题以及员工工作热情丧失、对工作现状不满等方面来看,SL公司高层领导的领导行为没有发挥积极的作用,甚至产生了负面效应。

周总监向魏建国反馈的"90后"员工很难带动、作为领导常用的激励方式失效的问题,人事部会议上君君反馈的SL公司高层领导喜欢以会议的形式安排工作,并频繁给予指导意见引来员工的抱怨和不满的问题,以及开会商议时小天反馈的以及访谈调查时存在的"90后"员工不满于高层领导专业性不足、无法给予必要的工作指导,且自身专业性和工作意见不被尊重的问题均反映出,SL公司高层领导的行为没有发挥积极作用。

"90后"员工自身的特征因素部分或全部替代了领导者的作用,如其自身的能力、经验和工作知识,追求专业化的导向,独立性的需求等因素。"90 后"员工本身对领导的依赖性较弱,自主性和独立性较强,学习能力强,可以依靠自身已有的知识和经验、依靠自己的能力而不是领导的指导和帮助来完成工作。SL 公司的"90 后"员工多数为互联网领域的专业人才,相对于老员工,他们在工作方面表现得更为专业、更具有创意。

　　SL 公司工作任务本身对领导存在部分或全部替代。SL 公司是一家互联网电商公司,一些明确化的、常规化的工作如商家的后台管理、客户售后等,员工可以凭借自身经验独立完成,领导任何有关工作任务的指导都会变得没有意义;SL 公司很多工作本身对员工专业要求较高,同时要求员工非常熟悉市场情况,尤其是同行业竞争对手的情况,比如活动策划、App 界面视觉设计、用户心理研究等工作,这些工作具有挑战性且有趣,会激发员工工作的热情,员工出于追求成就感以及自我实现的需求,会自发地努力完成工作,工作任务代替领导者发挥了领导的激励作用,使领导者显得无关紧要;还有很多工作,比如一场活动后平台生成的销量数据以及粉丝群的反馈,使得员工可以直接看到绩效反馈,而领导作为绩效反馈提供者的角色变得不重要。

　　在 SL 公司,来自组织的因素对领导者存在部分或全部替代作用。比如朱龙离职前所在部门,员工清楚自己部门的目标和工作规划,一些 90 后员工也反馈他们知道自己的工作如何开展,不需要领导过多地指导和监督,一定会主动按时完成工作,这些情况都表明 SL 公司领导者作为解释组织目标、辅导员工制订工作计划的职能无需存在;林浪所在部门反馈的同事之间工作上的互相支持和指导、部门氛围融洽活跃等因素,都减少了员工对领导的依赖,使得来自领导的关于工作任务、组织制度政策、人际关系处理等方面的指导职能被替代;SL 公司高层领导均在独立的办公室办公,在空间上距离下属较远,这使得上级无法对下级直接进行工作指导和控制,领导的指导和激励作用被减弱。

　　根据上述探讨,魏建国想到了一些可以针对性改善领导—员工关系、提高领导效能的策略。根据领导权变理论,有效的领导取决于领导方式、企业环境以及领导者与被领导者之间的合理匹配。SL公司威权领导方式对"90后"员工产生了消极的影响,公司应结合公司环境、"90后"员工特点,改变现有管理方式。对SL公司存在的领导替代现象,领导者需要尽快转变心态和观念,接受这一现象。公司过往所取得的成果,离不开领导的贡献,未来要进一步发展,更离不开年轻员工的努力。领导和员工均是公司重要的成员,公司应从以领导为中心向以完成组织目标为中心转变,重视"90后"员工的意见及贡献;领导管理方式应从威权型领导向服务型领导转变,为员工提供良好的工作环境和条件,一方面努力改善公司大环境的工作条件和氛围,另一方面注重部门内部小环境的改善,培养内部愉快轻松的工作氛围,鼓励同事间互相帮助、互相支持;公司应尽可能为"90后"员工提供学习平台,提供能让他们发挥才能的舞台,为他们制定更加清晰恰当的规范和目标,制定激励和约束的规则;公司应通过营造环境、提供服务、帮助员工成长等方式,让"90后"员工有能力、有意愿进行工作,而不是强制性要求员工工作。

家长式领导是基于对华人组织中的领导行为进行研究而形成的本土理论,与中国企业的文化更为契合。从以往的多数研究可知,SL公司的威权领导没有发挥积极的作用,结合"90后"员工的特点以及SL公司的工作环境,SL公司可以采用仁慈领导方式,即领导者对员工的发展、福利等做长久关怀,尊重"90后"员工的个性特征,包容员工的错误,帮助员工解决困难,尊重员工的意见,满足员工的需求。在这种领导方式下,员工与领导之间会形成高质量的交换关系,员工会更加满意自己的工作,更加钟情于组织,也会更加快乐积极地工作,尽自己所能去做对组织有利的事情。

对于目前SL公司存在的问题,公司可以立即做出改变并产生效果的有:将工牌颜色统一,取消按职级划分工牌颜色的制度;将部分领导办公室改造成为会议室以满足员工需要；建议领导与员工一起办公以改变领导办公室与员工距离过远的现状；公司制度的制定发布以全体员工为主体，为"90后"员工提供更多的培训机会，丰富"90后"员工的团建活动等；充分发挥办公软件如钉钉的作用，某些清晰简单的工作任务采用钉钉通知，增加线上沟通，减少不必要的会议；尊重年轻员工的专业性，尤其对于运营部门的员工，高层领导应尽量避免临时更改该部门的工作计划、工作目标等。

　　未来公司的转变或许会引发摩擦不断，或许会带来争吵，但魏建国的眼神坚毅起来。他相信，在大家积极解决问题的态度下，"90后"员工能更好地融入公司，为公司做出更多贡献。

拓展阅读

领导权变理论

　　领导权变理论的研究起始于20世纪70年代，该理论认为有效的领导取决于领导方式、企业环境以及领导者与被领导者之间的合理匹配，寻找不同情境下最佳的领导模式是这一理论研究的重点（许小东和王晓燕，2008）。有关权变理论的研究成果比较有代表性的有菲德勒权变理论模型、情境领导理论、路径—目标理论模型等，如表7-3所示。

表7-3　权变理论研究

研究者	理论	观点
菲德勒	菲德勒权变	领导的有效性取决于领导者的风格与情境相适应的程度
赫塞、布兰查德	情景领导	下属的工作成熟度和心理成熟度对领导方式起重要作用
豪斯	路径—目标	适合下属特征和工作环境的领导风格能帮助下属通过一定的路径实现目标，并能提高下属对工作成果的期望

1.菲德勒的权变理论

该理论认为,领导的有效性取决于领导者的风格与情境相适应的程度。弗雷德·菲德勒(Fred Fiedler)通过调查分析,将领导风格划分为任务取向型和关系取向型,并将影响领导效果的情境因素概括为:领导者—成员关系、工作任务结合和职位权力。[①]将三个变量综合起来对领导者所处的环境进行评估,我们可以得到八个不同的情景或类型,领导者可以从中找到最适合的领导方式。依据菲德勒模型,我们可以得出结论——在非常有利的情境和非常不利的情境下,采用任务取向型的领导方式更有效;在中度有利的情境下,采用关系取向型的领导方式更有效。

2.情境领导理论

该理论由保罗·赫塞(Paul Hersey)和肯·布兰查德(Ken Blanchard)提出,他们将下属的特征作为重要的情境因素,认为下属的工作成熟度和心理成熟度对领导方式起重要作用。[②]由两人提出的情境领导理论模型,将情境领导分为领导类型和下属发展水平两个部分。其中领导类型根据指导性和支持性进一步分为指导型 S1、教练型 S2、支持型 S3、授权型 S4;下属发展水平按照能力和承诺程度的高低分为 D1—低能力、高承诺,D2—有一定能力、低承诺,D3—高能力、低承诺,D4—高能力、高承诺四个阶段。对不同情况的员工采用不同的领导风格,做到领导风格与情境相适应,才能取得较好的领导效果。

3.路径—目标理论

路径—目标理论(Path-Goal Theory)是在激励—期望理论的基

---

① 1951 年,弗雷德·菲德勒(Fred Fiedler)从管理心理学和实证环境分析两个方面研究领导学,并提出了"权变领导理论"。

② 情境领导模式是行为学家保罗·赫塞(Paul Hersey)于 20 世纪 60 年代早期提出的,之后他于 1969 年与肯·布兰查德(Ken Blanchard)共同提出情境领导理论。

础上，由罗伯特·J.豪斯（Robert J. House）等在20世纪70年代研究发展而形成的领导权变理论模型。该理论研究不同情景下领导者如何更好地激励下属，以达到指定目标。该理论认为，如果领导者能选择适合下属特征和工作环境的领导风格，则这种领导行为可以帮助下属通过一定的路径实现目标，并能提高下属对工作成果的期望。不同的领导行为对下属的激励作用是不同的，激励作用的大小取决于下属特征和任务特征。

第八章 广合公司新员工"组织融入"
难题如何求解？[①]

　　新员工是高速发展企业的新鲜血液。让新员工通过组织融入以更快更好地投身于企业，是新员工管理的重要内容之一。本章通过浙江广合集团公司（以下简称广合公司）人力资源部经理君兰对新员工离职情况的个案分析、座谈会上新员工代表对自身工作境遇的描述，以及人力资源部门对公司新员工培训管理方式的反思等方面，展示了广合公司新员工在组织融入过程中面临的困惑和障碍，以及公司人力资源部门和分管领导王菲强的分析和思考。

　　广合公司是一家成立于 2008 年的国有企业，位于浙江杭州。企业的核心价值观为厚德载物、融通四海，经营理念是诚信、创新、协同、共享，并以持续创造价值、服务和谐社会作为企业的使命。公司的业务经营范围涉及对外贸易、房地产、实业投资、贸易服务、金融证券等。公司目前的主营业务是进出口贸易，已经与世界上众多国家和地区的知名客商建立了贸易合作关系，经营出口商品多达 210 个大类品种，主要为纺织品、服装、农副产品、医化产品、轻工业品、机电产品等。根据企业发展战略规划，公司正致力于打造商贸流通、金融服务和产业投资三大业务板块。在商贸流通提升发展的同时，公司还积极开拓信

---

　　① 本章作者为许小东、林锐红。

托、保险、期货、基金、租赁、资产管理等金融、类金融业务；在房地产、生物医药、水轮机制造及海外水电工程承包、纺织服装等产业的投资已初见成效。公司的发展战略是瘦身强体、开辟蓝海、后发先至，也就是要把握现代服务业的发展规律，以构建独到的商业模式、进一步完善战略管控体系为重点，依托战略性投资，整合若干重点产业链，通过优化服务抢占产业价值链的关键环节，大力优化重组商贸流通业务，高起点开拓强化金融服务与产业投资业务，促进三大业务板块和谐互动发展。

由于广合公司以进出口贸易为主营业务，因此公司的员工主要分为两大类，其中业务员居多，大约占总员工人数的70%以上；另外是各个职能管理部门的员工，包括办公室、人力资源部、财务部、审计部、商贸流通部、资产管理部和投资发展部，以及党委纪委底下的党群工作室和纪检监察室的员工，这类员工大都是公司的老员工。近年来，广合公司的销售收入和利润总额稳步上升，员工人数也在逐年增长，每年约有数十名新员工通过公司集中招聘加入公司，参加培训。

公司总部的人力资源部门中有经理、副经理、高级主管和分别负责相关人事工作的专员。新员工入职管理主要由总部人力资源部负责，包括新员工招聘、入职程序办理、入职培训、业务员绩效考核等。为了帮助新员工了解组织，人力资源部设计了一系列方法，如将新业务员集中培训，使他们掌握通用化的组织知识；实行导师制，由老员工带新员工；组织新员工参加游泳和登山比赛等。但随着新一代员工的增多，一些老方法似乎失去了吸引力，新员工从私下埋怨、牢骚满腹到转身离职而去，各种与组织不相适应的状况时有出现，公司现有的新员工管理体系已经难以适应公司当前的情况和需要。为帮助新员工尽快适应新环境，成为公司的合格一分子，为公司发展增砖添瓦，公司现有的新员工管理体系亟须改善。

一、新员工为何离职而去？

在一次高层例会上，职工队伍不稳定和新员工离职问题又一次被高层领导提到，这无疑给了公司分管人事工作的新任副总经理王菲强一个强烈信号——新员工进入组织之后的身心融入问题必须有所改进，不能再放任自流下去了。回到办公室后，王菲强当即就给人力资源部经理君兰打了电话，让她尽快过来一下。王菲强作为公司的元老级人物，从一个基层业务员开始，勤奋努力，经过层层选拔，于近期升任现在的职位。之前在公司管理部任职时，他就着手规范和优化了公司的一些管理制度，是个能解决问题的管理者。作为一家国有独资公司，广合公司近年来一直处于快速发展中，每年都从学校应届毕业生以及社会人士中招聘人才，新员工已经成为公司员工中不容忽视的重要力量。但新员工入职后，总会存在各式各样的问题，他们对进入公司后的工作体验普遍有所抱怨，觉得自己难以适应这个组织。面对新员工的不安和躁动，公司人力资源部出于各种考虑，一时之间还难以做出大的改进，循规办事的结果是问题堆积。新员工要么忍气吞声，要么怨声载道，甚至拍屁股辞职走人，给人力资源部平添了许多压力。看着桌上人力资源部报送来的员工辞职数据表，王菲强不禁眉头紧锁，拿起笔在未满一年的辞职新员工那一栏中重重地画了一个圈。此时，门外响起了敲门声……

推门而入的是人力资源部的经理君兰，她刚过40，是公司的资深员工，能思考，善沟通，熟悉人力资源管理业务，颇受公司高层赏识。王菲强招呼她坐下后，开门见山地问道："刚才的会议上，领导对职工队伍的稳定性非常关注，特别是新员工的流失问题，你们人力资源部掌握的情况如何？是什么原因导致离职率总是居高不下？"

君兰略微沉凝，思虑了一下后说："粗看问题似乎是出在待遇上，但实际上的毛病好像是他们有点难以融入我们公司。我这儿又有了几封员工的辞职信，我先给您说说他们的情况。"

小包——公司业务部门员工，一个带有一点理想主义气息的文艺青年。当初面试的时候，他表现出了对工作的热忱，对自己的职业有长远的规划，对工作远景赋予的期望较高，入职以后却逐渐表现得懒懒散散。据和他同一个团队的老员工们反映，小包到了办公室就是一个人安安静静做自己的事情，除了工作上的一些来往，平时很少主动找他们，跟他讲话也是一问一答，绝不多说一句，搞得团队的人没事都不怎么敢找他聊天，大家对他都有点敬而远之。小包的离职原因是觉得现实中的工作和他预期的落差太大，工作的时候没有当初的热情和满足感了，他的辞职信最后一句话是"我担心在这儿继续工作下去，会渐渐失去我的梦想，失去对生活的激情"。

小秦——刚入职一段时间的新员工，说话向来比较直爽，但不是那种句句带刺的类型。也不知道怎么回事，小秦一直和单位中其他人处不好关系，他的主管对他也有点头痛，不怎么关心他的工作状况。这是一个蛮严重的问题，新员工一般会将自己的直接上级当作获得关于职位以及公司信息的一个重要来源，如果不能和自己的直接上级建立相互信任关系，其实是很难对企业产生归属感的。同时，小秦与同事之间沟通也比较少，缺乏基本了解，大家经常把他的说话直爽当成"尖酸刻薄"。小秦感受不到良好的关怀氛围，工作中遇到困难有时会觉得寸步难行，在思考权衡了一阵之后，决定辞职。

小张——公司通过猎头公司高薪聘请的一个高级业务管理人员，年纪不大，但工作能力非常突出。他和部门内的其他人相处也还好，而且所在部门对他的期望非常高。可是在最近几次和其他部门共同合作的时候，其他部门成员特别是老员工，都觉得难以接受一名新来的员工对他们的工作进行指导或者评定。小张觉得老员工倚老卖老，不尊重也不配合他的工作，导致他们部门的工作难以展开。工作上的进展受阻碍,再加上他作为年轻人有点气盛,就决定辞职。他觉得,反正他这么强的能力也不怕找不到下一份好工作。

君兰把目前的新员工离职问题大致说了一遍之后,继续说道:"总的来说,现在问题还是挺多的,我总觉得公司在帮助新员工融入和适应组织环境上还差了点什么。"

"不过,虽然新员工对公司有抱怨,但我们对新员工也是苦恼得很呀。"君兰又从另一面说开了,"我们培养新员工,也是希望有付出就有收获的,希望他们能尽快适应这个新环境,尽快对工作上手,能够有高的工作绩效。可是目前我们的状况似乎是有点付出大于收获。现在这些新人都是'85后''90后',一个个都被宠得不得了,工作上稍有不顺心就来个辞职不干,根本就没有什么珍惜工作的念头,哪像我们那个时候呀。于是,人力资源部就不得不被动地陷入招聘—流失—再招聘的泥潭中,这确实造成了人力成本的抬升。但如果我们要求各个部门对新员工多关照一点,多投入一点,一些有资历的主管和业务员马上就会心有不平,牢骚满腹。他们觉得自己在公司工作这么多年,却没有刚来没多久的大学生受重视。'新员工我行我素,自以为是的表现难道你们看不见吗?''公司有今天难道不是我们辛辛苦苦干出来的吗?'有时候听到这些问题,我真不知道应该怎样回答他们才好。"

二、新员工的培养与管理

听完君兰说的新员工离职情况后,王菲强以求教的口吻向君兰问道:"那我们人力资源部现在对新员工有些什么培养管理措施?你认为存在怎样的问题呢?"

君兰向王菲强介绍道:"每年招聘进来的新员工,大多数都去了业务部门,而业务部门都是按项目进行划分的,由老业务员带领新业务员,每个部门会有一个业务助理,负责与公司内勤部门沟通协调,处理好每笔业务的内部流程。各个职能部门每年也会分配到一些新员工，一般一个部门只有一两个新员工，职能部门和业务部门不同，会由部门总管带领，部门员工一般是按工作模块进行分工合作。我们可以从新员工进入公司后的不同阶段，来看一下新员工的培养与管理工作的情况。"

第一，入职培训阶段。公司的入职培训比较传统，新员工入职之后首先会由公司提供一个整体的入职培训，为期五天。前两天是户外素质拓展——今年是去徽杭古道；后三天是在公司大楼集中进行培训，培训流程为：企业文化介绍（半天）、公司制度介绍（半天）、优秀员工分享（半天）、业务相关专业知识培训（半天）、职场礼仪培训（一天）。公司每年招聘的新员工80％左右都是业务员，所以这种集中性培训过程主要是希望能为大多数新员工提供一套通用的组织知识，业务员以外的员工会在工作环境中进行学习，部门主管还有其他同事也会提供帮助。整体培训结束之后，各个部门会根据实际需要对新员工进行更深入的培训，但这并不是硬性要求。有效的培训可以提高新员工对组织的工作满意度和组织承诺，同时也可以提高新员工的工作技能和工作绩效。新员工其实对培训也充满了期待，但广合公司的入职培训采用集中性讲座方式，本质上是这种学校里面见惯了的讲座式内容灌输，即在短时间内为新员工灌输大量的信息，没有根据新员工的不同需求形成个性化的培训重点，这使得不少新员工认为公司培训有点急功近利，缺乏计划性和目标性。特别是对于业务员以外的其他员工而言，培训的很多内容和实际工作几乎是没什么太大关联的。因此入职培训的现场状况就是，公司花心思准备并邀请了主讲者，新员工却心不在焉地在底下玩手机，这种现象并不少见，是公司需要特别重视的。

第二，工作进入阶段。经历入职培训之后，公司就直接安排新员工工作，让他们在真实的工作情境中通过尝试进行学习。比如，他们对公司和部门文化的理解、对自己的工作职责和角色定位等都可以在尝试中慢慢确定。公司以往的策略思想也许是，每个新员工其实都有自己的一些个性特点和适应方式，让他们自己学习是保持他们创造性的一种方法，也能避免他们产生受束缚的感觉。但是目前的情况是，公司有点放任自流，新员工缺乏一个明确的方向指导，他们不熟悉自己所在岗位的职责和自己在组织中的位置，对组织和部门的认识也不全面，或者需要花很长时间才能全面了解。这种模糊的感受很容易影响他们的工作效率，有些新员工甚至会因为错误理解而出现对部门以及公司的低认同感，这就和公司的初衷相违背了。

第三，团队融入阶段。在此阶段，公司采用老员工带新员工的方式。对于新员工而言，老员工是一个非常重要的角色。公司当初实施这种方法是为了让新员工和有经验的员工接触，从而为新员工的信息搜集、关系构建等行为提供渠道，通过新老员工之间的特定关系，可以传达新员工所关注而又难以直接从正式渠道获取的一些信息。同时，这种方式可以让新员工感受到组织对他们的信任，增强他们的自信心，也能使他们更快适应工作。在具体操作上，公司会在征询老员工和新员工意见后自由组合一下，所以目前有部分新员工会由老员工带着熟悉新环境，还有部分新员工是自己独立探索的。但目前的情况是，很多老员工不喜欢带新员工。从老员工的立场来看，他们有些会觉得新员工太自我，自己犯不着多管闲事；有些会把新员工当作潜在的竞争对手而不愿分享经验；有些是自己事情太忙根本顾不上新员工；有些会觉得新员工个性强，难以管教。从新员工的立场来看，他们有些会觉得老员工太倚老卖老，有些会觉得老员工的工作习惯太过老套古板，有些会觉得老员工圈子里的水比较深、很难融入，有些甚至会觉得受到老员工的故意排斥。虽然公司也存在一些很好的师徒关系，新员工和老员工也会成为好朋友、相互促进，但不得不承认，在新员工融入团队这个阶段还是存在很多障碍的。

第四，自我管理阶段。这个阶段一般是在新员工融入新团队、新部门之后,为了避免部门间、团队间、个体间的冲突,需要新员工进行自我角色定位。该阶段基本上是靠员工的自觉性来形成自我管理,公司会采取的协助措施是强化组织规范,也就是给新员工的行为划定一定的界限,让他们知道自己应该保持什么样的角色形象和行为。但还是难免会发生新老员工之间的冲突,比如这次小张的离职。受这种冲突所困扰以及尚未掌握这些冲突原则的新进员工,就不得不投入很多的时间和精力来处理工作中遇到的冲突,导致他们在工作上投入的精力和时间都变少了。特别是由年轻的新进员工来管理老员工时,这样的冲突就很容易发生,似乎老员工的自我角色定位也是一个很人的问题。

根据组织社会化策略理论,从情景因素看,广合公司在新员工入职的第一周采用集中性讲座式培训的方式,对新员工进行企业规章制度的讲解,同时针对新员工中的主要人群——业务员,安排了老员工的经验分享以及相关知识与技能的培训,为其提供了一套通用的学习经验。集中培训结束之后,公司并没有将新员工和其他组织成员分开进行有计划的训练,而是直接让他们从事正式工作,在正式的工作环境中探索和学习,即所谓的"干中学"。因此,广合公司采取的是集体、非正式的社会化策略。

从内容因素看,广合公司并没有给新员工制定固定的引入模式和时间安排。新员工统一参加的引入活动除入职培训外,在整个组织社会化过程中所占的比例较小,大部分的学习活动都是由各自部门主管来负责安排,新员工并不能准确获知自己每个阶段的学习内容和时间安排,导致其角色认知是模糊的、随机的。因此,广合公司采取的是随机、变动的社会化策略。

从社会因素看,对于有意向参与师徒制(导师制)的员工,广合公司会给他们安排有经验的老员工进行指导,伴随新员工完成组织社会化过程。选择不参与师徒制(导师制)的员工可以自己探索,这种现象在职能部门中比较多。而对新员工的个人特征改造,也是因人而异,有些部门主管或导师会尊重新员工原本的建议和想法,有些主管或导师则认为新员工必须建立适应工作所需的知识体系和观念。可以说,广合公司并没有采取特定的策略,伴随的和分离的社会化策略以及赋予的和剥夺的社会化策略是并存的。

从公司采取的组织社会化策略看,广合公司更多采取的是一种个体性社会化策略,这种策略更多是鼓励员工的自主发展和创造性发挥。而从新员工组织社会化的过程来看,新员工的入职管理由公司人力资源部门负责,一般持续一周时间,主要以组织社会化的第二阶段,即适应一进入阶段为主,在预期社会化和角色管理阶段并没有采取较为强制性的行为。最后从新员工组织社会化的内容来看,在入职培训期间,公司对组织文化进行介绍,针对业务员在工作胜任维度也进行适当的培训,人际关系和组织政治维度方面则由员工自由探索或者由导师引导了解。

拓展阅读

组织社会化策略

组织社会化策略是指组织帮助员工在较短时间内适应组织、成为组织期望的角色的某些特定策略。

Jones(1986)在以往研究的基础上,整合出两类组织社会化策略,一类是制度性策略(institutional tactics),包括集体的、正式的、固定的、连续的、伴随的、赋予的六种策略,本质是鼓励员工被动接受组织设定的角色;另一类是个体性策略(individual tactics),包括个别的、非正式的、随机的、变动的、分离的和剥夺的六种策略,本质是鼓励员工保持个性,主动解释自己的角色。同时,这12种策略可以归类为三种因素:情景因素、内容因素和社会因素。不同的社会化策略对员工的行为和态度有不同的影响。

在情景因素中,集体策略比较经济且能维持组织传统,个别策略则对新员工个性差异化影响更大;正式策略促使员工拥有共同价值观和态度,非正式策略则鼓励员工维持差异性,给组织提出不同观点。

在内容因素中,连续策略使新员工了解其在组织必须经历的各个阶段和顺序,随机策略则由员工随机解释其角色和发展,创新性较高;固定策略相当于给员工提供时间表,变动策略则不提供达到某一阶段所需时间的有关信息。

在社会因素中,伴随策略给新员工提供导师,分离策略则由新员工独自探索和发展;赋予策略是组织肯定新员工的个人特征,并不强求改变这些特征;剥夺策略则是组织对新员工的想法和特征加以否定。

Jones(1986)指出,制度性社会化策略实际上鼓励新员工被动适应组织现状,容易导致固定角色倾向;个体性社会化策略则鼓励员工发展多种角色适应模式,容易产生创新角色倾向。Ashforth和Saks(1996)以及King和Sethi(1998)指出,对新员工实施制度性社会化策略能带来高工作满意度、高组织承诺、高组织认同感和低离职倾向,而对新员工实施个体性社会化策略会导致较高的角色创新、较高的角色模糊、较高的角色冲突、较高的压力,同时也有较高的工作绩效。因此,组织应该结合组织文化特点、新员工个人发展程度采取不同的组织社会化策略来协助新员工适应组织。

员工主动寻求信息策略是员工采取的一种策略。早期研究都认为,在新员工组织社会化过程中组织处于主控地位,后来学者开始对员工主导的个体性策略进行研究。新的研究观点认为,新员工在组织社会化过程中可以通过主动寻求信息而扮演主动的角色,从而弥补组织或上司等信息源所提供的信息的不足。

Miller 和 Jablin(1991)提出七种员工寻求信息的策略:①公开询问(overt questions),该策略可以直接获得组织信息,也有助于人际关系的发展和提升;②第三方(除直接上司和同事之外)信息(third parties),这种寻求信息的行为一般发生在上司不在场或者直接询问不合适时;③间接询问(indirect questions),即通过非询问方式获得信息,该策略可以避免尴尬和不舒服感觉的出现,也不影响信息的获得;④刻意交谈(disguising conversations),即通过交谈假装不经意地获取信息,而实际上是有意而为;⑤观察(observing),即通过观察周围人的言行举止来获得有关角色行为模式的信息;⑥受控测评(testing limits),即创造情景或测试条件,根据对象的反应来获取信息;⑦监控(surveillance),即私下监视目标源来获取社会化过程中所需的信息。陈维政和胡豪(2003)在提出的"新员工策略"中,补充了新员工采取不同策略时需要考虑员工与组织间的匹配度。

新员工寻求信息的来源主要是直接上司、资深同事、其他新进同事、非直接上司、部属、组织外的人员等(Fisher,1986)。考虑到熟悉度和易接近度,新员工一般以直接上司和同事作为最重要的信息来源,当然这两者的作用也是存在差异的,这就需要新员工主动寻求并选择对自己有用的信息。

组织社会化过程和内容

所谓员工组织社会化过程,是指新员工从局外人发展成为局内人的学习过程,这是目前组织社会化文献中研究最多的视角,学者们划分了不同阶段的社会化过程,其中 Feldman(1976)提出的组织社会化权变理论(Contingency Theory of Socialization)受到了很多学者的关注。他将组织社会化过程划分为三个阶段:预期社会化阶段、适应阶段和角色管理阶段。三个阶段彼此关联,每个阶段也可以单独对新员工管理造成影响。下面我们对这三个阶段进行详述。

第一阶段:预期社会化(anticipatory socialization)阶段,这个阶段是新员工进入组织之前的时期。新员工如果有机会了解组织相关信息,并进行评估,就会对现实工作有清晰而真实的理解。组织信息和个人需求的一致性越大,员工接受这个组织的可能性就越大,组织承诺就越高。在这个阶段,员工收集企业信息,并将自己的情况传递给组织招聘人员,评估并匹配心仪的工作。

第二阶段:适应(accommodation)阶段,这个阶段是在新员工加入组织之后,新员工要适应工作、团队,对自己的角色和个人发展路径要有清晰的认识,因而形成四个指标:加入工作、加入团队、角色定义和评估的一致性。根据这四个指标,我们可以衡量适应阶段员工组织社会化的程度。

第三阶段:角色管理(role management)阶段,这个阶段新员工已经加入组织一段时间了,个人与工作团队、个人所在工作团队与其他团队之间开始出现某种形式的冲突,角色管理的任务就是要更好地解决这些冲突。

组织社会化是一个学习过程,组织社会化内容则是关于员工要学习什么才能更好地适应组织。Chao 等(1994)的六维观比较有代表性,他们研究发现,组织社会化内容包含六个维度:①组织历史(history),它是指新员工对组织中的传统、工作习俗、相关仪式等方面信息的理解;②组织政治(politics),它是关于员工对组织内正式或非正式的工作关系和权力结构能否理解;③组织目标/价值观(goals/values),它强调新员工学习组织目标/价值观的重要性;④语言(language),它是关于员工能否理解组织中的专业用语、俚语或简写等;⑤人际关系(people relation),它是关于新员工如何与团队、同事等建立良好的人际关系网络;⑥工作绩效标准化(performance proficiency),它是关于员工是否学习到与工作相关的技巧、知识和能力。Taormina(1997)提出的四维观点也与此类似。

赵国祥等(2007)基于中国文化背景和企业实际,对854名员工进行问卷、访谈等调查,从企业员工学习的视角证明,企业员工组织社会化内容包括:①组织文化,包括了解单位的发展历史、价值观等;②组织政治,即了解单位的某些"潜规则",知道单位中的人际关系图谱、谁是单位中最有影响力的人;③组织工作胜任,即了解自己的工作职责、掌握工作所需的技能等;④人际关系,包括员工在组织中受欢迎、与同事关系融洽等。

三、新员工座谈会

君兰的一番情况介绍使王菲强感到,组织社会化与新员工组织融入不能再拖了,需要抓紧解决,而自己也必须进一步深入了解相关情况。为此,他和君兰商议决定,立即着手召集公司新员工代表开一个座谈会,让代表们就新员工的融入问题畅所欲言、充分沟通,进而设计出一个符合新员工实际情况和要求的有效解决方案。

拓展阅读

组织社会化

组织社会化是指员工与组织之间产生双向影响和互动行为,使员工从单独的个体进一步成长为能够融入组织内部群体、成为其中一员的过程。企业中的新员工组织社会化过程需要依据实际情况,在实践中摸索、完善方法,并最终找到适合自己的新员工组织社会化管理之路。

社会化(socialization)一词来源于社会学,是社会科学研究的重要领域之一。它是指个体从自然人转变成为社会人的过程。在组织管理领域,Schein(1968)依据"社会化"的思想,提出"组织社会化(Organizational Socialization)"的概念,认为组织社会化是指新员工为了适应组织所需要学习的内容和经历的过程。之后,许多学者从不同学科背景和理论视角对组织社会化展开相关研究和理论构建。Louis(1980)在研究中提出,组织社会化是指员工了解自己的组织角色,并接受组织成员必备的价值观、能力和期望的一个过程。Fisher(1986)认为,组织社会化是指新员工进入组织后获取组织信息,调适自己行为以期望其行为能够符合组织要求的过程。Morrison(1993)将组织社会化的内容分为胜任工作、澄清角色、文化适应和社会整合四个方面。Filstad(2004)认为组织社会化是一个学习过程,包含了新员工从进入组织到成为组织成员过程中涉及的社会和文化方面的学习。

王明辉和凌文辁(2006)将组织社会化视为一种学习和契合的过程,在这个过程中新员工为了适应组织的价值观、组织目标和行为规范,对自己的态度和行为进行了调整,接受并融入所在的组织,增强组织承诺,提升组织绩效。他们讨论了以下三点。一是组织社会化对象。其不仅仅局限于刚进入企业的新员工,事实上还包括组织内经历了工作轮换、职位升迁、组织变革等变动的员工。二是组织社会化过程。这是一个长期的学习过程,贯穿在组织进入、工作轮换、职位晋升等员工职业生涯的不同阶段。三是员工在组织社会化过程中的地位。他们不只是被动接受,而是会主动寻求有关工作的信息,学习相关知识,从被动转为主动(王明辉和凌文辁,2008)。

严鸣等(2011)对组织社会化的参与者、目的和活动、时效性、层次四个要素进行了详细阐述,给出了一个较为清晰的描述,即组织社会化是指新员工进入组织之后重新塑造自己的组织角色,成为各种团体成员的过程。

几天后,广合公司在18楼会议室召开了新员工问题座谈会。当参加会议的新员工代表们看到王菲强也推门而入时,不禁窃窃私语,都为这个座谈会的高规格以及自己今天发表的意见能够受到高层重视而兴奋不已。而王菲强和人力资源部也非常希望能够通过此次座谈会获得真实的一手信息,从而切实有效地解决问题。因此,会议还没有开始,会议室里就已经充满了一种热烈的气氛。

座谈会由人力资源部部门经理君兰主持,在一番鼓励性的开场白后,公司人力资源部的新员工小刘最先开口:"我刚到公司的时候,一时之间也很难适应。虽然我已经做好了一定的心理准备,知道即将面对的是一个什么样的环境,但是我对我在部门里的位置、职责的界定还是很模糊,我只是做着主管让我做的事情,她并没有跟我说明白为什么要做这些事,还有为什么是我去做这些事。而且我对现在新主管的工作习惯还不大适应,她和以前主管的差别有点大。"君兰比较知道小刘的情况——他刚通过社招进来,之前在北京做过两年的人力资源管理工作,能力挺突出,但唯一的缺点就是以前工作经验形成的定式思维对他影响太大了,如他自己说的一样,他的主管也觉得他还没适应现在的岗位,或者说还没完全搞清楚自己现在的分内职责,有的时候会不太合拍。

接下来发言的新员工也讲了不少类似的问题。有个公司招聘进来的管理培训生,这几个月在各个部门轮岗。他的问题是在轮岗过程中换到另一个部门的时候,对新部门感到很不适应。他之前待的部门对他的工作和行为持肯定态度的比较多,然而最近在这个部门的工作总是得不到同事的支持,甚至会有老员工指责他的工作习惯。新部门对他的不满挺多,觉得他不虚心,帮助他改进却没什么收效,搞得他有点无所适从。

财务部的小方对前一阵子公司安排的入职培训有蛮多话想说,他发言道:"我觉得入职培训的出发点是非常好的,但是模式太过于形式化了。我所理解的入职培训是可以让我最快了解公司的企业文化、工作的具体内容、职位的相关技能的一个过程。从时间长度来说，三天时间也太短了；从内容来说，我也只能在企业文化和礼仪中学到一些东西，其他培训内容都是和业务部门关联性比较强的，跟我们的实际工作好像没有什么关系。我们只是花了一天时间坐在那里，却没有一点收获，等到我们正式开始工作了，我还是有很多不能理解的地方。"有不少人对公司的入职培训挺失望，他一讲完，其他人也开始说起入职培训这件事了。

　　这时旁边的小宋开始发言了："我的问题可能有点严重，大家都知道业务部门都是以团队为主体进行工作的。可是从我入职到现在，我所在部门内的各个团队就好像从来没有稳定过，一直在换来换去的，要么是做得很好的同事自己独立去成立一个新团队开拓新项目了，要么就是有人被调换到其他团队去了。每当我觉得已经融入这个新团队的时候，团队成员又变动了，这让我感到好难。我总觉得我们部门好像一盘散沙，部长也不在乎的样子。"小宋讲完之后，会议室立马热闹起来，大家都觉得小宋的处境好可怜，有些同事建议他去申请换个部门。王菲强心想，这个问题在老高的部门中存在好像也不是一天两天了，虽然部门业绩其实也不差，在公司所有业务部门中还算中等，但是带领这个部门的老高的领导风格挺特别的，他身边几个跟了他十几年的老将都是熟悉他的，那些离开他部门的员工往往是因为难以适应他这种领导风格。想到这里，王菲强安慰性地向小宋说明了老高的个人风格，表示如果小宋觉得不能适应的话，可以给他换个部门。

　　王菲强讲完后一时没人发言，会议室的气氛有点沉闷。业务一部的小沈打破了这个僵局，"那我来说说我的状况吧"。大家一下子都把目光集中在小沈身上。"我所在的这个业务团队，团队成员倒是没有经常变更，可是我总觉得在我加入这个团队之前，他们就已经是一个很紧密的团体了，对我总像是对客气的陌生人。平时吧，我想在空闲时间跟他们熟悉一下，可是他们总是一群人聚在一起，一点没有欢迎我加入的感觉，让我觉得自己还是个局外人。吃饭的时候，他们也是一群人一起吃，有时候我都不知道是不是该假装没看到他们。有一次和我的同学吐苦水时，我调侃自己就像一只别人不喜欢的苍蝇，一直在盯一颗无缝的蛋。我真的想融入他们，这样我也能尽快熟悉我的工作呀。你们其他人有我这样的情况吗？"听完小沈的抱怨，君兰感到有些疑惑，前一阵子她从小沈所在团队的老员工那儿听到对小沈情况的反馈，有一点是，小沈这个人和他们似乎有点代沟，玩不到一起，空闲时就只和其他部门的几个新员工扎堆，看来问题好像是双方都有接触的愿望，但又没有很好的沟通渠道。

　　"我也是一名业务员。"业务员小李开始发言了，"我没有前面几位业务员说的那些问题，我在目前这个团队很适应，和大家关系也都很好。可是，业务员其实是靠业绩吃饭的。我们作为没有经验的职场新人，很需要在团队里面学习，我也很认真地向身边有经验的人学习。可是做了一阵子下来，我的业绩并没有很好，每次看到别人业绩很高的时候，我都觉得压力很大，想跟他们竞争，可是发现竞争不过他们。我现在每天睡觉都睡不安稳，做梦都梦到我在外面跑业务的焦虑样子。我知道我的专业技能并不高，可是我很喜欢这个工作，我也很想做好，私底下也有在补专业知识，可是我一直都做不好，我都不知道该怎么办。"小李情绪有点激动，看得出来他确实是有很大的心理压力。"那你有没有把你的问题和你们部门领导说过？"王菲强问。小李回答道："我不知道我是不是能直接和领导说，还是要先跟其他老员工说。而且我怕跟领导说了，他会觉得我太笨，不适合这个工作，以后就对我没这么好了。我只跟我们团队一个人说过。"

　　"我也觉得压力很大。"业务员小于开始反映她入职以来的感受，"距离入职到现在也有一段时间了，这段时间因为一直没有业绩，我觉得自己好像不适合做一个业务员，我也搞不清究竟是因为刚开始跑业务不适应,还是我真的不适合业务员这个岗位。我也想过要不要换个部门或者换个工作试试。"公司以外贸为主,公司的核心就是业务员队伍,而业务员是靠业绩吃饭的,公司也是靠他们跑业务支撑下去的,所以每年招聘进来的大部分新员工最终都会进入业务部门,其中不乏像小于这样考虑并最终离职的人,遇到不适应的情况不是去想办法适应,第一反应就是要离职。王菲强朝君兰看了一眼,示意她说点什么,不料君兰却见怪不怪地对他笑笑,没有作声。

审计部的小陈接着发言了:"前一阵子公司有个新项目,所以从几个部门里调了一些人,一起组成项目组工作。我在和这些人一起工作的时候,总是觉得压力很大,平时在部门里有不懂的还可以请教其他人,现在项目组里就我一个人是搞审计的,总害怕出错。事实上,我感觉自己没有表现得很好,也因为我影响了项目组的工作效率。"小陈好像因为这件事很自责,压力很大。"新进公司,谁都有个适应和进步的过程,要注意对新员工的持续帮助和开导。"王菲强在笔记本上记下了这个问题。

办公室的小胡好像等不下去了,终于开口:"其实我觉得吧,业务部门相对我们内勤部门来说,已经好很多了。你们要加班,我们也要加班。你们做出一笔业务了,我们就要在背后替你们跑各种内部程序,材料是我们办公室准备的,资金方面是财务部负责的,你们的绩效业绩考核是人力资源部负责的。我们在背后默默支持你们的工作,最终得到奖励的却是业务部门。我们好像只是业务部门的一个附属品。"小胡对这种内部激励机制感到挺不公平。"而且,我觉得公司对我们内勤部门也没有太多关注,当初面试的时候说得好好的,什么有竞争力的薪酬、月度绩效考核、公司定期会举办活动、领导和员工可以平等对话等,进来之后发现好像都是骗我们的。"小胡是办公室的 OA 技术人员,公司的办公室除了日常事务,还承担着信息中心的职责。小胡是个性格开朗的小伙子,说话直来直去,他喝了口水继续说道:

"所以公司也不能总是觉得我们工作绩效低，真的是工作时很难有特别大的动力。大家在同一个部门工作，可是不管我做得好还是不好，结果都没有变化，那我为什么一定要去做得比别人好？公司也没有鼓励我一定要做出什么样的成果，反正公司只关注业务员。既然公司没有兑现对我的承诺，那我也没有必要履行当初对公司的承诺了。"

趁小胡歇口气的间隙，人力资源部的小刘赶紧插话："严格来说，我也不算职场新人了，在座的大部分都是大学生，我能明白大家现在的这种不适应过程，从一名大学生的身份突然转换成另一个身份，会有一个期望落差。不过我也觉得公司需要有一个相对公平的激励机制，公司职能部门的员工工作动机不太够，我觉得可能跟缺乏有效激励有关。"王菲强一边听着一边点头，不管怎样，新的职场身份对这些年轻人来说是非常有吸引力的，他们很想在这个地方开拓所谓的蓝图。但这批年轻人也是脆弱的，一旦发现现实与期望之间有落差，就失去动力了。想到这里，他不由得苦笑了一下。"看来，大家的意见不少啊，培训、团队、沟通、组织承诺、业务员的不适应……"

王菲强边听边想，心绪一直难以平静下来。新员工从校园走入社会，或者从一个企业到另一个企业，相对于老员工而言，有着不同情况。而广合公司的新员工表现出以下特征。

第一，感到工作压力大。新员工们普遍觉得，在加入组织初期，压力是最大的。员工较大的压力不仅与现实期望无法满足有关，还与自己是否能够胜任工作有关。新员工在学习相关技能时会有较大的压力，也有许多新员工会在适应新同事、新环境和新要求时感到一定程度的压力。在座谈会中，有几个新业务员反映了面对工作时感受到的压力。当他们通过自我调节适应了这个新环境的时候，压力会降低，而无法适应的员工可能会陷入焦虑状态，导致低绩效。

第二，期望高。新员工刚进入组织时面临一个不确定的情景，很容易受组织社会作用的影响，这时候他们最关注的是角色清晰、对他人期望的掌握，并且努力表现以得到其他人的认可。为降低不确定性和避免角色混乱，新员工会通过信息搜集行为来获知他人期望，以达到自己的行为与别人期望相一致的目的，这也是员工主动寻求信息策略的一种方式。综合来说，新员工进入公司初期会有三种期望，一是希望获得认可和尊重，他们对于组织和老员工对自己的态度很敏感，特别期望获得领导、直接上司和同事的认可、接纳和重视；二是希望了解组织环境和工作职责相关情况；三是希望知道自己在组织中的发展机会。广合公司之所以会出现新员工的不适应或者自愿离职，主要原因是新员工的期望和工作实际情景的差距过大，即存在期望落差，这对他们来说是一种承诺的破坏。

第三，依赖性强。这主要由两方面原因造成，一是以应届毕业生身份入职的新员工在社会能力方面比较薄弱，二是新员工中独生子女比较多。人力资源部通过对在公司工作未满一年的员工进行调查发现，新员工在团队融入方面不适应的主要原因是，现实的工作环境与学生时代的生活存在较大的差异，新员工在信息搜集的渠道选择上比较缺乏主动性。同时，现在的新员工大多是独生子女，从小到大包办型的家庭和学校教育使得他们的独立能力明显不足，这也导致许多新员工在入职初期依赖性较大。

第四，个性突出。这些新员工大多数有突出的个性，往往比较开放、充满活力、热情、自我，喜欢与众不同，喜欢被人关注，甚至会以自己的个性行为来吸引领导或者同事的关注。因为学历都比较高，所以他们在言谈举止和学习能力方面也比较突出，但这种突出个性也会导致他们缺乏团队精神，心理承受能力相对较弱，在工作的时候会有自以为是的情况。

第五，工作价值观趋于多元化。新员工队伍已经开始慢慢以"90后"为主，他们对待工作的态度不像以前的员工，好工作的价值标准已经从"追求物质成功"逐步转向"工作是否开心、生活是否幸福、同事之间能否相互尊重"等多元化格局,对他们来说,工作仅仅是生活的一种选择。

四、如何改进与融入?

会议结束后,大家继续边说边议,并陆续离开了会议室。王菲强让君兰尽快把会议记录整理总结出来,并且结合人力资源部以往的相关资料,做一个新员工的管理问题分析报告。

人力资源部很快就将这个报告交到了王菲强的手上。报告中指出,公司近年来发展相对较快,不断有新员工进入。由于公司在新员工管理上存在一些问题,新员工无法很好地融入团体和组织,对自己所从事的工作表现出一定程度上的不适应,具体体现在以下五个方面。

第一,新员工对入职培训的时间和内容满意度较低。新员工培训反馈调查问卷的结果显示,对培训形式与内容不满意和非常不满意的员工数量将近一半。在新员工座谈会上,新员工也有类似意见提出。结合培训时间安排来看,超过一半的新员工由于培训时间短、内容多而无法了解掌握内部规章制度等方面的组织信息。从问卷的开放式问题的答案来看,新员工希望公司在培训时间和培训内容两个主要方面有所改进。而负责培训的人力资源部门对于新员工参与培训的态度评价结果也表明情况很不理想。

第二,新员工融入团队存在着不同障碍。一方面,新员工在自己以往经验和认知的基础上试图融入团队,却发现很难融入;老员工用自己长时间以来形成的惯常方式来迎接新员工融入团队,却发现新员工缺乏融入的姿态。双方之间出现互相抱怨的现象。另一方面,新员工因为团队成员的频繁变动而难以融入团队,在轮岗、跨部门合作项目中因环境变化而无法适应的情况也常发生。还有就是新员工因为工作习惯、生活习惯、价值观和团队领导或者团队成员之间产生某种隔阂,因而得不到组织内的人际支持和理解。

第三,新员工的组织承诺感较低。新员工抱怨组织没有兑现或维持在招聘或入职初期对新员工的承诺,同时对组织的认识不够清晰和全面,存在一定的认知偏差,加上过高的自我期望,因而面对现实情况时,会感到落差太大而难以适应。公司对新员工的一些表现也并不满意,如依赖性强、稳定性低、组织承诺不够等。

第四,新员工工作胜任力不够导致工作压力大和工作绩效低下。新员工不熟悉所在岗位的职责和其在组织中的位置,长时间难以独立胜任岗位的工作。特别是业务员中出现了因为自身知识、技能、素质不够而导致工作绩效低下的情况,从而带来心理压力过大和焦虑。

第五,新老员工之间存在一定的矛盾和沟通障碍。新老员工之间的关系磨合有点放任自流,没有找到适合、有效的交流方式和渠道。一旦有能力强的新人出现,有些老员工就会觉得有威胁感。当工作出现问题时,新员工不知道该向谁沟通请教,因而问题得不到及时指导和反馈,从而影响公司的工作效率和团队稳定性。

与此同时,报告中还就新员工组织社会化过程中出现的问题的成因进行了探讨,具体有如下几点。

第一,新员工组织社会化的阶段分析。

根据文献研究结果,新员工组织社会化可以分为以下三个阶段(如图 8-1 所示)。

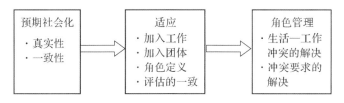

图 8-1　组织社会化过程及各阶段之间相关变量

　　在预期社会化阶段,作为求职者,新员工需要获取组织的现实工作信息,并做一定评估。评估信息与个人需求一致性程度越高,求职者就越有可能加入该组织。由于缺乏工作经验,加上个体容易出现期望偏高的倾向,因此其信息评估结果往往会与现实情况有一定偏差。尤其是大学毕业生,对组织现实往往未能做好充分的预期准备,尚不具备成功进入组织的技巧,受学校教育模式影响较大,寄希望于通过组织提供的培训来了解组织。基于这种情况,新员工在组织社会化过程中遇到的第一个障碍就是对组织现实的预期评估不充分。

　　在适应阶段,新员工已经进入组织,开始学习新的职务、建立新的人际关系、澄清个人在组织中的角色和评估个人在组织中未来的发展。该阶段暴露的主要问题是入职培训收效甚微以及新员工团队融入困难。一是广合公司现有的入职培训缺乏实用性,培训时间太短,压缩性的信息灌输导致员工接受度普遍较低;培训内容与实际工作的关联性较弱,原因在于公司没有提前对新员工进行培训需求统计。二是新员工抱怨难以融入团队,老员工抱怨新员工不够融入,原因在于公司在新员工引导过程中过于注重组织层面的介绍,对于团队、部门的介绍过少,新员工对要加入的团队、部门的认识不清晰、不全面,难以产生认同感和归属感,而且新老员工之间没有找到一个合适的沟通渠道,或者没有一个相互熟悉的过渡阶段。

　　在角色管理阶段,个人在工作团队中的问题已经得到解决,需要解决的是生活与工作的冲突、工作团体和其他团体之间的冲突。该公司新员工难以有效解决工作中的冲突或者无法降低工作团体之间的冲突对自己的影响,原因主要还是员工对个体角色的认识不够清晰。

　　第二,新员工组织社会化的内容分析。

　　新员工组织社会化的内容大致可以分为组织文化、工作胜任、人际关系、组织政治四个方面。广合公司的组织文化在培训过程中会比较系统地介绍,而其他几个方面新员工主要依靠"干中学"或者通过部门老员工的帮助和支持来掌握。

虽然公司能通过培训给新员工提供工作相关的各种信息,包括组织文化、组织政治、工作职责要求等,但是这些信息本身在内容上并不充足,渠道也并不多。新员工的受教育程度普遍较高,多年的学校教育让他们对"教授过程"非常依赖,他们需要有类似于参考答案一样的东西,告诉他们怎么做是对的,怎么做是不对的,尤其是在工作胜任和人际关系方面。

目前广合公司新员工出现的主要问题有:对工作不适应、工作绩效低下、团队和部门融入困难等,其中原因可能是,公司和老员工忽略了信息沟通对新员工的重要性,他们认为员工可以通过"干中学"尽快适应新环境和新工作;新老员工之间需要一段时间的磨合才能建立信任感,而老员工只有在充分信任新员工之后才愿意给他们传递工作相关的信息;老员工经常以居高临下的姿态对待新员工,这种态度会让新员工很难开口询问;公司和团队同事给新员工提供了工作相关的信息,但是新员工因为不理解和不能运用好组织语言、简写、俗语和俚语等导致其不能很好地进入工作状态。

总之,公司和老员工与新员工之间在互相适应、融合阶段出现了障碍。新员工期望公司和老员工提供信息,而公司和老员工提供的信息新员工不一定能接受和理解。也就是说,公司在新员工组织社会化的内容方面存在的主要障碍在于缺乏信息有效传递的方法或渠道。

第三,新员工组织社会化的策略分析。

广合公司目前采取的是集体的、非正式的、随机的、变动的、伴随和分离并存、赋予和剥夺并存的组织社会化策略,具体来说,比较偏向个体性社会化策略。这种策略往往鼓励新员工保持个性、发挥创新潜力、主动去探索和解释自己在组织中的角色等。可是公司作为国有企业,组织规模比较大,结构比较固定,在公司组织文化层面、制度层面、工作规范层面等方面,并没有一个鼓励员工发挥个性的氛围,员工并不清楚公司对自己的期望角色是什么样的。鼓励员工自我发挥虽然一定程度上可以带来角色创新和创造力提升，可是这与公司现实状况并不符合。

广合公司在招聘新员工时，已经按照一定选拔标准选出具有较高潜质的新员工了。当他们进入公司之后，公司要做的就是对他们加以塑造，增加员工与组织之间的匹配度。因此，目前广合公司采取的个体性社会化策略是与公司实际情况，比如组织结构、组织规模等互不匹配的，这些都是公司在新员工组织社会化策略选取方面的不足。

新员工层面的社会化问题往往在于信息的缺乏，包括工作任务的信息、人际关系的信息等。部分新员工选择被动接受信息，部分新员工在主动向团队和同事获取信息的过程中遇到阻碍就打退堂鼓，只有少数新员工会通过各种策略来获得想要的各种信息。

一般来说，业务员主动寻求信息的概率比较大，他们会跟资深业务员一起跑业务，在这个过程中通过公开询问、观察等方法学习业务相关的技能。而职能部门的员工则相对比较被动，一方面，他们没有直接导师，由于部门工作的繁忙和有效沟通渠道的缺乏，他们很难有机会进行观察或询问；另一方面，当他们采用观察或者询问策略时，他们需要考虑信息寻求的成本问题，比如，自己去理解观察到的现象可能产生误解，或者直接询问可能对自己的专业形象产生影响。

员工主动寻求信息非常重要，但也要根据个人发展情况合理选择适当的策略。不恰当的策略运用可能会导致新员工获取的信息不充分，这会增强他们对组织的不确定性和不安全感。因此，在新员工主动寻求信息的过程中，公司遇到的主要问题是，新员工没有采取合理的策略去主动寻求与工作相关的信息。

总的来说，广合公司在新员工组织社会化过程中仍存在不少问题，遇到了一些障碍，主要可以分为新员工个体因素和组织因素两个方面。其中个体因素包括新员工对组织现实的预期评估不充分，导致入职后存在期望落差；新员工对自己的角色定位模糊，不知道自己在部门或团队中应该扮演一个怎样的角色；新员工没有采取合理的策略去主动寻求与工作相关的信息等。组织因素包括入职培训内容与实际工作关联性较弱；公司采取的个体性社会化策略与公司实际情况匹配度较低；对新员工提供的社会化引导过少；新老员工之间缺乏有效的内部沟通渠道等。

看着这份报告，王菲强内心深感压力，面对这样的状况，究竟该怎么做才比较合理妥当？大家提到的各种问题和意见，都表明了公司的新员工管理确实存在一定的不足，如果不能有效解决，这对公司未来发展显然会造成一定的消极影响。对于新员工的抱怨和不满、情绪化的率性离职以及新老员工之间的矛盾，公司应该怎么解决这些问题？应该做出怎样的改变？应该怎么权衡新员工和公司双方的利益？如果公司过于重视新员工，会不会导致老员工抱怨？在新员工提升过程中，公司又该如何管理老员工才能避免冲突？另外，他也认识到，这些新员工身上有一些很明显的和老员工不一样的特点，所以不能拿以前管理老员工的方法来激励他们，肯定要改变现有的管理方法。可公司现行的这些新员工管理政策和方法也是在综合考虑各种因素之后确定的，如果加以改变，应该如何动手？怎样才能够获得新老员工的一致认同？毋庸置疑，如果不能及时处理好座谈会上大家抱怨的问题，那么以后堆在自己办公桌上的辞职信肯定会越来越多。一想到这些，王菲强不禁陷入沉思之中。天色渐渐暗了下去，他望着办公室窗外不断亮起来的灯火，预料今晚又将是一个难眠之夜。

拓展阅读

组织社会化与入职期望

李强等(2006)提出，新员工入职期望是指新员工进入组织前对组织、团队、工作等方面的认识和期望。新员工入职期望发生在预期社会化阶段,可分为三个方面:①工作期望,包括报酬、工作条件、自我发展以及外部激励等;②团队期望,包括上下级关系和同事关系等;③组织期望,包括组织的管理风格、制度和结构等。马华维和姚琦(2007)的研究表明,三个维度之间存在较高的相关性,其中工作期望和团队期望的相关性最高,工作期望是入职期望中最重要的维度。

新员工入职之前对所在组织、团队和工作的期望可能受到其他人的影响,可能受到本人经历的影响,也可能受到招聘过程的影响。进入组织之后,他对工作会有全新的认识和判断,如果实际情况与期望值相差不大,他会产生高组织承诺、高工作满意度、高工作绩效;但未被实现的期望会对组织社会化产生破坏,也就是说未被实现的愿望会使新员工产生"期望落差",新员工工作满意度也会由此降低。

李强等(2006)调查研究了新员工经历企业制定的组织化策略后,其对工作、团队、组织期望的变化,调查结果表明:①在工作期望方面,组织社会化策略降低了员工对工作报酬的期望,对自我发展和外部激励等的预期也相应降低了;②在团队期望方面,新员工对团队中上下级关系、同事关系的期望都显著降低了;③在组织期望方面,新员工对公司管理、公平和激励方面的期望都显著提高了,对公司制度和结构方面的期望有所提高但不显著。

组织社会化与组织承诺

组织承诺是 Becker(1960)提出的一个概念。Meyer 和 Allen(1991)提出了组织承诺的三因素模型,认为组织承诺至少存在三种形式:情感承诺、继续承诺和规范承诺。凌文辁、张治灿、方俐洛(2000)认为,不同国家因国情、制度和文化方面的差异,其员工的组织承诺行为存在相同点,但也存在差异性和特殊性。通过研究,他们提出了中国企业员工组织承诺的五因子模型,分别是情感承诺、经济承诺、规范承诺、机会承诺和理想承诺。

DeCotiis 和 Summers(1987)认为组织承诺有四个方面的体现:对组织目标与价值观的内化;在组织目标与价值观下的组织角色投入;为实现组织目标与愿景,愿意付出更多的努力;期望在组织工作更长时间。

新员工入职之后,其预期社会化对组织所产生的影响会变成具体的问题。研究显示,如果组织期望超过预想,组织承诺很可能会提高。同时,如果工作具有挑战性和激励性,能够满足员工自我实现的需求,会对组织承诺产生积极影响;如果委派的工作微不足道或者不重要,则会对组织承诺产生消极影响。

组织采取的社会化策略对新员工组织承诺的影响至关重要。一方面,新员工需要学习新知识、新技能,融入新环境;另一方面,他会对组织抱着怀疑与不信任的态度。因此,当组织试图以组织价值观代替其个人价值观的时候,策略不当会使新员工产生受组织操纵的威胁意识,继而影响组织承诺。Jones(1986)在研究组织社会化策略时,认为制度性组织社会化策略比个体性组织社会化策略更能提高员工的承诺度。已有很多学者对组织社会化与组织承诺的关系进行了研究,他们认为组织承诺与组织社会化密切相关。如何做好组织社会化工作、提高组织承诺,是企业需要认真考虑的问题。

新员工引导

新员工管理是一系列管理活动的集合,包括新员工招聘、新员工引导、薪酬绩效管理、职业生涯管理等,其中对新员工适应组织影响最大的是新员工引导活动。新员工引导是组织为帮助新员工熟悉工作而设定的所有过程。Wanous(1992)将新员工引导作为组织社会化过程中的一个单独阶段,该阶段具有较强的操作性,具体的做法随组织的规章制度而变动。新员工引导的对象包括应届毕业生和那些在其他企业或组织工作过的员工;新员工引导的内容包括组织文化、价值观、工作技能、人际关系等;新员工引导的过程是一种持续性的管理活动,不仅仅是单一的入职培训活动;新员工引导的目的是帮助新员工掌握工作技能、适应工作,同时将组织文化渗透到新员工的观念和行为中(Wanous,2000)。

新员工引导的重要性体现在:①入职初期新员工热情和动力最高;②入职初期是影响新员工态度和行为的最佳时机;③对组织、团队、同事的初期认知对新员工有长期影响,一旦形成负面评价则难以消除。因此,仅仅通过在职培训让员工掌握工作所需知识是不够的(谭亚莉,2005)。新员工管理的重要目标之一是缩小新员工期望与组织现实的差距,成功的新员工引导可以调整新员工的期望使之符合组织的需求,从而产生较高的满意度和组织承诺。

新员工引导与组织社会化有一定的相似之处,一是都侧重在员工进入组织后的时期;二是都关注个人与组织的契合,包括业务能力、文化与价值观等(刘玲等,2008)。但是两者之间也存在差异,一是组织社会化比引导活动时间更长;二是两者开展的具体内容不完全相同;三是组织社会化可以影响所有员工,而引导活动主要针对新进员工。

总体而言,组织社会化对新员工引导有重要的指导意义,从内容、策略和目的来看,两者之间有较多重合。因此,我们将新员工引导作为组织社会化的一部分,而新员工引导也是新员工管理过程中重要的环节,企业可以运用组织社会化的理论来设计新员工管理方案。

第三辑　破解员工"扎根"难题

由于人力资源市场竞争加剧、创业大潮来袭等外部环境因素，以及薪酬常年不涨、"职业天花板"现象、职业发展难题等内部管理因素的影响，众多企业正面临着一线岗位人才出走，明星员工与普通员工、团队或组织"相爱相杀"，管培生培养和骨干员工职业生涯管理难等多重夹击。有时候，引发员工离职也许就差一根导火索。企业亟须变"流"才为"留"才。

第九章　德威公司一线岗位人才流失之困[①]

德威公司是浙江省嘉兴市一家外商独资企业,总部位于欧洲瑞士。公司于2009年成立之后,凭借强大的品牌效应和较高的质量水准,逐渐在市场上站稳了脚跟,获得了客户的广泛认可。然而,就在事业发展蒸蒸日上之际,公司煞费苦心培养的一些核心员工渐生离意,有些一线岗位关键人才被周边新成立的公司所吸引,有些选择去创业。公司所需要的人才出现不断流失的情况,这让管理层深感困惑和不安。为此,德威公司人事经理史磊召集了人力资源部门的同仁,对一线岗位人才流失的典型事例进行了汇总和分析,以便明确问题产生的原因,并在管理方面提出合理的对策建议。

德威公司位于浙江省嘉兴市经济开发区。公司产品主要应用在特高压电网领域,与之形成竞争关系的公司在国内不超过十家。在员工招聘方面,由于嘉兴地区没有同类型的公司,因此公司所招聘的人员大多是非本行业的人员。公司十分注重员工培训工作,在培训方面大手笔地投入了各种资源。与此同时,公司在成立之初,在薪酬策略上采用竞争性的薪酬定位,提供高于市场平均水平的薪酬福利待遇,因此关键岗位上的员工比较稳定,但最近几年,公司在人力资源政策上调整的幅度很小。

---

① 本章作者为许小东、石波。

随着外部环境的变化,导致公司员工离职的外部诱因明显增加。嘉兴经济技术开发区是国家级的经济开发区,新加入的一些特别有实力的企业不惜以重金笼络人才,德威公司的员工素质总体较高,更是成为一些新进嘉兴的企业的"觊觎"对象。种种原因导致最近几年公司花了大力气培养的一些关键人才流失,并且流失呈现出加速的趋势。国家大力提倡的"大众创业、万众创新"口号深入人心,整个社会出现了一波又一波"草根创业"的浪潮。而现实社会中较大的竞争压力,似乎也使公司部分人才滋生了在短时间内通过创业迅速致富的心理,周围不断涌现的一些创业成功案例无时无刻不在引诱着他们投身创业大潮。在社会大环境影响之下,不少人心里都有跃跃欲试的念头,那些关于创业的想法会长久存在于有志者的脑海之中。由创业意愿转变成切实的创业行动,很多时候也许就差一根导火索。

拓展阅读

创业意愿

与创业意愿(entrepreneurial intention)相关的研究最早可见伯德(Bird)于 1988 年在《美国管理学会评论》(*Academy of Management Review*)上发表的一篇文章,文中对创业意愿进行了详细的描述。伯德认为,创业意愿将创业个体的精力、注意力、经历及行为向一个特定目标的实现进行引导,创业意愿是为了引导一个新企业的创建或者为现有企业增加新的价值。他认为创业意愿相较于直觉而言,是一种更加理性的思维,创业意愿的形成是个人的人格特征、社会背景、理性思维、个人经历、直觉思维等因素交互作用后形成的结果。

对于像德威公司这样产品类型比较"小众"的企业而言,由于周边缺乏同行业企业,若发生关键岗位员工流失,企业的人力资源重置成

本往往较高。这些关键人才或者经过公司长期培训的员工出现流失，会对企业产生非常大的影响。同样，企业的内外部环境对企业发展的影响也是巨大的，而人力资源管理势必会受到企业内外部环境的影响。德威公司成立之初在人力资源竞争方面是有优势的，但随着内外部环境的变化，企业内部的人力资源政策没有相应地随之调整，对一线员工在工作中所表现出的一些负面的工作状态没有很好地引导，加上一些管理的方法和手段没有及时跟上，导致其面临留人难的窘境。因此，德威公司一直在思考如何依据外界环境出现的变化，合理调整内部的人力资源政策，以便在更大程度上保留现有的关键人才。

实际上，德威公司针对近几年人员流失的状况，也制定了一些针对性措施。这些措施有的处于规划阶段，有的已经在着手实施。

在员工职业生涯管理方面，因为公司人员规模有限，所以公司不可能设置太多的管理岗位以满足员工职业发展的需要。但针对同一岗位可以进行岗位分级，比如公司正在着手把所有的管理岗位分三级设置，并制定每个职级的任职条件与资格。总经理职级可以拆分为总经理、副总经理、助理总经理三个职级；经理级职位可以拆分为高级经理、经理、助理经理；主管级职位可以拆分为高级主管、主管、助理主管等。这样做的目的是，给具体岗位的任职人员提供更多的职业成长路径，最大程度地减少职业天花板现象，同时不影响组织扁平化的要求，让员工觉得自己继续留在公司还是有奔头的。比如依据以前的岗位晋升制度，一个车间主管要想得到晋升，只有生产经理这一个方向，如果生产经理在其岗位上继续工作多年、没有得到晋升或发生岗位变动，那么即使车间主管的能力很强、在目前的岗位上也得到了足够的锻炼，在一般情况下也很难得到晋升，况且同样担任车间主管的还有其他人。而实行岗位分级之后，若他的能力和资格足够，他就可以晋升到高级主管这个职位。同时，公司在每个车间内部设置了"技术指导员"岗位，并细化为三级：技术指导员、高级技术指导员、车间首席技术官。这种做法旨在让一些操作技能优秀的员工,在缺乏管理能力或者在管理职位上晋升无望的情况下,多一条可以按技术水平晋升的路径,以便尽可能地满足员工职业成长的心理需求。

在薪酬体系改善方面,为了应对外部人力资源市场的竞争压力,公司管理层打算进一步提高薪酬定位。公司拟参与由上海一家知名的薪酬调研机构对嘉兴企业组织的一次薪酬调研活动。参加调研的企业可以获得样本企业的薪酬数据,从而为公司制定总体的薪酬竞争策略提供参考依据;另外公司打算依据新设立的职级管理体系,制定宽带薪酬策略,以提高薪酬的弹性。

在满足员工创业意愿方面,公司管理层正在讨论实施内部创业的可能性与必要性,有的放矢地提出一些可行的措施。例如,把公司承接的一些订单或一些需要进行精益改善的项目,发包给某个人或某个小团体,运用有效激励的方式让各级员工积极参与,依据成果给予奖赏。这种方式不但能满足部分员工的创业欲望,而且可以激发参与员工的内在潜能。

上述措施虽然不一定能够彻底解决一线岗位人才流失的问题,但至少可以在一定程度上改善现状。

拓展阅读

职业生涯管理

职业生涯管理是现代企业人力资源管理的重要内容之一,是指企业帮助员工制定职业生涯规划和助力其职业发展的一系列活动。职业生涯管理的重要性不言而喻。从员工角度来看,有效的职业生涯管理能够使员工发现自身的兴趣、价值以及优缺点,从而根据组织的实际情况来确定自身的职业发展目标和行动方向。有效的职业生涯管理还有助于提高员工对组织、对工作职位的满意

度,激发员工的工作热情,实现自我提升。从组织角度来看,首先,
职业生涯管理是组织资源配置的首要问题。人力资源作为一种增
量资源,可以不断开发并实现有效增值。加强职业生涯管理,有利
于组织人才的充分利用和合理配置,引导员工发展与组织目标相
匹配。注重职业生涯管理的组织,能够从员工角度出发,帮助员工
谋求发展,从而赢得员工的支持,进而获取人力资源竞争优势。其
次,职业生涯管理是组织持续发展的保障。通过职业生涯管理,组
织能够为员工提供施展才能的舞台,有效帮助员工实现自我增值,
充分体现其价值。

薪酬公平理论

薪酬公平是指薪酬分配的合理与平等。必须指出的是,薪酬
公平并不是指薪酬分配结果的均等或平均,而是指分配机会、分配
尺度、分配过程和分配规则的公平。对每个员工来说,参与收入分
配的机会均等,他可以参与公平竞争,但实际分配的结果必然是不
均等的。"大锅饭"式的平均主义薪酬分配,没有体现出各种不同
工作的不同价值含量,也没有体现出员工不同的个人劳动生产率,
这恰恰是不公平的表现。

薪酬分配的机会公平,是指每个员工在与薪酬分配有关的场
合中,都享有同样的参与机会、被挑选的机会和获胜的机会,谁也
不受歧视。各种岗位的工作机会,应当以平等的条件向企业内的
全部员工开放,让他们公平竞争;绩效考核制度和薪酬制度应适用
于所有员工,任何人都不能故意对此加以限制。但不同的人在竞
争中的条件不同,比如个人受教育程度不同、技能水平高低不一、
个人天赋不一样等,又决定了实际上的机会不均等。

外部公平是指公司员工所获报酬应该高于或等于劳动力市场
上类似岗位的市场平均薪酬水平;内部公平是指员工所获报酬必

须正比于该岗位在整个岗位体系中的相对价值;个人公平是指当岗位相同时,员工所获报酬要正比于各自的业绩。这三个公平的理论依据是亚当斯公平理论,该理论由美国心理学家约翰·斯塔希·亚当斯(John Stacey Adams)于 1965 年提出。他认为,员工不仅关注自己报酬的绝对水平,而且关注自身报酬的相对水平,会通过和他人比较来判断自己所获得的报酬是否公平,并根据判断的结果采取消极或积极的行为。

一、一线岗位人才出走

刚过下午五点,公司人事经理史磊像往常一样准备关闭电脑下班,这个时候门口突然传来几声急促的敲门声,史磊抬头一看,原来是生产部经理李晓华进来了,他手里还拿着一张 A4 纸。李晓华平时雷厉风行,说话快言快语,是一个"情绪分明"的人。他一进人事经理办公室,就迫不及待地嚷嚷了起来,把手里的 A4 纸往史磊的办公桌上使劲一扔。史磊定睛一看,原来是一份辞职申请。看到李晓华脸红脖子粗的样子,史磊朝他笑了一笑,问道:"呦,今天是谁把李经理气成这个样子,难不成他吃了豹子胆?"李晓华大声回应道:"史经理,你说说看,现在有些人为什么那么没有'良心'?周建伟今天竟然向我提出离职,说下个月 10 日就走。公司为这个人投入了多少心血,还把他送到欧洲培训;为了解决他的生活困难,我们甚至还把他老婆招进了公司,安排了力所能及的工作。他家里有什么困难,公司都会尽力去帮他,然而今天,他竟然提出离职,还要求尽快批准,怎么留都留不住。你说说看,现在的人怎么了,一点也不讲情理和良心!"

员工离职对于一位人事经理来说,不过是一件司空见惯的事情,但面对周建伟要离职的消息,这位在德威公司工作了近八年的人事经理还是觉得有些诧异。德威公司作为嘉兴地区的早期进入者,在人才储备方面虽然明显优于那些后来者,但根本谈不上可以高枕无忧。面对严峻的人力资源竞争和一线岗位人才出走的局面,公司一时之间似乎没有什么好的应对办法,一直处于被动的状态,各种人才的陆续流失已经给公司的人力资源建设敲响了警钟。面对周边公司越来越激烈的挖人竞争,想想这些年来一些骨干员工陆续离开对公司造成的各种冲击,这类事件出现在今天似乎又在情理之中,甚至史磊已有预感,倘若公司在某些方面再不做出及时的调整和改变,即使不是周建伟离职,类似周建伟这样公司所器重的一线岗位人才,或早或晚也会选择离开。史磊意识到,公司人力资源部需要对此有所谋划和行动。为此,他召集了人力资源部的同仁进行会谈,针对最近出现的一些一线岗位人才离职案例,细致分析问题产生的原因,目的是商议出有针对性的措施以留住企业所需要的人才。

拓展阅读

影响离职的因素

通过对可能导致员工离职的因素进行系统分析,我们可以获得多变量、多层次的离职影响因素模型。Iverson(1999)提出了一种具有代表性的离职模型,把影响离职的主要因素归结为个人变量、工作相关变量、环境变量、员工倾向四个方面。Price(1977)将自愿性离职的原因分为两个方面。一是因为组织因素而离职,如薪资、升迁、与主管关系、工作机会及工作挑战等;二是因为个人因素而离职,如健康、退休、深造等。员工对于工作的态度,例如工作满意度和他们可以选择机会的大小是主要考虑因素。Lee和Mitchell(1994)提出的离职模型认为,员工离职的决策也许是因为与组织的"冲突",这些冲突可以是预期或非预期的,可能对于员工有正面的、中性的和负面的影响。一个员工没有得到升职的机会就是这种"冲突",并可能导致员工离职。Price(1977)提出的离职模型认为,薪资、与人相处、绩效回馈、工具性的沟通和集权化五个决定因素影响工作满意度,而工作满意度和工作机会再影响离职行为。Hiltrop(1999)指出,影响员工离职的因素包括工作报酬、工作的挑战性、培训和提升机会、社会经济状况、工作时间安排、工作责任、工作自主权、工作保障和职业发展机会等。Mobley(1977)认为,在工作满意度和员工离职率之间可能还有其他变量,他提出的解释企业员工离职行为产生过程的模型如图9-1所示。

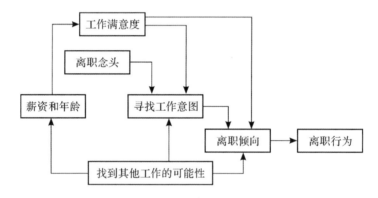

图 9-1　莫布利(Mobley)离职行为模型

王忠民等(2001)从企业组织的角度,分析了组织所处的行业类型、组织的规模、组织的薪酬福利制度和奖励制度、组织对内部分工、来自组织的约束性、组织提供的个人发展机遇、组织内部的工作群体、组织的管理风格及组织内部的非正式组织等因素对员工流失的影响。符益群等(2002)将员工流失的影响因素划分为宏观、中观、微观三个层面。其中宏观因素包括社会经济水平、劳动力市场情况等;中观因素包括个体和组织的匹配性、工作相关因素等,如角色压力、工作任务的多样性、自治、工作时间、工作性质;微观因素包括个体因素和心理因素,如年龄、性别、教育水平、在组织内的任期、能力、个体特征、绩效、家庭责任、公平感和成就需要等。刘永安和王芳(2006)的研究指出,影响员工流失的因素可以分为员工个人因素、与组织和工作相关因素、环境因素三大类。其中个人因素包括年龄、性别、受教育水平、婚姻状况、工作年限等;组织和工作相关因素包括组织的管理、个体与组织的匹配性、员工工作满意度、组织承诺、工作压力等;环境因素包括社会经济发展水平、劳动力市场状况、用工制度、工作机会、企业性质、交通、医疗教育设施、生活成本及生活质量等。叶仁荪(2005)等的研究表明,员工工作满意度、组织承诺与离职呈显著负相关,其中上级行为、制度约束、工作报酬、工作激励是影响离职意向的主要因素。庄炜玮等(2007)研究了国有企业员工的个人特性、组织承诺等个体因素对离职意向的影响,发现情感性组织承诺是影响员工离职意向的主要因素。

二、被职业高原困扰的刘福贵

高中毕业的刘福贵是于德威公司成立之初进入公司的第一批生产线上的员工。鉴于公司产品当时没有正式投产,只发布了不到十人的生产线操作员的招聘需求,且首批被招聘员工在经过培训后会被委以重任,所以公司对这批人员的要求比较高。招聘信息发布后,吸引了上百人前来应聘,这在当时生产型企业普遍招工难的情况下实属罕见,刘福贵便是当时的应聘人员之一。坦白说,刘福贵不是一个出众的人,除了看起来比较老实、身材还算结实,似乎没有更多的亮点,因此,经过面试考察后,刘福贵没有得到公司的录用。但是求职遭拒的刘福贵并没有放弃,事后他给人事经理史磊发了一条短信,把自己的情况又说明了一遍,希望能再次得到一个面试机会。原本史磊心里多少有点排斥屡次求职的应聘者,因为在他看来,当初拒绝某个人总是有原因的,如果这个被拒绝的应聘者仍然不甘心,继续恳求第二次面试机会,那么这种人往往比较执着,也容易走极端。即便安排这个人重新面试,除非在这个人身上发现新的亮点,否则面试官也很难改变当初对这个人的看法。但刘福贵所发的短信内容体现出来的态度非常诚恳,还列举了自己在最初面试中没有展现出来的一些优点,史磊心一软,想想当初面试的时间不过短短十多分钟,也许并不能完全了解一个人,所以就安排了刘福贵再来面试一次。第二次来面试的刘福贵当然没有浪费这个难得的机会,表现非常不错,最终被德威公司录用。

公司希望首批员工培训完成后能够成为车间的技术骨干,从而承担起对新进员工的培训任务,因此对他们进行了操作技能方面的专门培训。刘福贵入职后不久,公司就从欧洲总部安排了两位外籍生产技术专家,对首批新员工进行了为期一个月的培训。第一周培训结束后,生产经理对刘福贵培训期内的表现并不满意,认为刘福贵的理解速度有点慢,跟不上整体培训进度。当时的生产经理与史磊商量后,专门找了刘福贵谈话,要求他努力跟上培训进度,否则在两个月试用期结束之前,要与他解除劳动关系。刘福贵也深感压力,他可不想丢掉这份经过自己两次争取得来的满意工作。谈话以后,刘福贵每天下班后都主动留下来,反复揣摩和练习培训老师传授的操作动作,基本上天天都是最后离开车间的。功夫不负有心人,在总部的外籍技术专家离开之前,专家对所有接受培训的员工进行了一次评估,刘福贵的产品虽然在当时做得不算是最好,但也算得上是中上等。于是他被当作勤学努力的典型给予了表扬,最终也通过了试用期考核。顺利通过试用期后,刘福贵没有放松对自己的要求,通过不断的练习,他的操作技术水平越来越高,从一名当初不被看好的员工逐渐成为车间里的技术能手。虽然刘福贵平时在车间里不太和别人沟通,人也有点木讷,但他比较耐心,也非常仔细,因此在车间里逐渐承担起培训新员工的任务,别的员工不太愿意做的高难度异形件产品,也被他积极承接下来。刘福贵的事迹开始在公司内传扬,公司在新员工培训的场合也经常拿刘福贵来说事,他被当成了鼓励新员工的一个励志典型。

在刘福贵入职两年后,随着公司业务逐渐步入正轨,车间里的员工数量也越来越多。此时的刘福贵依然做着生产一线操作工的活,新员工培训工作仍由刘福贵负责,他依然拿着和别人相差无几的薪水,但是在操作技术上,刘福贵已经成为佼佼者。

由于车间主管的工作负荷越来越大,因此公司研究决定,在每个车间内挑选一名在操作水平及沟通能力方面都比较突出的生产一线员工作为班长,来辅佐车间主管进行一些日常事务的管理。而此时听到风声的刘福贵也向领导提出了自己的意愿,想争取班长这个职位。当上班长不仅仅意味着收入将会有20%左右的增幅,同时也体现出公司对自己工作水平的认可。刚开始,车间主管在推荐班长候选人的时候也想到了刘福贵,认为他在产品的操作技术水平上是没有问题的,车间的大部分员工也是他教出来的。但由于他性格比较木讷,平时在工作中欠缺与人交流的技能,沟通能力达不到公司对基层管理者的要求;因此车间主管和生产经理商量出来的结果是,让生产操作技术水平中上,但头脑灵活、沟通能力较为出色的张小平担任班长职务。考虑到刘福贵的实际情况,车间主管打算为刘福贵单独设置一个新的技术指导类岗位,但最终公司管理层以公司扁平化管理和不能"以人设岗"为理由,拒绝了车间主管的提议,刘福贵的升职意愿就此破灭。升职意愿落空后的刘福贵,工作起来似乎不像以前那么卖力,对新进员工的培训指导也没有那么热情了。

就在此时,社会上兴起了创业之风。刘福贵认识的同事及老乡中,有些人开始创业,不管怎么样也算是个小老板了。正好刘福贵以前在一个培训机构里短暂学过烹饪,想想自己年近40岁了,到别的工厂也没有多少竞争力,而在德威公司似乎又看不到未来,说不定哪一天还会被取代。与其这样,还不如出去拼搏一番,大生意干不了,小买卖总是可以的吧!刘福贵深知创业是有风险的,到底是选择继续留下来工作,还是选择离职创业,他内心也举棋不定。想来想去,刘福贵还是找了他平时比较信任的车间主管,说了一下内心的想法,本想得到车间主管的一些疏导,没想到车间主管半开玩笑地回应:"就你,也只适合在咱们车间的生产线上好好地待着。"这句话让刘福贵彻底下定决心出走了,也许车间主管并无意对他个人进行打击,但主管的态度似乎也在一定程度上预示着,自己在公司里继续待着也是没有出路的。就这样,瞄着最近两年小龙虾餐饮生意比较火爆、憋着一股劲儿的刘福贵找到了自己的表弟,在嘉兴城北郊选择了一个店面,开了一家主营小龙虾、顺便供应快餐的小餐馆。

拓展阅读

职业高原

美国学者费伦茨(Ference)等提出了职业高原(career plateau)这一概念,他们把职业高原定义为组织内部成员获得晋升的可能性微乎其微,个体在组织内部向上发展受阻。职业高原是组织形式发展的自然结果,由于组织内部的职位框架具备金字塔式的特点,不可能所有人都有进一步得到提升的机会。Veiga(1981)扩展了费伦茨关于职业高原的定义,他认为职业高原不仅仅包括个体在垂直方向的晋升可能性较小,也应该包括个体在水平方向的职位变更或流动的机会很少。Chao(1990)基于费伦茨等提出的概念,认为职业高原更接近于个体对未来职业发展的一种主观性评价,这种主观性的评价结果会影响个体目前的工作状态,也就是说如果个体认为未来的职业发展晋升的机会较小,就会影响其对目前工作的态度、行为及对于自身未来的打算。Chao(1990)认为,所谓的职业高原是个体对自身评价的一个结果,对未来职业发展的主观性感受才是定义职业高原这个概念的核心,即使这种感受有时候不是基于客观基础,也就是说组织内部也许有与之相应的职业晋升或发展机会,但个体可能基于自身的判断而没有发觉这个机会的存在。谢宝国等(2005)认为,职业高原应该从层级高原、内容高原和中心化高原三个维度来讨论。其中层级高原是指员工认为自己未来在组织内部得到晋升的机会较小;内容高原是指员工已经掌握了当前工作所需要的全部技能及知识,以致认为当前的工作缺乏挑战性;中心化高原是指员工缺乏向组织权力中心靠拢的机会,从而失去组织赋予其更大权力和责任的机会,以致员工在组织内部的地位无法得到充分体现。

三、先升后降的周建伟

周建伟和刘福贵一样,属于首批进来的"元老级"人物。在刚进入德威公司时,周建伟和刘福贵是一个车间的同事;三年后,公司因业务发展需要,扩充了产品线,新成立了一个机加工车间。在生产经理李晓华看来,虽然周建伟以前没有生产管理方面的经验,但是他在进入公司前,已经做过几年数控机床的操作工作,读中专时也学的数控车床专业,具备一定的专业基础,算得上是专业对口,而且他的工作表现一直不错,熟悉本公司的产品和工艺,虽然目前还看不出他的管理能力,但也许是他不在具体的管理岗位上工作的缘故,管理能力还没有被发掘出来。经过一番考虑,周建伟很幸运地被生产经理李晓华选中,担任机加工车间主管。

周建伟担任车间主管之后,由于机加工车间刚开始运作,只需要对一些零星产品进行试生产,因此在车间人员配备上,除了他本人,只从外部招聘了一位刚刚从当地一所高职院校机电专业毕业的应届生,辅佐他做一些开工试验用的产品。由于整个车间只有几个人,所以两人配合得很好。周建伟上岗后非常努力,在技术上,周建伟虽然只有中专学历,但思维活络,加上以前有几年的数控机床操作经验,工作起来十分得心应手,公司试生产的产品很快获得了欧洲总部批量生产的许可。此时,生产经理李晓华对周建伟的表现很是满意,甚至有点扬扬得意的感觉,他觉得有一个好的管理苗子被自己发现并挖掘出来了。随着车间生产步入正轨,产品的订单越来越多,为了扩充产能,除了增加相应的机器设备,员工数量也从最初的两个人发展到十多个人,车间需要协调的工作越来越多,周建伟逐渐感到力不从心。他从未想到管理一个车间会如此的繁杂,不但要管质量、管生产、管安全,还要管设备、管人员、处理各类报表,更要参加各种协调会议等。尤其是对员工的管理令他头疼。员工之间出现不和谐的情况要找他;员工不服从管理,他也不知道该如何处置;员工月度流失率超出 20% 的时候,人事部门追着他要流失原因和分析报告……这些烦琐的日常事务逐渐让周建伟感到疲惫不堪、难以招架。终于,车间正式运行半年后,在生产部各车间内部综合评比中,机加工车间各项指标均为垫底。生产经理李晓华意识到情况有点不妙,他和人事经理史磊商量后,从外部找了一些培训资源,安排一些生产管理技能提升类的课程让周建伟去学习,试图以此提高周建伟的管理能力。但事与愿违,虽然周建伟参加了一些管理技能提升的培训项目,但管理能力和其他技能有点不同,周建伟的管理水平一时之间似乎没有得到提高。于是,生产经理和人事经理都认为需要挑个时机给周建伟换个岗位。虽然还没有向周建伟直接挑明,但他多少有点觉察到了。

一段时间后,生产部下属的工艺处正好缺少一名工艺员,不过按照工艺员的任职资格要求,该岗位的候选人虽然不要求有管理能力,但需要具备三个基本条件:第一,大学本科以上学历,具备机械制造或工业工程相关专业背景;第二,具备一定的英文水平,因为这个岗位经常要处理一些英文技术资料;第三,熟悉本公司产品制造流程。对于这三个条件中的前两个,只有中专学历的周建伟明显难以满足。但李晓华知道,周建伟是一个生产方面的能手,如果不太适合继续从事车间主管的工作,那他就只能返回原先的生产一线岗位,这样无异于赶他走。周建伟若离开公司,那这些年就白培养他了,而且在机加工车间的技术操作水平方面,目前没有人能比得上他。因此,李晓华为了生产大局,特意做出了以下安排:第一,由于周建伟熟悉车间生产,也在不同的车间工作过,技术水平不错,因此可以暂时放宽其进入工艺员岗位的条件,先调动周建伟到工艺员岗位,并要求周建伟尽快提升自己;第二,为了稳定人心,表明对周建伟的重视,安排他到欧洲总部培训一个月;第三,和人事经理史磊商量,将周建伟从车间主管降职调换到工艺员岗位后不降薪。史磊了解了李晓华的想法后,对于他提出的前两个安排持肯定态度,但对于第三点,史磊还是有点担心,因为车间主管的薪资水平要比工艺员高出一大截,虽然公司实施保密薪酬制度,但一旦无意中被别的工艺员知道,就会给其他工艺员造成不公平的感觉,从而导致不利后果。但李晓华拍着胸脯保证,公司员工已经熟知薪酬保密规定,不会彼此打探,即便出现所担心的情况,这也是可以解释的,不会出现问题。最终,经过协商,周建伟被调离了岗位,并去欧洲参加了一个月的培训,主管级的薪资待遇也得到了保留,一切似乎十分顺利。

但这顺利的假象在三个月后被另外一位工艺员揭穿。原来周建伟有一次领到工资条后,将工资条随意地放在桌子上,不知怎么被另一位工艺员张珂看到了。张珂看到周建伟的工资竟然比自己高出一大截,而自己目前是周建伟的师傅,毕竟周建伟刚做工艺,不懂的东西太多,连工艺文件都不会起草,一些工艺的英文技术资料都是自己帮忙翻译的,而自己的薪资比周建伟低了许多!气不过的张珂没过多久就递交了辞职报告。此时的周建伟也觉得无地自容,在张珂递交辞职报告后不久,深感工作压力的他也递交了辞职报告,选择离开公司。

后来人力资源部从不同渠道得知,周建伟到工艺员岗位工作后对新的工作岗位难以适应,原本已经有了离意。而此时一家成立不久、有较强实力的企业向他伸出了橄榄枝。对这家企业来说,像周建伟这样精通数控机床设备的技术人员属于紧缺人才。周建伟也认为,如果选择这个机会,那么对自己的职业发展来说无疑是有利的,但考虑到德威公司一直对自己关照有加,甚至对自己的家庭多有照顾,离职而去的"道德压力"过大。他曾陷入要不要选择离开的矛盾之中。而此时出现的薪资泄露事件,最终使他坚定了离开的想法,这种"借机离职"的方式,似乎给他减轻了"道德压力"。

拓展阅读

工作压力与倦怠

工作压力是指员工因工作超负荷、岗位变换、职责过重等而产生的心理负荷。工作压力是人力资源管理和组织行为学领域中的一个热点话题,它是工作的一种强大推动力,有一定的积极效果,但过大的工作压力也会导致工作绩效降低,产生危害身心健康等消极影响。其中导致工作压力产生的主要因素有以下三点:一是个人因素,压力因素具有叠加性,压力是逐步积累和加强的,每一个新的持续性压力因素都在提升个体的压力水平;二是环境因素,主要指经济、政治和技术因素;三是组织因素,组织内有许多因素能造成压力感,例如,所做的事不是员工愿意做的,或在有限时间内完成工作的负担过重,或有令人讨厌、难以相处的老板等,都会给员工带来压力。

个别压力本身可能不大，但如果员工已经处在很高的压力水平上，它就可能成为"压倒骆驼的最后一根稻草"。如果要评估一个员工所承受的压力总量，就必须综合考虑他所经受的机会性压力、限制性压力和要求性压力。潜在的压力是否一定会转化为现实的压力，还与个体差异性有关，比如个人的知识、工作经验、社会支持等。

工作倦怠（Job burnout）是指个体在持续工作的重压下产生的身心疲劳与耗竭的状态，最早由国外学者于 1974 年提出。职业倦怠是一种容易在助人行业中出现的情绪性耗竭的症状。[①] 随后，Maslach 等（1981）把对工作上长期的情绪付出及人际应激源做出反应而产生的心理综合征称为职业倦怠。一般认为，职业倦怠是个体不能顺利应对工作压力时产生的一种极端反应，是个体在长期压力体验下产生的情感、态度和行为的衰竭状态。职业倦怠通常通过以下三种形式表现出来：一是工作态度比较消极，对服务或接触的对象没耐心，如公司职员厌倦上班，对同事、客户甚至领导态度恶劣，或从业者对工作感到厌倦，对客户感到厌烦甚至出现对抗等情况；二是对目前的工作失去热情，情绪焦躁且易怒，对自己的职业前途感到没有希望，对周围的人、事、物呈现出漠不关心的状态；三是对自己工作的意义和价值评价下降，常常迟到早退，开始考虑跳槽甚至转行。

四、工作重压之下的方文

方文于 2013 年加入德威公司，担任公司绝缘纸胚车间的主管。

---

① 职业倦怠（burnout）的概念最早由美国心理学家弗雷德·费登伯格（Fred Freudenberger）于 1974 年提出。

绝缘纸胚车间的主要职能是,利用原材料纸浆生产出具有较高纯洁度的纸胚,供给其他车间进行绝缘件的生产,在整个生产工艺流程上属于前道工序。这个车间生产出来的绝缘纸胚,要经过金属粒子检验设备检测合格后,才能供其他车间进行生产。因为公司的产品主要运用在特高压等级,所以绝缘产品中金属粒子的含量要控制在一定的范围内,否则会影响产品的绝缘性能,乃至威胁电网安全。公司对金属粒子的检验标准十分严格,而该车间生产的绝缘纸胚质量极不稳定,时好时坏,以至于公司在生产任务紧张的时候,不得不从欧洲高价购买绝缘纸胚来满足后道生产的需要。方文入职之前,他的前一任车间主管张东升就是因为费尽各种心思也解决不了金属粒子含量控制的问题,被公司炒了鱿鱼。方文是公司通过猎头机构从平湖市一家民用造纸企业里挖来的,虽然这家企业不做绝缘材料,但方文在这家企业中担任造纸制浆车间主管,再加上其具有南京林业大学轻工业专业的学历背景,算得上是科班出身。德威公司把方文请过来,希望能利用他的专业特长及背景来解决金属粒子控制的问题。

方文入职以后,深感责任重大,丝毫不敢怠慢。在熟悉车间的生产流程及模式后,方文调来了以前车间的生产质量资料,结合目前的实际情况,试图找到金属粒子超标的原因。和同事们一起摸索一段时间后,方文判断,金属粒子超标可能有两个方面的原因:一方面,由于制浆罐不锈钢缸体内侧的防锈涂层长期受到纸浆液的侵蚀而受到破坏,罐体内部产生锈迹,从而致使纸浆液金属粒子浓度增大,而罐体内部的微小锈迹不易被发现;另一方面,公司使用检测仪器对制浆所使用的自来水进行检测后发现,当地水厂所供应的自来水重金属含量略高于标准值。方文的判断得到了领导和同事们的认可,公司管理层也迅速决定,由方文拿出改善方案,各相关部门给予全力配合。

关于制浆设备罐体锈迹的问题,方文初步判断是由于罐体防锈涂层不合格引起的,最好的方法是更换整个制浆设备罐体。而针对自来水重金属超标问题,只要加装一个成本几万元的过滤装置就可以了。但更换罐体设备不仅需要上百万元的资金投入,而且从设备的订购到安装最少需要半年时间。为了给公司节约资金和时间,方文最后向管理层建议,通过委托具备专业能力的第三方对罐体防锈涂层进行重新改造,改造的费用预计不会超出十万元,管理层立即同意了他的这个提议。为了支持方文对绝缘纸胚车间进行改造,公司在生产任务很忙的情况下,特意安排车间停产维修半个月,其他车间所需的纸胚全部从外部采购。而方文也全程参与了施工方的选择、图纸方案的确定以及技术参数的处理,兢兢业业,一丝不敢怠慢。为了赶工期,方文和他的同事们不得不在半个月里连续作战,每天工作 12—14 小时,在连续高强度的工作重压下,方文和他的同事们都感到精疲力竭。肉体上的疲惫和精神上的压力,使得这位车间带头人几乎喘不过气来。终于在第 14 天的晚间,经过方文和同事们以及第三方施工人员的共同努力,车间设备的改造工程得以完成。

次日,方文对改造后的设备的性能进行了测试。测试的结果达标了,这让方文很有成就感,但这种美好并没有延续多久,一个月以后出现了批量成品报废事件,短暂的成就感彻底消失。原来,大家都认为车间改造已经成功,随之也放松了警惕,车间生产的纸胚在提供给其他车间使用之前,由以前的全检改为按 5％ 的比例进行抽检。但老天开了玩笑,抽检合格的纸胚,在其他车间进行成品加工,完成后在做出厂检验时,竟然出现了因为金属粒子超标而导致的批量报废事件,这不仅对公司造成了直接经济损失,而且导致客户订单不能按期交货,致使公司声誉受损。成品报废原因也已查明,依然是纸胚中金属粒子超标所造成的。此时公司领导和同事们对方文的改造方案提出了异议,这个打击对他来说是巨大的。

此后,车间的纸胚质量似乎又退回到方文接手之前的水准,再次回到了花费大量时间和精力对设备反反复复进行修补及查找原因的阶段，车间的生产也因此断断续续地受到影响，虽然领导没有完全把责任归咎于方文，也没有像对待前一任车间主管那样，表露出让他解职的意思。但这种耗费大量时间精力，反反复复解决同一个问题但最终仍未解决的状态，让方文身心疲惫、深感压力，同时也没有成就感。方文曾试图找生产经理诉说自己内心的苦闷，但最终被领导一句"这点压力算什么，这点问题都承受不住的话，那以后还怎么开展工作"给挡了回来。在方文看来，自己的这点压力、这点苦闷在领导眼里似乎不算个事。从此，方文开始对工作消极起来，工作热情大不如前，工作的倦怠感也逐渐呈现在方文的脸上。方文明白，若以目前的这种状态继续留在公司，不管对自己个人，还是对公司而言似乎都没有太大的意义。终于，经过一番考虑，半年后他进入了一家由美国人开的食品加工企业，选择了一份工资待遇和目前差不多的工作。

五、内心深感不公平的李淑丽

德威公司在正式运行之初，成立了客服计划部，主要负责承接国内外客户订单及生产计划排产工作。该部门除了经理，李淑丽是较早进入部门的员工。刚刚参加工作不久的李淑丽对这份工作比较满意，因为这是一份令周围人羡慕的外企工作，而且工资给得比较理想。李淑丽加入公司后，对公司有着很高的认同感，工作十分投入，积极肯干，虽然刚毕业不久，但工作起来是个十足的"女汉子"。为了更好地服务国外客户，她努力自学国际贸易知识。此外，受过工业工程本科教育的她，不仅把生产计划编排得井井有条，而且对生产进度的跟踪、产能的调配、产线人员的合理使用、员工的工作效率都能做出合理的安排，甚至能向生产线提供建设性的意见。在经理眼里，她的工作总是能够给人带来"意外之喜"。工作间歇，她常常深入生产线现场，对订单执行中所出现的问题进行协调和沟通。虽然她属于办公室人员,可以享受朝九晚五及周末双休的待遇,但由于生产车间的作息时间是依据具体的客户订单情况而灵活安排的,在订单较多的时候,生产线的员工不仅在正常工作日会有加班安排,而且在周末也会安排加班生产;因而她和别的办公区域的员工不同,并不刻板遵循正常的八小时工作时间,经常自愿去生产现场,跟踪订单的生产进度。由于时差的原因,她还经常在深夜处理国外客户咨询的一些问题。

随着公司业务量的不断加大,产品线的不断丰富,客服计划部于2014—2015年新招了三位员工,部门内除经理以外,李淑丽理所当然地成了资格最老、业绩最突出的员工。每一位新同事加入后,经理都会把新员工的培训任务交由李淑丽负责,而李淑丽也非常乐意配合,从如何与国内外客户打交道到如何对客户图纸进行转换、如何制订排产计划、如何协调生产现场等,她都会全心全意帮助新同事尽快进入工作角色。然而,随着部门人员逐渐增多,一个新的问题也随之产生。依据公司的薪酬管理模式,相同岗位员工的基本工资和待遇水平通常是相差无几的,如果员工的工作业绩表现比较好,在年底发奖金的时候会和其他员工有所区别,但也仅仅多出不到20%而已。对此,作为一名入职好几年的员工,李淑丽自然也是心知肚明的。俗话说"人比人气死人",这句话同样适用于李淑丽,因为无论在业绩、能力还是工作态度方面,李淑丽都觉得自己比同部门的其他同事好出一大截,让她每月领取和他们差异不大的薪水,在她看来显然是一件不太公平的事情。

为此,李淑丽直接找到了她的部门经理,表达了自己的加薪期望,希望她的薪酬能够体现自己的能力和业绩。部门经理也当即做出了可期待的回应,告诉她"好好干,现在已经是10月了,等明年1月调薪的时候,我会给你争取的"。李淑丽见经理这样答复,也不好再说什么。她深知这是公司制度决定的,经理单方面也不太可能给她一个明确的答复,而且她已经在公司待了好几年了,也不差再等几个月的时间。

转眼就到了 2016 年 1 月,每年此时都是德威公司的调薪时间。李淑丽对自己的加薪也是充满期待的,她认为既然自己已经或明或暗地向领导表达了内心的想法,想必公司会重视的。但最终的调薪方案出来后,李淑丽算了一下,最新的月薪和上年相比大致上涨了 6%,虽然她不太清楚其他同事究竟涨了多少,但按照以往惯例,估计其他同事和自己相差不了多少,最重要的是,这区区 6%的增长幅度明显低于她的心理预期。在她看来,这不仅仅是对她以往工作表现的否定,甚至是对她的"羞辱"。现实就是,依据公司目前的制度,若想满足自己大幅度加薪的愿望,唯有通过升职来实现,否则自己的薪资只能随公司的调薪政策而常态性增加。看着面前比自己大不了几岁的经理,再想到部门没有设置主管级岗位的计划,她未来升职的机会似乎一片渺茫。

对工作倾心的投入并没有换回相应的回报,一直有着强烈事业心和自身发展愿望的李淑丽开始思索,自己是否还有必要继续待在德威公司。创业大潮的涌动促使她产生了离职创业的想法,她开始利用空闲和上班时间,在网上学习关于开办一家外贸公司的知识。至于为什么选择做外贸业务,李淑丽也有自己的考虑,除了自己的外语基础较好,她近几年通过在德威公司做客服和生产计划工作,已经积累了不少相关工作经验,对于如何和国外客户打交道、如何办理国际业务、如何跟踪生产订单等实务基本烂熟于心;同时成立一家外贸公司的成本也不是太高。嘉兴市区附近有个桐乡市,该市的羊毛衫产业非常发达,因此李淑丽把自己的外贸业务定位在羊毛衫方向。有了创业意愿的李淑丽,对待自己的工作不像以前那样上心了,上班时经常把大量心思放在创业筹备上。在创业资金的筹备方面,除了自己的积蓄,她也如愿争取到了父母的资金支持。万事俱备之后,李淑丽把辞职报告交到了公司的人力资源部门，当然，公司做了很大努力去挽留她，甚至总经理也亲自找她谈了话，不过对于已经下定决心的李淑丽而言，即便在公司内部有可能得到一些加薪甚至升职的机会，这样的允诺与创业机会的诱惑相比也已经显得微不足道了。

拓展阅读

工作投入

Schaufeli(2002)及其同事认为，工作投入由三个因素组成，分别是活力(vigor)、奉献(dedication)和专注(absorption)，工作投入实际上是一种比较积极、持久、充实的情感认知状态(如表 9-1 所示)。其中活力代表着工作中具备的高等级的能量水准和心理承受力(resilience)，以及为工作而愿意付出努力的心理意愿，当工作出现不顺利及困难的时候，选择坚持不懈地战胜这些困难；奉献是指全身心与工作相融入，能体会到工作的意义，并对工作怀有激情并感受到激励、荣耀、自豪和富有挑战性，对待自己的工作有强烈的心理认同感；专注是一种全神贯注的状态，是指集中全部的注意力和精神，并怀着愉悦的心情去投入工作，通常会觉得工作时间过得非常快，稍纵即逝。Schaufeli 等(2002)提出的关于工作投入的三因素及其相关研究得到了学术界较多的认同(Jeung,2011)。

表 9-1　工作投入的维度及相关解释

工作投入的维度	维度解释
活力	工作中具备高等级的能量水准和心理承受力，以及愿意为工作付出努力的意愿和面对挫折及困难时选择坚持不懈
奉献	几乎全身心与工作相融入，能体会到工作的意义，并对工作葆有激情，感受到激励、荣耀、自豪和富有挑战性，对待自己的工作有强烈的心理认同感
专注	集中全部的注意力和精神，并怀着愉悦的心情去工作，通常会觉得工作时间过得非常快，稍纵即逝

六、抓住人才流失的本质

遥想当初德威公司在嘉兴人力资源市场上是那么的声名远扬,如今不知怎么开始变得不受自己的一线岗位骨干员工待见了,公司人事经理史磊的内心不禁感慨万千。在史磊召集的一线岗位人才流失问题商讨会上,人力资源部门的同事们一致认为,虽然德威公司的人员流失率总体还不太高,但居安思危,面对眼下这种状况,公司的各种人事政策必须做出一定的调整。只有这样才能更快扭转被动的局面。史磊认真聆听着大家的发言,翻阅着公司员工的离职资料,同时心中也在不断地思索分析。从离职的表面原因来看,好像都是公司外部原因引起的。最近几年,一线员工因为创业或寻求外部更好的工作机会而产生的离职行为,所占比例呈现出逐渐增高的态势,但这些外部因素似乎不是员工选择离开的唯一原因。只有更准确地抓住问题本质,人力资源部门才能有的放矢地提出改进要点,做好公司下一步的人力资源政策调整工作,为公司人力资源队伍建设奠定扎实基础。

从德威公司人才流失事件来看,似乎员工离职的行为往往是由一根导火索引发的。这根导火索可能来自某个方面或某个单一事件,但经验和事实告诉我们:导致一线员工离职的真正原因绝非单纯的、孤立的事件。在诱发员工离职的某根导火索背后,还隐藏着众多深层次的原因。很多时候,员工离职是一系列综合因素合力引发的后果。因此,在探讨员工离职原因的时候,我们需要综合把握各种因素,做出系统的分析。结合德威公司所涉及的具体情况,我们可以从外部环境及企业内部因素两方面对员工流失情况展开分析。

就外部环境而言,一是外部人力资源市场竞争加剧。由于德威公司成立之初可以提供具有较强竞争力的薪酬福利体系,因此能够在德威公司就职是一件让员工充满自豪感的事情,即使公司内部的某些人力资源政策不完善,也会被有意无意忽视掉。但近年来,嘉兴招商力度空前,由于其地处上海、杭州、苏州的中心地带,具备特殊的区位优势,且正在逐步推进接轨上海的战略,因此其引进了一大批世界500强企业、行业龙头企业和知名欧美企业的项目,这些优质项目大多数来自制造型企业。众多知名企业集中涌入,产生了大量的用工需求,从而导致人力资源市场竞争加剧。而嘉兴由于历史原因,其工业基础弱于周边杭州、苏州、上海等大城市,从整体上看对外来人才的吸引力并不大,因此在一段时间内,新创企业势必会采取直接挖取既有企业的人力资源的策略,使得本来就呈现用工紧张的嘉兴开发区人力资源市场更加战火激烈。例如,嘉兴某美资公司新成立之后,由于开出了非常有吸引力的条件,导致同区域另一家同业企业出现了人员批量出走、转身加入这家新成立的企业的情况。而德威公司对此显然有点掉以轻心,人力资源政策并没有因为外部环境的变化而随之调整,和新成立的企业所采取的"更为激进"的人力资源竞争策略相比,德威公司的人力资源管理政策显然已经有些落伍,从而导致企业对一线员工的吸引力减弱,甚至从他们眼中的"香饽饽"变为"不受待见"。

二是创业气氛的影响。彼时政府及整个社会大力倡导创业,加上社会竞争压力也在加大,因此许多有志者内心都怀有创业的想法和冲动。企业的在职员工也势必会受其影响,特别是那些自认为在德威公司的职业发展受到阻碍的员工。德威公司的刘福贵,因为其具备生产技术方面的优势,所以在公司内部被视为骨干员工,但其领导认为他只适合在"生产线上好好待着",从而致使他的职业发展信心受挫,导致他"看不到未来",而周围不断兴起的创业之风,让他逐渐找到了自我价值所在。事业心、进取心较强的李淑丽同样认为自己在德威公司内部实现不了自我价值,由于具备一定的自主创业能力,而公司又无法提供与之工作业绩相匹配的薪水及相应的职业发展平台,因此在她看来,选择创业就是实现自己价值最大化的合理途径。显然,整个社会的创业氛围以及由此产生的美好前景预期,势必会对企业内部的一线人才保留形成某种程度的挑战。

就企业内部因素来看,一是德威公司没有做到人岗匹配,没有把"合适的人放在合适的岗位上"。周建伟总体上看是一个比较不错的技术人才,但生产经理在把他提拔为车间主管之前,没有客观地评价其具备的管理潜能,对人员的提拔和使用完全是经验式的随意判断,没有明确的标准,没有做到从员工的具体情况出发,这样既没有起到激励员工的作用,对公司及个人的发展也颇为不利。而和周建伟的情况类似,李淑丽是一个从各方面来看都很不错的"好苗子",她所具备的能力已经超出其所从事的岗位任职要求,她本人也有很强的职业发展意愿,而德威公司没有很好地提供和与之实际情况相适应的职业发展机会。

二是公司缺乏员工职业生涯管理规划,晋升机制僵化。德威公司没有很好地为员工设计科学合理的职业发展路线,造成了职业高原现象,让一部分员工感觉触及到了"职业天花板",从而觉得在企业内"前途渺茫"。德威公司目前只有"管理路线发展途径",没有"技术路线发展途径",职务晋升是职业发展的唯一路径,导致一线岗位工人的"职业高原"现象比较普遍。刘福贵虽然生产操作技术优秀,但公司内部无法提供"技术路线发展途径",在职务晋升无望的情况下很容易使其产生触及"职业天花板"的感觉。而同样作为优秀技术人员的周建伟被"错爱"而提拔成车间主管,后来被证明不具备管理能力,公司又将其调换到工艺员岗位,这些方面的人力资源管理过程也是缺乏系统性职业生涯规划的体现。

三是公司对工作压力管理不到位。工作压力管理措施得当的时候,压力就会转变成动力,对员工的工作业绩起到正向的推动作用;如果管理不当,没有对员工的工作倦态进行积极的关注和调整,压力就有可能产生负面作用。方文对车间内部的改造投入了大量精力和心血,背负着巨大的工作负荷和精神压力。由于工作上拼尽全力而没有实现预期的改善结果,他内心非常苦闷,主动向公司领导表明自己的困惑和问题,却没有得到公司领导的良性回应和积极干预,最终在工作上变得消极和丧失热情,并萌生离职意愿。

四是薪酬制度缺乏公平性及竞争力。德威公司的薪酬制度与业绩、能力及岗位职责之间出现一定的脱钩现象,让员工觉得有失公平。周建伟从车间主管被降职为工艺员后,为了稳定人心,保留了其主管级的待遇水平,但由此诱发了另外一位出色工艺员张珂的离职。而无论从业绩、能力还是工作态度的角度,李淑丽都觉得自己比同部门的其他同事要好出一大截,但让她每月领取和他们差异不大的薪水,在她看来显然是一件不太公平的事情。另外,德威公司的薪酬政策比较僵化,没有随着外部环境的变化做出及时调整,从而也逐渐丧失了薪酬的外部竞争力。

五是公司未能对员工的创业意愿进行识别和管理。在创业潮影响下,有能力、有志向的在职员工难免会受到一定程度的诱惑。刘福贵在离职前,有向领导表达过创业意愿,但他不仅没有得到正确引导,还遭到了"讥笑"。而李淑丽在离职之前就已经着手准备创业,她在筹备创业上花了大量的时间和精力,也一定程度上利用了日常工作时间。对此,德威公司如果能够对员工的创业意愿进行有效识别,就可以采取合理措施加以应对。

透过现象看本质,德威公司人才流失是多方面因素综合的结果。为了有效激发大家思考,史磊提出了一些更深层次的话题,引导大家深入分析讨论。经过激烈的探讨,与会人员有针对性地提出了以下改进措施。

第一,对现有的人力资源进行优化配置。对人力资源优化配置的基础是做到"把合适的人放在合适的岗位上",实现人岗匹配。按照德威公司现有员工的能力和特点进行人员分类,列出人才矩阵表,并考察现有人员的使用情况,人力资源部即可分析出现有组织的人力资源的实际使用情况和效果,例如有多少名熟练工在做着非熟练工工作,有多少名技工在做着熟练工工作;有多少名管理人员在做着技术型工作,而有多少名技术型员工在做着管理型工作;还有多少名具备高能力的专业人员在做着岗位要求较低的工作,而有多少名能力和综合素质较低的人反而从事着与之现有能力差距较大且较高层次的工作。这些数据最终将助力人力资源部总结出当前人力资源实际使用率、造成实际浪费的可能性以及人与事之间的匹配质量,即事的难易程度与人的能力水平之间的关系。个体间存在差异是客观现象,每一位员工都有自己的个性特征,而具体的岗位由于工作职责、工作环境、工作方式等存在着不同,因此对任职者的素质、技能等方面也有着不同的要求,企业在执行有关人员的晋升、选拔或配置等人力资源管理活动时,需要结合员工具体的个性特征及素质能力来做相应的安排。

第二,做好员工的职业生涯规划管理,拓宽员工职业发展渠道。企业吸引和保留人才的一个重要方式是给人才提供相应的职业发展空间。有效的职业生涯管理能使员工的个人发展目标同组织发展目标相结合,形成紧密的利益共同体,实现双赢。目前,德威公司员工职业发展的路径比较单一,员工若想实现个人的职业发展,只能通过岗位晋升。针对德威公司员工素质的实际情况,公司可以尝试以"两种路径"相结合的方式来破除员工的职业发展瓶颈,即结合管理路径和技术路径。对于一些综合素质比较高的员工,公司可以为其规划管理路径,即以岗位晋升的方式来解决其职业发展的问题;而对于技术能力较强但管理能力较弱的员工,公司可以为其规划技术路径。德威公司作为生产型企业,其生产部门的员工数量占总体员工的70%以上,为这些员工提供足够的发展空间是稳定员工队伍的重要方面之一。在生产一线具备较强操作技能的骨干员工中,有些可能因为自身条件的局限,没有足够的能力晋升到较高职级的管理岗位,因而可以考虑增加其发展的技术路径,比如设置技术员—高级技术员—车间首席技术官等,并给予其相应的职责调整与薪酬激励,以拓宽生产一线员工的职业发展路径。同时公司应建立内部流动制度,既有晋升等垂直流动,又有轮岗等水平流动,让一线员工能够在企业内找到适合自己的岗位。另外,像增加现有岗位的工作内容等,也是拓展员工职业发展路径的方式。

第三,对员工的工作压力进行有效疏导。工作压力是导致员工工作倦怠的重要缘由,而工作倦怠又表现为情绪衰竭、自我价值感丧失及个人能力的下降,最终会导致离职意愿的产生。公司可以采取优化组织环境、明确工作职责、加强沟通,以及必要时提供专业的心理辅导等方式来减轻员工的工作压力。管理层在发现员工受到压力困扰时,要给予及时的干预和指导。

第四,建立公平合理且富有竞争力的薪酬体系。随着周围人力资源市场的变化及公司内部各种新情况的出现,公司要依据企业内外部环境不断出现的变化,实施合时宜的薪酬福利制度。目前德威公司的薪酬制度较为僵化,没有很好地匹配一线员工的能力、业绩及岗位职责。公司应在兼顾内、外部公平的基础上,结合目前人力资源市场的竞争特点,参考嘉兴地区同类企业一线员工劳动力市场价格,结合岗位、责任、贡献等因素,进一步合理调整一线岗位员工的薪酬标准,制定出公平合理且有竞争力的薪酬制度,以提升员工对薪酬的公平感和满意度。针对一些能力较强、业绩表现突出的员工,公司在设置合理的考核机制的基础上,薪酬分配要勇于打破常规,形成对外有竞争力、对内公平合理的有效薪酬激励机制。

第五,管理好员工的创业预期,尽可能地提供内部创业的平台。从目前的管理实践来看,许多企业都是不鼓励员工兼职或私下进行创业活动的,而有些员工由于受到企业内外部各种因素的驱使,有着强烈的自主创业意愿。在这种创业欲望一时无法被满足的情况下,员工通常会出现不安心干本职工作或等待出现离职导火索的情况。关于如何管理有创业意愿的员工,从目前的人力资源管理办法来看,似乎还没有更好的办法来应对。但对于一些有创业意愿的员工,公司可以利用一些必要的手段或工具加以识别,结合实际情况,对关键人才及公司想挽留的员工给予必要的疏导,对于一些确实具备创业能力且有潜质的员工,公司不妨采用"内部创业"的方式来满足员工对自身发展的渴望。比如,公司可以向一些有创业意愿的员工发起任务,令其在公司支持下承担企业内部某个独立的项目或业务内容,员工可以利用公司分配的工作任务进行二次创业,并与企业分享成果。内部创业不仅能满足员工的创业欲望,还能激发企业的内部活力,改善内部分配机制。内部创业的本质是激发创新,提升企业竞争能力。鼓励员工内部创业最大的问题是怎样与现有组织流程架构进行衔接。为此,德威公司需要克服组织官僚化的阻碍,解决不同业务活动之间的冲突,提供创业机会,树立成功榜样,引导一线员工通过企业平台实现人生价值,使他们充分感受到公司对员工的重视,从而增强他们对企业的归属感。高水平的内部创业机制能较好地强化竞争优势,激发员工活力,留住人才。

第十章　为什么留不住你？NH 公司明星员工的浮与沉[①]

  NH 公司是一家老牌省属国有企业，是世界 500 强旗下专门从事大宗散货的贸易公司。从负债累累到集团业绩排名前三的明星公司，除董事长黄天华管理有方之外，这一切也离不开公司业务部门全体员工的努力奋斗，以及公司大胆起用的那些得力明星员工立下的汗马功劳。其中，销售事业四部业务总监陈涛的绩效尤为突出，部门业务量和利润占了公司 60% 左右，遥遥领先其他事业部。但随着公司的发展，单体业务量和利润占比如此之高的事业部，对公司其他事业部的平衡发展也造成了一定的消极影响。董事长黄天华考虑再三，决定把陈涛的业务部进行拆分，合理均衡地分配到其他事业部，但这一举动直接引发了明星员工陈涛的不满和抵触，并提出离职。如何有效管理明星员工，在激励明星员工的同时恰当地平衡他们对于公司发展的影响，成为黄天华深感焦虑和困惑的一个管理问题。

  NH 公司是成立于 20 世纪 50 年代的老牌省属国有企业，是世界 500 强旗下专门从事大宗散货的贸易公司，在业界的口碑非常不错。公司在贸易板块积极打造供应链集成服务商，多年来与国内外大型矿产供应商形成了良好稳定的合作关系，在国内外拥有发达的营销网络

和强有力的营销团队,在秦皇岛、京唐港、曹妃甸、天津港等主要中转港设有办事处,为客户提供物流集成服务。近年来,公司销售规模已连续超过 5000 万吨。2013 年 NH 公司在涨价行情中尝到了甜头,其在 2015 年想进一步扩大进口规模,却因行情判断失误和风控把握度不够,在涨价的阶段进口了过多货物,又没有做相应的对冲保护措施。在大宗商品价格短时间内疯狂掉头下跌的背景下,NH 公司所订的进口大宗商品还在海上漂,价格就已经拦腰斩断,等商品到岸后,又遭到部分客户的悔单、赖单,一系列的损失让整个企业的业绩受到了严重影响。集团得知情况后,将 NH 公司原董事长免职,整个进口团队劝退,并提拔 NH 公司原副总经理黄天华出任新董事长,以期将面临困境的企业再次扶上正轨。新任董事长黄天华是内贸业务出身,在国际业务受挫后,他吸收上一届领导的经验教训,在把好风控关的同时,将业务发展重点转到国内贸易,将业务单元结构进行新的调整,把原有单个销售事业部拆分成一个采购事业部和三个销售事业部;为激活原有的业务团队,他亟须引进新的外来业务强将将国内贸易板块迅速发展壮大。

一、初露锋芒

2016 年 9 月,陈涛正式入职 NH 公司,他是 NH 公司董事长黄天华专门从外面合作单位挖过来做业务的。之前黄天华跟他打过几次交道,陈涛为人爽气,做事也非常勤快,业务能力超强,给黄天华留下了深刻的印象。黄天华正是看上了他身上的这些优秀特质,才特意邀请他加入 NH 公司,并允诺公司将提供比他目前更好的发展平台,在薪酬和激励机制方面也给予更好的安排,只要他能好好干,无论是"钱途"还是前途都非常光明。黄天华自身就是一个励志的例子,毕业于重点大学的他,一路从底层业务员做起,做到公司北方区域办公室负责人、部门经理、副总经理，再到今天的董事长，也就十年时间，顺风顺水，其能力、魄力和影响力在公司都是数一数二的，今年被提为董事长后，整个领导班子数他最年轻。为了公司未来的发展，他殚精竭虑。虽然陈涛之前是从事船运行业的，过来做散货贸易属于跨行，但是意气风发的他在得到黄天华的允诺和给予的信心后，对未来在 NH 公司的业务发展充满信心，并在心里暗自立下业绩目标，要在最短的时间内做出成绩，不负黄天华厚望。

为了让陈涛尽快进入角色，黄天华安排他在不同事业部学习，接触各个业务环节。刚开始他从基础业务干起，非常辛苦，从熟悉产品特性到建立和维护采购销售渠道，从矿山到下游终端，再到整个物流环节、检验环节，陈涛都脚踏实地，一步步去熟悉业务，有时候遇到装货卸货，他也是通宵去查看货物情况。除此之外，他也会到偏远的矿区和资源地一个个开发资源，再加上之前做船运的从业背景，他也更容易认识相关的上下游客户，所以他很快就从一个跨行业务新人成为熟悉业务的"老手"。随着对客户和上游资源的积累，陈涛开始独立操作业务，并在一年内成为部门业绩第一的明星业务员。

NH 公司有专门的中层晋升通道，将各个部门表现特别突出的员工组织在一起进行责任人技能培训。员工们在预备培训班中对责任人必备技能进行学习并参加考核，考核通过者能参与中层责任人的选拔。陈涛参加了这次预备中层培训，并顺利通过了各项考核，以培训班第一名的成绩结业。董事长黄天华收到了 NH 公司人力资源部的预备中层培训结果，得知陈涛的成绩，再考虑到他在专业能力方面的飞速进步后，黄天华内心十分欣慰，并在第二年就破格让他独立成立一个部门，成为陈涛经理。黄天华还特意授权陈涛为自己部门招贤纳士，并对其部门进行独立考核，多劳多得，鼓励他将自己的业务部门继续发展壮大为明星业务部。黄天华告诉他，NH 公司仍然在发展上升阶段，晋升通道一直为有能力的人开放，业务能手可以成为业务部门责任人,业务部门责任人通过考核后还可以向事业部总监发展,公司会给有能力的人提供足够大的舞台。陈涛听完也是热血沸腾、干劲十足。

陈涛为人豪爽随和,行事风格充满江湖义气,对部门新人非常照顾,像兄弟一样相处,没有一点上下级的隔阂。部门成立后,他深得员工信赖,大家都尽心尽职地支持陈涛的业务发展。再加上他超强的业务拓展能力,很快,部门的业绩又成为全公司第一。从华北区、华东区、华南区到华中区,短短两年时间,陈涛这个部门的客户群已经做到了 NH 公司区域全覆盖,随着一个个大客户被收入囊中,他手下刚大学毕业的业务员们也逐渐从业务新手成长为业务骨干明星,部门扩展到 15 人,团队氛围非常融洽,业绩也连续保持第一。

带团队能力强、业务开拓能力强、业务量和利润又飞速增长,这一切公司董事长黄天华都看在眼里,于是再一次破格将陈涛的销售部门从销售事业三部剥离出来,提升为销售事业四部,给予其更多的资金和其他配套资源的支持。至此,NH 公司的组织架构如图 10-1 所示。

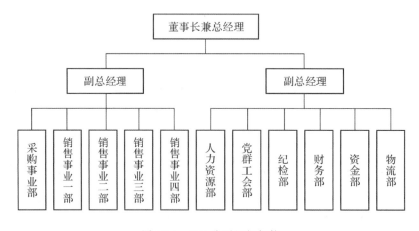

图 10-1　NH 公司组织架构

在黄天华的关照和扶持下,陈涛进一步成长为销售事业四部总监。他越干越有劲,很快又将销售事业四部带成了整个公司的明星事业部,而他自己更是成了整个公司都极为倚重的超级明星员工[①]。

拓展阅读

明星员工

Coff和Kryscynski(2011)指出,组织的生存和发展被认为与其所拥有的人力资本息息相关。组织中的明星员工因其卓越的表现,成为组织人力资本的重要组成部分。部分学者从结果属性的角度定义明星员工,认为明星员工有着显著强于普通员工的绩效水平。例如,Kelly和Caplan(1993)认为明星员工具有持续强于其他员工的绩效水平;Aguinis和OBoyle(2014)则从员工的生存率分布出发,认为那些生存率明显处于高水平的员工是组织中的明星员工。部分学者从关系属性的角度定义明星员工,认为明星员工不仅拥有高绩效,而且在组织中有着较高的影响力,与同事们有着密切的联系。例如,Oettl(2012)研究了学术界的明星学者后发现,除具有较高的产出外,明星学者还对其他学者有很好的帮助;Call等(2015)的研究也指出,明星员工在组织中有着较高的可见性,并拥有较强的社会资本。

结合明星员工的结果属性与关系属性,其内涵应该包括四个方面,分别是高绩效水平、高可见性、高社会资本、高社交性,具体详述如下。

第一,高绩效水平。明星员工长期具有显著优于其他员工的绩效水平,这是明星员工的首要特征。这一特征表述蕴含着两个

[①] 所谓明星员工是指企业中培养出来的一批训练有素、技能精湛的精兵强将,是企业的中坚力量、骨干力量,是企业的"顶梁柱"。优秀员工或先进员工,是指在某些方面得到企业认可、表现突出的员工,但是优秀员工或者先进员工不一定是明星员工,而明星员工在其业绩贡献度和外在显示度等方面必定强于优秀员工或者先进员工。明星员工的四个特质——高绩效、高可见性、高社会资本、高社交性,优秀员工或者先进员工并不一定同时具备。

限定条件,一是高绩效的长期性,二是高绩效的显著性。其中长期性是指明星员工的高绩效水平能够持续较长时期,并不是一次或两次绩效优异就可被视为明星员工;而显著性是指明星员工的高绩效水平明显区别于普通员工。

第二,高可见性。Merton(1968)认为可见性是指员工绩效和声誉被观察到、被感知到的程度,分为内部可见性和外部可见性。当明星员工在劳动力市场享有盛誉时,其就具有了外部可见性。之所以强调明星员工的高可见性,原因在于:一是可见性是明星员工与其他员工发生交互作用、影响其他员工绩效的基础;二是高可见性是明星员工流动管理的关键所在,高外部可见性使明星员工更易被竞争对手察觉,易被诱导跳槽,从而造成组织的人才流失。

第三,高社会资本。Granovetter(1973)认为社会资本是个体获取信息、资源的重要手段,具有重要意义。明星员工具有高于其他员工的社会资本,原因在于:一是高社会资本是取得高绩效的重要前提条件;二是高社会资本是获取机会的重要手段;三是高社会资本是明星员工利用内部或者外部资源的重要工具。基于上述原因,明星员工的高社会资本是其取得高绩效的重要保证,也是其自身的必备条件。Grigoriou 和 Rothaermel(2014)研究发现,拥有高社会联结、处于社会网络中心的个体具有较高的知识生产效率。

第四,高社交性。仅从明星员工自身特质的角度,如高绩效、高可见性、高社会资本,并不能完整描述其内涵,随着分工合作的深入,与其他同事进行高频率交互成为明星员工的重要特征,即高社交性。

Oettl(2012)以明星科学家为样本的研究指出,明星员工不仅要保持自己的高产出、高绩效,而且要对其他人有帮助。并且,按照生产性和帮助性两个维度可以将员工分为四类,其中,生产性和帮助性都较高的称为行家,两者都处于平均水平的则称为明星。

二、矛盾浮现

随着陈涛负责的销售事业四部的业务量和利润不断激增,并慢慢占据 NH 公司 60％ 左右的比例后,公司的高层及其他事业部开始出现了不同的声音。毕竟 NH 公司是老牌的国有企业,里面有错综复杂的关系也是难以避免的,陈涛偏向自己的小团队、业绩至上和有些激进的业务风格不可避免地触及了其他事业部的利益格局。

董事长黄天华也多少听到了一些不同的声音。为了公司下一年更好的发展,他决定召开一次事业部业务协调碰头会,想通过这次会议了解各个事业部的真实想法,看看能不能把内部的矛盾协调好。在会议开始之前,董事长黄天华充分肯定了这几年公司的发展及各个事业部对公司做出的贡献,并坦诚向各位事业部总监表示,会上可以畅所欲言,一切都是为了公司发展好,希望听听大家真实的声音。

在事业部碰头会上,负责整个公司资源采购的采购事业部总监王阳率先对销售事业四部陈涛发难。王阳也是董事长黄天华的得意弟子,他跟了黄天华六年,深得黄天华的信任,做事雷厉风行,说话直言不讳。"当初成立采购事业部的初衷就是进销分离,发挥各自的优势,将整个公司的采购需求汇总,集中向上游资源端采购,提高公司的整体议价能力,并做到内部资源的合理分配,但是现在销售事业四部几乎已经摆脱了我们采购部,全部自己独立对外采购,并且有些渠道与我们存在一定重叠,这显然不利于采购事业部的工作和发展,我认为应该将销售事业四部的采购渠道归拢到采购事业部。"王阳说道。

"你们采购的资源价格不如我有优势,我为什么一定要用？再说了,当初我刚成立部门的时候,问你们要点资源还要看脸色。现在我自己拓展出来的资源,凭什么要拱手让给你们采购事业部？"陈涛反问道。

"其他三个销售事业部都是按照老规矩，从我们采购事业部集中拿货的，为什么就你搞特殊呢？只有集中采购，才有利于公司集中去谈判价格，你这边采购量已经挺大了，应该统一归口到采购事业部。采购渠道归口过来，我保证价格比你拿的更低，这不就行了！"采购事业部王阳补充道。

其他三个销售事业部总监听完，也按捺不住这几年来的郁闷压抑，其中销售事业一部总监林聪率先发话："我来说说销售方面吧。公司目前的销售政策是，哪个销售事业部最先接触客户，就由哪个事业部后期去开发维护业务，其他事业部不能再介入，以避开内部销售矛盾，但是因为销售事业四部一把抓式的拓展，导致几乎没有其他新的客户资源让我们去开发，所以我们只能把更多的精力用于维护好现有客户，这已经影响到了我们其他销售事业部的开拓和发展。"

"有几个客户本来想跟我们事业部合作的，之前也谈了几次。陈总跑到客户那儿说，除了公司的货源，自己也有货源，甚至比我们价格更合适，最后合同也签给了销售事业四部，客户也变成了陈总的。这样对我们其他销售事业部不公平，我们都是按照公司规定，严格从采购事业部拿货的。"销售事业二部方子义补充道。

"销售事业四部当初也是从销售事业三部分出去的，目前发展得很快很好，陈总的能力有目共睹，值得肯定，但是在部分区域中确实存在客户群的内卷问题，公司应该重视这个问题。"销售事业三部石勇也跟着说道。

其实因为陈涛的拓展方式过于强势，再加上公司销售老政策的规定和保护，他已经被一些老业务员称作"业务强盗"，而其在业务上表现得过于霸道，横扫市场，也确实影响到了其他事业部业务员的市场开发。

"这个有什么好怨的，我们开发客户的速度快难道也有错吗？你们之前为什么不去好好开发，客户自己选的，我能怎么办呢？"陈涛对几位销售事业部总监的抱怨表示出不屑。

本来设想碰头会可以帮助大家打开心结,缓和事业部间紧张的关系,没想到又增添了一丝火药味,各方都有自己的道理,丝毫没有让步的意思,黄天华只能赶紧圆场。

"陈总也是从零开始,非常辛苦,一步一个脚印走到今天不容易,为公司的发展也做出了很大的贡献。今天我也已经收到了其他事业部提的意见,确实存在一些问题。随着销售事业四部迅猛发展,整个公司的对外采购量明显提升,他也是主要依靠自己后来开发的资源来订货的,跑了那么多偏远的矿区才有今天的渠道积累;陈总也要注意相互关系,其他事业部已经在谈的客户,就不要再介入了,避免过多内卷。希望大家以后多沟通,具体后面怎么定,我们领导班子会根据业务发展情况,制订业务部门发展计划,大家还是先各自做好眼前的工作,争取今年超额完成年度目标。"董事长黄天华最后说道。

之前陈涛一直都是埋头做自己的业务,没有想那么多,这次会议却在这位明星员工内心埋下了不平的种子。他感觉挺委屈的,为公司付出了这么多,到头来却遭到其他事业部这么多的埋怨,心里更是多了几分不服。

因为会议上董事长黄天华没有明确表态让采购事业部收走自己的采购渠道,所以陈涛觉得自己的业务理念没什么错,还是继续保持着平时的风格,以拿出业绩作为自己的第一目标,并没有太多理会其他事业部的意见。

三、矛盾加深

自从那次事业部业务协调碰头会之后,董事长黄天华尽量避免再去触及关于业务拆分的话题,毕竟马上快到 12 月了,他希望各个业务部门能够相对和和气气地继续完成本年度计划。原本以为这一年可以顺顺利利过去,可是世事难料……新的矛盾出现了。

陈涛的夫人也在 NH 公司工作,是公司船运部门的负责人,公司的所有船舶运输安排都要由陈涛夫人的部门来协调安排。据说黄天华认识陈涛,也是由陈涛的夫人牵线的,因为陈涛出差特别多,一年365 天,几乎有 300 多天是在外面奔波,非常辛苦。上年年会上,黄天华还亲自为陈涛的夫人颁发了"最佳贤内助奖",以资鼓励。陈涛的夫人对销售事业四部的支持力度自然不用多说,船舶方面也安排得井井有条,只要在她权力范围内的事情,总是把陈涛的销售事业四部排在第一位。当其他事业部门对此有异议时,她的对外理由也很简单:"销售事业四部业务量这么大,对公司的贡献也最大,我不先保证他保证谁?"但是这一点也多少触及了其他事业部的利益。

有一天,黄天华突然收到一封匿名举报信,说陈涛的夫人在船舶安排方面有违规行为,在未经许可的情况下,将其他事业部的用船私自更改流向,转用于销售事业四部,严重影响了其他事业部船舶的正常安排,给其他销售事业部造成了一定的经济损失。"这怎么行!公司船运部又不是只为销售事业四部一个部门开的,这不符合公司的规章制度,绝不可以。规章制度可不是白写的!"董事长黄天华拍案而起,他对这方面一贯是零容忍,"我们企业不允许这样的事情发生!"他马上叫来了纪检部门相关负责人进行调查,经过一段时间的核实查证,陈涛的夫人确实在部分环节出现了违规操作。

事情发生后,一向有点自以为是的陈涛也低下了头,为了夫人的事情专门跑到董事长办公室求情,希望黄天华能够从轻处理。可以说,这是他这些年来第一次为了私事恳求领导:"黄总,看在她这么多年为公司服务和贡献的份上,就饶过她这次吧。这个事情我也有责任,事业部里面业务量太大,有的客户要货又急,这也是我私下打了招呼,她才这么做的。再加上我平时出差在外,她也确实很辛苦,我孩子什么的都顾不上,都是她在家里带的呀,能不能给她一次改正的机会?"

虽然这件事情节并不严重，也未对公司利益造成太大不良影响，但这毕竟已经触及黄天华的底线。黄天华听完只冷冷地说了一句话："你不用说了，再说连你一起处理！你先回去吧，我需要和班子成员一同商讨这件事情，再决定如何处理。你安心做好业务就行了。"

经过黄天华和管理层的慎重考虑，公司决定将陈涛的夫人调离原物流主管岗位，撤销其中层职务，调入其他销售事业部做普通业务员。

处理结果出来之后，陈涛心里非常不是滋味，但是也只能接受事实，毕竟是自己的夫人犯错在先。而新的物流主管上任后，对销售事业四部的优先照顾自然没有了，为了船舶的事情，陈涛也没少找物流主管理论。有时，因为发货问题影响了业务进程，陈涛回家不由得对着夫人抱怨道："哎，要是你还是物流主管就好了，你看现在连个船都安排不好，有这么难吗？你在的时候，我都不用去操心这些事情。"

听着陈涛的抱怨，她也挺难受的，因为在调入销售事业一部后，她也不是很顺心。业务是从零开始，做惯了部门老大，现在却在别人手下做业务，她心理上很不习惯，再加上之前销售事业一部跟陈涛事业部之间存在的明争暗斗，多多少少也影响到她的业务安排。虽然在业务方面，陈涛也能尽量照顾一下自己的夫人，想着办法给她介绍一些渠道和资源，但是内心的憋屈只有她自己知道。终于，在销售事业一部工作了几个月后，各种不开心使得她向公司提出了辞职。

夫人的辞职对陈涛的工作情绪影响很大，他的积极性也比以往下降了很多。"我知道是自己在做业务的过程中得罪人了"。一直比较高傲的陈涛内心开始嘀咕起来。

四、矛盾激化

由于上次协调会议上公司董事长黄天华没有明确表态，因此具体怎么去平衡公司内部各部门的业务发展仍是个问题。其他事业部总监觉得这件事情应该有个结果,私下里也没少跟黄天华和领导班子抱怨,称销售四部霸道的业务风格对自己事业部的发展造成了不利影响。

董事长黄天华心里也明白这事肯定要有个结果,不然真的对公司可持续发展不利,也不利于各个事业部之间的和谐共处,甚至会有军心不齐乃至内卷分裂的不良后果。他本来想过了年后再好好斟酌处理,但是人算不如天算,1月中旬董事长黄天华接到了集团的人事调动安排通知。由于黄天华在短短五年内将负债累累的 NH 公司带领成为集团近三年连续位列贡献前三的公司,其管理能力突出,将要被破格提拔为集团副总。收到这个消息的黄天华,既有喜悦,也有对 NH 公司的不舍,他一步一个脚印走到董事长这个位置,对 NH 公司充满了感情,一心都是公司的发展,如今要被调到集团,多少有点不舍。本来黄天华对于事业部间平衡的事情想再拖拖,但现在没有太多时间了。他准备走之前将 NH 公司未来的业务发展尽快做个平衡,以保持 NH 公司可持续发展。他深刻认识到将公司的业绩都寄托维系在某个明星员工身上是有风险的,销售事业四部陈涛的独大局面有可能是公司未来发展中的一颗定时炸弹,他必须在离开 NH 公司之前处理好业务单元之前的平衡发展问题。为了 NH 公司今后更好的发展,经过一番纠结之后,黄天华与其他管理层进行了商讨,并最终决定,对业务单元内部组织结构进行优化调整,主要调整计划如下。

首先,将所有在销售事业部的采购渠道全部归拢到采购事业部,采购事业部之前留存的少数销售业务也全部分配到销售事业部,严格遵守采销分离,充分发挥各自优势,集中精力做好各自的事情。同时,采购部门要更积极主动地开发上游矿山资源,为销售部门提供充足的资源保障。综合管理部负责对采购事业部进行采购价格及采购量的考核,采购事业部的定位仍然是服务于销售事业部的部门,四个销售事业部定期对其进行满意度打分,分数的高低直接影响采购事业部整体的绩效考核。

其次,将四个销售事业部的人员及业务重新拆分组合,淘汰销售事业部的连续亏损的部门;将各销售事业部的所有大客户进行梳理,并按照业务量均匀分配到各事业部,相关业务人员也根据所跟业务的调整在各个事业部间分配合并,促成各事业部的均衡发展,构成四足鼎立的销售事业部结构。

最后,将公司原销售客户由当初是谁先签合同就由谁一直维护,变更为如果一个客户单位超过三个月没有跟本销售事业部进行合作,在客户没有风险事项的情况下,其他销售事业部可以重新对该客户进行销售,取消原先的客户终身保护制度。

受这次事业部调整计划影响最大的就是陈涛所在的事业部,同时,黄天华也觉察到了,陈涛对于他夫人违规事件的处理是有不满情绪的,所以在这次事业部调整之前,他专门找了陈涛谈心。

黄天华把陈涛单独约到了自己的办公室,对他开展思想工作,目的是希望他能够接受本轮事业部调整方案。

"陈总,你夫人的事情,管理层也是公事公办,你也知道国有企业的规矩,你这儿该放下的还是要放下。"说完他拍了拍陈涛的肩膀。"NH 公司能走到今天也是非常不容易的,一路走来每一届领导班子和各个岗位的员工都付出了很多,从低谷到取得今天的成绩,是大家共同努力的结果。NH 公司的平台很好,在这里想干事、干实事,就能干成事。我希望你还是要继续努力,不忘初心,抛开私人杂念,为公司发展再添新动能。我希望你与其他事业部总监能够处得更融洽,一同为了 NH 公司明天的发展努力。目前行业竞争很激烈,我们都要时刻保持清醒头脑和一颗奋斗向前的心。如果你有意向,我也想向管理班子提议升你为 NH 公司副总。"黄天华语重心长地说道。

"谢谢黄总,没有黄总您,也就没有我今天的成绩。是您培养了我,并给予了我这么大的平台,在 NH 公司奋斗的岁月里,我自己也过得非常充实!"陈涛表达出自己的感激之心。

"还有件事情,我一直想跟你说,怕你有抵触情绪,所以搁置了一段时间。上次事业部碰头会议,其他事业部总监提出的意见,我觉得你也应该好好考虑。我们管理班子也觉得,为了公司的长远发展,事业部业务结构需要做一定的调整,这次调整是针对整个业务单元的,也不单单是你一个事业部,希望你能够服从公司的安排。"黄天华补充道。

尽管黄天华苦口婆心,然而整个谈话过程并不顺利,"黄总,这件事情,您让我考虑考虑再答复您吧。"这是心怀抵触的陈涛离开黄天华办公室时最后勉强的表态。

过了一周时间,黄天华也没有等来陈涛的答复。一周后,公司如期召开事业部调整布置动员会,董事长黄天华代表本届管理班子宣布了本次事业部调整方案,并让大家举手表决本次方案。采购事业部林聪和另外三个销售事业部总监王阳、方子义和石勇全部举手表示同意,唯独业绩最好的销售事业部四部陈涛面色严峻地表示:"我本人持保留意见。"董事长黄天华朝陈涛使了使眼色,可是陈涛依然挺着腰板,不愿意接受这个他认为显然对自己事业部不利的结果。黄天华见此也就不再勉强了。

会议最后,黄天华在总结发言中阐述了自己的心声:"今天我在这里要明确指出的是,本次事业部调整方案是我们领导班子反复斟酌过的大事。事业部之所以要进行调整,就是希望大家在 NH 公司这个平台上共同做出更好更大的贡献。本次组织结构上的改革,大家必须坚决服从并持续推进。心里有想法可以说出来,但工作上必须不打折扣地做好。大家站位都要高一点,为了公司未来的长久发展,有时候也得牺牲自己眼前的那点利益。希望在座的几位总监,以后能够更好地合作共赢。"

事业部动员会结束后,销售事业四部总监陈涛回到自己办公室,用力关上了门，叹了口气。陈涛的内心非常纠结，但是现在的他知道自己已经无路可退，到了必须做出选择的时候了。

目前，自己已是全公司收入最高的事业部总监，业务拆分后，一方面将直接影响到自己的个人收入，另一方面跟着自己一起发展的兄弟们也将被调配到其他事业部，那些可都是这几年跟自己一起打拼的兄弟，所有自己辛苦积累下来的采购渠道都要交到采购事业部归口管理；黄总允诺的副总职位其实并不是自己职业规划的方向，因为自己擅长的不是管理，而是业务开拓，副总职位对自己的吸引力并不大；再加上自己夫人因被匿名信举报而最终离职的事件，也是自己心头一根拔不掉的刺。虽然 NH 公司的发展平台非常好，董事长对自己的业务也很支持，自己一步步取得今天销售事业四部的成绩也来之不易……

"服从 NH 公司领导层的安排，接受事业部结构调整方案，还是跳槽并选择自己的路重新开始？"陈涛看着窗外，回想起自己从当初进 NH 公司时的意气风发到现在的进退两难，作为明星员工的自己，为何会造成组织矛盾并且让矛盾日益激化了呢？如果能重来，用什么方法能够有效规避这些矛盾呢？

拓展阅读

明星员工的影响

1.明星员工对同事的影响

明星员工对同事存在正、负两个方面的影响。其一，明星员工的存在对其同事的绩效具有促进作用。原因在于：一是明星员工具有较强的个人能力，能够直接对同事的工作进行指导。例如，Burke 等（2007）在研究支架手术的推广时发现，有"明星专家"的医院更易推广这种新型医疗手段。二是明星员工能够给同事更多的激励。例如，Lockwood 和 Kunda（1997）探讨了明星员工对普通个体的激励作用,发现当明星员工与普通个体的相关性强,并且其成就可以达到时,明星员工就可以增强普通个体的自我提升导向,激励普通个体取得高绩效。三是明星员工作为榜样,可以给其同事的行为树立标杆,其同事通过模仿等方式进行学习,可以提高自身的绩效。例如,Grigoriou 和 Rothaermel(2014)研究指出,在组织知识创新过程中,明星员工不仅自己的知识生产率高,而且还在社会网络中为其他员工树立了学习的榜样,网络中的其他员工向明星员工进行学习的意愿和行为得到强化。四是明星员工与其同事有较多的联结,并维持着良好的人际关系,这使得资源在组织内得以流动,并创造了一种良好的氛围,进而能够对同事的绩效产生影响。

其二,明星员工的存在对其同事的绩效也可能产生抑制作用。原因在于:一是明星员工可能为保持自身的优越性和在组织中的地位,而不愿意分享所掌握的知识,缺乏合作精神(Overbeck 等,2005)。二是明星员工过高的成就也可能会对其他员工造成负面影响。例如,Lockwood 和 Kunda(1997)研究指出,明星员工的成绩如果过于优异,超出了普通员工通过努力才可以达到的程度,则对普通员工不仅不会起到激励作用,反而可能抑制普通员工的内在动机。三是明星员工的存在也会引起普通员工的妒忌,由于明星员工表现优异,组织给予其的报酬往往高于普通员工,分配的不公平可能导致嫉妒的产生,从而影响员工绩效(Kim and Glomb,2014)。

2.明星员工对团队或组织的影响

明星员工对团队或组织绩效的影响也可以从正、负两个方面来看。一方面,Tushman(1977)认为明星员工由于有着较高的外部可见性和较多的社会资本,因此能给组织带来所需要的信息、资源等,对于组织绩效的提升有着促进作用。Grigoriou 和 Rothaermel(2014)研究发现,作为组织整体网络中的一员,明星员工不仅可以通过整合者或者联结者角色提升自己的绩效,而且可以通过直接联结和间接联结的方式带动周边员工的绩效,从而从整体上促进组织的创新。Aguinis 和 Oboyle(2014)研究指出,21 世纪的组织间竞争取决于组织所拥有的人力资本,特别是明星员工。前十分之一的高绩效个体可能创造组织 30% 的价值,而前四分之一的个体可能创造组织 50% 的价值。明星员工虽然只占组织的一小部分,却能创造极高的价值。不仅如此,明星员工还可以通过影响其同事来使组织的整体绩效得到显著提升。

另一方面,Groysberg 等(2008)、Groysberg 和 Lee(2009)研究认为,明星员工虽然表面上可能使组织赢得"人才战争",但也有可能给组织的长期绩效带来不利影响。其原因在于明星员工在原组织中的优异表现并不仅是其自身能力的结果,还有赖于原有组织独特的组织人力资本。而这样的人力资本很少会随着明星员工的流动而流动,再加上现组织知识基础与明星员工的差异,不仅会导致明星员工自身绩效的下降,也会影响组织的整体绩效。

客观地讲,陈涛作为 NH 公司的明星员工,由于自己突出的业务拓展能力及带领团队能力,对自己部门的业务员和公司其他成员起了很好的指导和榜样作用。但是其过于突出的绩效,以及在发展过程中触碰到了其他事业部的利益,也造成了其他事业部和同事的嫉妒与不满。比如 NH 公司一直在推行集采模式,陈涛却更愿意使用自己的渠道去采购,从而造成采购事业部总监王阳的不满,认为这有悖于公司发展要求,架空了采购事业部,同时也削弱了公司的集采量,使集采部门的优势不能很好地发挥,对其他事业部也起了不好的示范作用;陈涛由于在开发业务上表现得过于霸道,横扫市场,已经被一些老业务员称作"业务强盗",这也影响到了其他事业部业务员的市场开发,长期来看对其他事业部业绩的良性发展不利。再加上一些职能部门的资源倾斜,比如陈涛的夫人有意识地对他的销售事业四部船运进行优先安排,损害了其他部门的利益。所以,综合来看,一方面,陈涛对NH公司,比如利润、团队建设、市场占有率等有贡献度和积极影响;另一方面,随着NH公司的发展,组织中的矛盾慢慢积累,明星员工陈涛对组织也带来了负面影响。

而这种组织矛盾慢慢被激化的原因在于,NH公司的管理制度在有些方面还不够明确:一是采销矛盾。公司没有明确销售事业部一定不能采购,没有严格的约束机制。公司既然想通过集采制度来提高集采的议价权,就应该明确规定所有采购资源必须汇总到集采事业部,或者规定好一定程度的量可以通过部门自己的采购渠道来采,其余归总到集采事业部。二是客户资源争抢矛盾。出现抢占客户资源的问题,是因为公司对业务区域或者客户划分不够明确,公司应该明确将各个事业部不同客户或者不同区域进行一定的划分,避免内卷,划分好后更有利于均衡发展。三是职能部门资源倾斜矛盾。人情因素可能在资源的分配上造成不均衡,而这一点可以通过线上系统化、去人工化的方式进行规避,以保证资源分配的公平公正。

可惜,时光不能倒流,事情已经发生。想到这里,始终难以服气的陈涛,内心动向开始变得明确起来。

五、痛定思痛

一个月后,陈涛向黄天华正式递交了辞职信,决定离开NH公司,他已经和另一家民企谈好了属于他的工作职位和任务,还带走了原销售事业四部的部分业务骨干,到那边重新成立一个销售事业部。

而明星员工陈涛的突然辞职,也不禁让董事长黄天华陷入沉思……近几个月来,黄天华及公司高层为了公司事业部的平衡发展,试图将占据公司业务量和利润 60% 左右的销售事业四部进行拆分,将其部分业务并入其他三个销售事业部。为了顺利执行,黄天华和公司其他高层也专门找陈涛谈过几次,并表示将考虑提升他为公司副总经理,但是这一决定遭到了陈涛的抵制。出现不满是在黄天华意料之中,但是辞职是在他意料之外,毕竟陈涛也是他一手培养起来的明星员工。公司一直以来给陈涛提供了很好的平台和发展机会,看着他一步步成长壮大,如今却要离职而去,黄天华内心不由一阵隐痛,他拉开办公室的百叶窗,回想起这五年来陈涛在公司发展的点点滴滴,深入反思 NH 公司在明星员工管理过程中存在的一些问题,开始思考明星员工陈涛一开始是如何培养产生和发展的? 最后离职原因到底是什么? 如何有效管理,才能避免类似情况再次发生?

事实上,明星员工陈涛的诞生,一方面离不开其个人的好学、勤奋以及豪爽的性格、极强的业务开拓能力与领导力;另一方面也离不开董事长黄天华在引进优秀业务能手陈涛后,为其提供创业创效的良好平台,以及公司对明星员工发展的重视、对高绩效的肯定。

而在明星员工陈涛诞生后,NH 公司对其进行了积极维护:一是建立平等竞争、有活力的组织氛围。虽然明星员工陈涛所带领的销售事业四部是后来居上,但是公司董事长黄天华及领导班子给予平台和资源让其发展,在时机成熟时,采用组织裂变的方式,增加组织活力。在遇到资源和业务矛盾的时候,也尽量去平衡各个事业部的发展,从大局考虑。二是对明星员工高绩效成果非常认可。公司为明星员工提供高可见性的职业发展空间和有竞争力的薪酬。NH 公司在培养明星员工时大胆给机会、给职位,这让陈涛一路从业务员、部门经理做到销售事业四部总监,公司还允诺其副总职位。同时其薪酬紧密挂钩绩效贡献,也随着业务的发展而提高。

如此好的发展条件,为什么在接到销售事业四部要被拆分的消息后,陈涛选择了离职呢?首先,陈涛在进入公司后发展得非常顺利,凭借董事长黄天华的赏识和自身的努力,可谓如鱼得水,他缺乏逆境的考验,从而导致其表现得更加自我,缺乏对公司发展大局的考虑。其次,公司在多件事情的处理上,也引发了陈涛的不满。一是其夫人犯错后遭降职并最终离职的事件。陈涛认为董事长黄天华在处理问题上没有给自己留面子,后期还影响了部门船舶调动的便利。二是拆分销售事业四部和将采购资源统一归口采购事业部。在陈涛看来这是因自身发展过快,遭到了其他事业部的嫉妒,自己辛辛苦苦经营的成果被其他事业部夺走,所以他不认可公司的这种决策。三是陈涛自身的职业规划与董事长黄天华提供的副总职位不匹配,他更希望在业务上有更多的建树,而对管理路线并不感兴趣。

如何避免明星员工流失?NH公司应提前明确各个销售事业部的业务范围和边界,避免以后不必要的业务纷争;在充分考虑个人想法的前提下,制订科学合理的职业规划方案;在明星员工的发展过程中,公司应逐渐培养明星员工对企业的忠诚度,除提供充分的发展空间、科学的薪酬来留人外,还要在公司企业文化和工作氛围等方面努力,为明星员工创造"家"文化,强化明星员工与组织之间的心理契约,努力留住已经培养成才的明星员工。

值得注意的是,NH公司作为一个典型的国有企业,受传统国企文化影响,必然会存在论资排辈、讲求平衡等传统观念,规章制度要求较严格,强调服从组织安排。这些国企特有的因素显然会对明星员工的生存发展和去留问题产生影响。黄天华作为企业领导,应该对此有充分考量并制定政策,做到既能够保持国企所具有的传统优势,又能够充分发挥明星员工的特长,使之能够心情舒畅地为企业做出更大贡献。

拓展阅读

明星员工的产生、维护与流动

1.明星员工的产生

关于明星员工的产生,现有研究多从个体潜力角度出发,认为那些成长为明星员工的个体有着较高的潜力,并付出了不懈的努力。可是否仅仅靠个人的努力就可以成长为明星员工？Call等(2015)的研究认为,至少具备三个方面的因素才可能促成明星员工的产生,这三个方面的因素分别是能力、动机和机会。就高绩效属性而言,员工要想取得高绩效,需要具备刻意练习的能力,并且要有坚毅的品质、高度的自我效能感、学习的目标导向等动机因素,当具备了以上能力和动机之后,还要有机会去施展,有机会去争取高绩效成果。其他属性的获得也同样需要具备能力、动机和机会。Bunderson(2003)的研究认为,团队中明星地位的取得,不仅离不开一定的个人特征,而且需要个人特征和团队性质的契合。具体来说,当团队平均任期较短、团队权力分布较集中时,以社会交往技能见长的成员更可能获得明星地位;而当团队平均任期较长、团队权力分布较分散时,以任务技能见长的成员更可能获得明星地位。由此可见,明星员工是个体与团队(组织)交互作用的结果。综上所述,一名明星员工的产生不仅是个人努力的结果,还需要机会以及外部环境的契合等因素。

2.明星员工的维护

在明星员工的日常维护中,有两个关键问题需要管理者予以重视:第一,如何克服明星员工的消极作用而发挥其积极作用？第二,如何使明星员工长期保持其"明星"属性？

为应对明星员工对同事或组织的负面效应,组织可以从以下方面入手:一是建立合作而非竞争的组织氛围。Buunk等(2005)

认为在组织中建立"达人达己"的氛围,一方面可以降低普通员工对明星员工的负面情绪,另一方面也能更好地促使明星员工分享所拥有的资源与知识。二是培养普通员工对明星员工的认同感。Cialdini 等(1976)的研究指出,认同感可以使得普通员工以更加积极的态度看待明星员工,将其作为获得重要资源的机会,并积极向明星员工学习。三是加强对明星员工高绩效成果的认可。Call 等(2015)的研究认为,当明星员工是由于显著优于其他员工的绩效水平而被认可时,普通员工对其的评价会比较高。而当明星员工是因为高可见性、高社会资本或高社交性而被认可时,普通员工会认为薪酬体系缺乏公平性,因此会更加倾向于在组织中经营关系网络,将精力投入到非生产性活动中,从而使绩效受到负面影响。

明星员工的产生充满挑战,而长期保持一名员工的明星水准绝非易事。Oldroyd 和 Morris(2012)的研究发现,由于明星员工所处的网络位置汇集了较多的社会联结,组织内和组织外的联系都可能经过明星员工,所以明星员工拥有远超普通员工的社会资本。这些社会资本一方面对明星员工完成任务、获得高绩效具有积极作用,另一方面也可能产生负面影响,因为人对信息的处理能力有限,会受到工作记忆能力的限制,所以大量的信息流会造成明星员工信息过载,导致其绩效下降。因此,组织的管理者要帮助明星员工降低其角色过载的压力,使得明星员工能发挥"明星地位"的作用,而不是被"明星地位"所拖累。

3. 明星员工的流动

明星员工在不同组织间的流动,对于流动双方都有着重要影响。对于明星员工的原所在组织来说,明星员工的流失可能使组织丧失重要的人力资本,从而使组织整体绩效受到较大的负面影响,甚至危及组织的生存。而明星员工在劳动力市场上具有独有的特征。研究表明，明星员工一般都具有较高的可见性，包括外部可见性。由于明星员工很容易被外部组织所识别，而外部组织又有很强烈的求才动机，因此，明星员工就成为组织争夺的重点。与普通员工不同，明星员工因为其卓越的个人能力以及良好的声誉，在劳动力市场上有高可见性，所以他们的工作搜寻行为一般较少，他们更多的是被猎头公司和其他组织重金诱惑。因此，明星员工具有极高的流动率。要想留住明星员工，需要依靠组织体系的力量，增加明星员工在组织内的黏性。

第一，要给予明星员工有竞争力的报酬。Nyberg（2010）研究了不同绩效水平员工的离职倾向差异。他对1.25万名保险公司雇员所做的为期三年的调查研究表明，当组织为员工提供较高的薪酬时，高绩效与离职倾向间的负向关系加强。此外，明星员工感受到的因高绩效而获得高报酬的关联度越高，高绩效与离职倾向之间的负向关系就会提升。

第二，为明星员工提供良好的支持环境，包括高水平的同事等。其原因在于：一是良好的支持体系是明星员工重要的知识信息来源。Oldham 和 Cummings（1996）指出，不同知识背景的同事之间的交流不仅可以促进相互学习，而且可以提升组织创造力或促进创新。二是支持体系能够为明星员工提供良好的反馈。反馈是一种促使员工矫正行为、适应环境，进而取得高绩效的重要手段。Deshon 等（2004）认为同事们作为明星员工的重要合作者，对其工作行为可以提供高质量的反馈，从而帮助其提升绩效。三是支持体系可以传递有效需求。Dahlin 等（2005）认为对于明星员工来说，通过同事及其他相关者满足不同的需求，是其提升绩效的重要手段。四是高期望带来高绩效。明星员工在组织中的重要作用，使得其成为组织关注的焦点。社会心理学的"皮格马利翁"效应表明,当别人对自己有更高的期待时,自身的成就可能会进一步提高。

第三,在引入明星员工方面,需要注意的是,从外部引入明星员工是否一定有助于组织的发展。Groysberg 等(2008)研究发现,在组织的知识池中存在着两类知识,分别是员工个体的知识和组织的知识。其中员工个体的知识是指蕴含在员工个人身上的知识,可以随着个体的流动而转移,而组织知识则是指组织在发展过程中固定下来的认知模式、决策策略及价值取向等,这些知识并不易随个体的流动而发生变化。组织的产出不仅依赖于个体知识,还依赖于组织特有的知识。因此,对于吸收明星员工的组织来说,明星员工的加入并不必然带来高绩效,其原因在于明星员工依托的原有组织特有的知识,新组织往往并不具备。

综上所述,在明星员工流动管理中,无论是留住明星员工,还是引进明星员工,都需要做好基础性的工作。就留住明星员工来说,组织除了要提供有竞争力的薪酬,并保持其一定的增长率之外,还要为明星员工的发展提供良好的支持体系。而就引进明星员工来说,明星员工也不是"万灵丹",盲目引进,一方面可能会造成明星员工的水土不服;另一方面也可能会破坏组织的氛围,从而对组织的绩效产生负面影响。

第十一章　GT 公司如何破解员工职业发展难题[①]

GT 公司是一家由集团控股的金融科技企业。这两年,公司不断探索新兴业务,也面临环境变化和业务转型的压力。人力资源总监林迪在着手开展员工职业规划时遇到了种种问题,先是管培生中期考核遇到了新人职业计划自主变更,接着是营销中心郑琳因升职不成萌生去意,而后是老员工人事调整遇难题。面对员工发展的新情况,林迪和她的团队正在努力寻求应对的办法。

GT 公司是一家综合金融科技服务企业,主要面向小微企业、城市商业银行及个人客户提供基金代销、小微企业融资和金融 IT 软件开发等综合金融服务。公司有员工 500 多人,分属于集团及三家子公司,管理层大多来自银行、证券、基金等行业,员工以"80 后""90 后"人群为主,90％的员工拥有本科以上学历。得益于母公司多年创业的积累,公司成立之初便具备行业细分和资源沉淀的优势,加上对新兴业务的不懈探索,后期闯出了一片新的发展天地。但是 GT 公司这两年受到大型平台的冲击,加上大环境和监管政策趋严,相关业务经历多次调整转型,人员流动也较为频繁。伴随着经济增速放缓和中美贸易摩擦,涉及中小企业经营艰难、"爆雷"、裁员、股东撤资等情况的谈论

---

① 本章作者为陈学军、沈雪琴。

更是屡见不鲜。"乍暖还寒,生存不易啊。"GT公司的人力资源总监林迪不由得在心中发出感叹。

一、职业规划石沉大海

GT公司三楼是一个宽敞明亮的食堂,因为方便快速,林迪习惯在这里用餐。一天中午,她正在排队,不远处飘来几个员工的闲聊。一位入职不久的员工说:"这两天收到职业生涯规划调查了吗?公司还挺关心大家发展的,后面是不是会有量身定制的方案呀?"结果旁边另外一位老员工打断了他的话:"年轻人,你想多啦,公司哪有工夫给我们做规划。我都来两年多了,每年年底都会填一次表格,从来没有下文,我猜都在人事那里压箱底吧。""这样啊?那我就随便写几句得了……"新员工悻悻地回答。听到这些,林迪心里像是打翻了五味瓶,没想到大家对公司的职业生涯管理竟然是这个印象。平静下来后,她无奈承认事实也是如此,每年收上来的员工职业规划调查表虽然进行了汇总存档,但时间一长也没人去翻了。她又联想到,最近几个用人部门反馈新员工不在状态、手下骨干有离职苗头,以及队伍不好带等。于是,这顿饭她吃得索然无味。

周末,林迪应邀参加了一场人力资源高峰论坛,尽管场外寒风冷雨,场内却气氛热烈。"过去一年,你所在的组织发生了什么样的变化,你的工作重心有没有发生改变呢?"一位嘉宾在正式开始演讲前抛出了这个问题。一时之间,听众交头接耳,有人站起来说内部架构调整,有人在做人才盘点,个别则表示正在处理公司裁员事宜等。不一会,投影上赫然出现了四个英文字母:VUCA——不稳定(Volatile)、不确定(Uncertain)、复杂(Complex)、模糊(Ambiguous)。这几个字母像一道光划过了林迪的脑海。

林迪认真地听完了嘉宾演讲,也参与了两场主题讨论。在回家的车上,她翻着密密麻麻的笔记,琢磨着能否提炼几条经验解决当前 GT 公司棘手的问题。

二、来自管培生的选择

上年秋天,公司新招了一批重点院校的硕士毕业生。为了锻炼新员工的工作能力和确定他们的培养方向,公司制订了"启航"计划,以管培生的形式对新员工进行轮岗培养,后续输送到集团总部和子公司。培养模式是先对这十多位新人进行一个月的封闭式培训,再进行为期一年的轮岗。每三个月轮岗结束后交换部门,保证每位新人至少参与三至四个部门的具体工作。所有新人都要接受阶段考评、进行工作汇报,并且在通过结业答辩和确定意向部门后才能正式留用。

经过几天的忙碌,两位同事将新员工的轮岗情况、部门反馈以及个人感想整理成了一沓厚厚的报告。人力资源总监林迪翻阅之后,发现有几位总结得比较随意,还有期望岗位与原先不符的。结合之前听到的关于职业规划的议论,她准备邀请其中几位管培生谈一谈。

小葛毕业于 S 大学的金融学专业,目前在 GT 子公司的市场部门轮岗。平日里,由于戴着一副黑框眼镜,加上略显老成的长相,他看上去比实际年龄要成熟一些。林迪招呼小葛入座。"过些天就是结业答辩了,你感觉近期的培训如何,有什么收获吗?""公司安排得挺全面,业务、制度、技能各方面我们都能学习了解,很周到。"像是怕冷场,小葛又赶紧补充说:"我们去年的组合管理类产品收益挺好的,客户关注度比较高。宝宝类产品比较灵活,预计会有稳步提升。还有稳健收益类产品也非常有潜力。"听小葛如数家珍般说完,林迪不由得笑了。"说得我都想再买点公司的产品,那这三个月轮岗的感受怎么样?"小葛思考了一会儿说:"我负责公众号的部分信息推送和维护工作,也在和区域的客户经理对接,其他同事都会耐心指导,整体气氛挺好的。"

"很好，那对正式定岗，你有什么想法吗？咱们市场部门今年的工作开局不错，很需要新鲜力量加入。"

小葛推了推眼镜，却有点不自在地回应说："我对公司业务是挺感兴趣的，这段时间也学到了很多，但我是学金融的，总感觉传统机构更稳定。而且父母也希望我能先去传统金融机构工作。"接着他又提到前两天刚通过了一家银行的面试。林迪听罢说："公司安排你们到不同的业务条线轮岗锻炼，也正是为了让大家有机会近距离接触各个业务，结合自己的所学和专长，确定发展方向。"沉默了一会后，小葛表示："我自己的想法还太天真，长辈们又一致认为银行体系比较成熟。"至于如何看待未来职业规划，他搓搓手有点茫然："我现在还没想那么多，等工作一段时间找到感觉再说吧。"

作为在业内摸爬滚打 20 年的老员工，经历过风格迥异的大国企和创业初期的民企，林迪也明白不同的平台代表不同的资源禀赋和业务逻辑，个人发展的路线当然也是不一样的。本着开放和尊重的原则，林迪让小葛回去好好思考。

送走了小葛不久，第二位管培生到了，他是想从管培生转到专业线的小周。小周前几个月在运营部轮岗，负责支持线上线下的运营分析和流程改进等工作。相比前一位的侃侃而谈，小周显得有点不善言辞。"管培生也是挺好的方向，但我自己通过这几个月的实习，觉得可能不是我想的那样。"说到对将来的打算，小周挠挠头表示："对于管理，我不太擅长，可能还是更适合和数据打交道。"于是林迪问他以前在校内对什么事情比较积极，小周就提到最喜欢编程，还参加过两个校际竞赛并得了奖。

"之前招聘时，公司就说明过管培生的发展是管理线，而不是专业线，眼看马上要定岗了……"小周嗫嚅地表示也可以接受做管培生，但内心深处告诉他，他更需要提升专业能力。只是看网络上都在说过了 35 岁还在搞技术就没出路了，难道直接做管理更有前途？

这让他十分纠结。

"你过虑啦!"林迪耐心解释道:"包括我们在内的大部分公司都会设有管理序列和专业序列两个发展路径。专业线发展得好,完全有和管理线同等的发展机会,包括薪酬待遇。"小周听了眼睛一亮:"林总,那您觉得我能转到数据岗位吗?"听到这个问题,林迪鼓励道:"当然有机会,适才适岗也是我们追求的目标。"听到林迪肯定的回答,小周原本紧张的神色缓和下来,高兴地点了点头。

林迪又与另外两名管培生会面,不知不觉忙碌了快一下午。她抽空到茶水间倒水的时候,又遇到了张超——他正是小周之前轮岗的部门主管。林迪询问了几句,张超提到后续评估正式采纳了小周关于改进系统功能的建议,还半是高兴半是遗憾地表示,"小周各方面的表现都挺不错,但不知道他个人是否愿意留下。因为管培生轮岗没结束,我们还在等公司安排呢。"

傍晚汇总这几位管培生的情况时,林迪发现大部分问题的症结主要在于新员工预期和现实有落差、个人规划发生变化以及主管带教不够重视等。林迪马上召集人力资源部开了个会,强调培训组要特别关注管培生近期的情况,重点关注他们的职业发展意愿。对于中期汇报材料,培训班更要结合轮岗情况进行仔细分析。

会后,林迪也特意知会了有计划从这批管培生中招募新人的市场、运营、数据等部门的负责人,提醒他们要展示自己的诚意和团队亮点。"现在的环境不同于以前,想留下好苗子千万不能被动等待和依赖公司分配。各位都得主动抛出橄榄枝哟。"林迪半开玩笑地和用人部门提示。数据产品线的负责人谭宇对于有相关专业背景或者做过类似岗位实习的员工有兴趣,会后他看了小周的简历,非常认可,马上申请安排小周去他们团队实习三个月熟悉具体工作,林迪也顺势同意了。

小葛最终放弃参加管培生的中期考核,按照培训协议约定缴纳了一笔培训赔偿金后正式离开,其余管培生均正常参加了中期答辩。根据这轮答辩的结果,绝大多数新人还是按照之前的计划补充到各团队继续轮岗,也有个别根据双向选择重新划定,基本实现了"供需平衡"的关系。小周最终如愿,正式转到数据产品线。

结束了和董事长的近期工作汇报,林迪站在办公室的窗前。几公里外的地标建筑已经亮灯,在茫茫夜色中如同灯塔一般醒目。真希望一艘艘启航的小船已经找对了航道,林迪在心中默念。为保证管培生项目的落地效果,她已经和董事长提出了几项后续跟进措施。

可以看到,为有效培养有潜力的新人、储备管理人才,GT 公司尝试推行管培生项目。在培养考核过程中,GT 公司面临人员流失和人岗匹配等问题。由于管培生计划处于启动之初,在系统设计和各个环节的运作上存在不少问题,所以管培生项目要结合 GT 公司实际情况,根据管培生项目的维度加以调整,以发挥培养人才和配置人才的作用。

一般来说,管培生项目内容包括三个方面:一是轮岗的设计,包括轮岗计划是否完善,有无配置导师或带教人,能否跨部门、职能、岗位,是否结合组织需求及个人意愿,相应的考核方法是否科学等;二是定岗计划,即轮岗后定岗的要求,如岗位的要求是什么,是否限制具体的职位和工作内容;三是发展路径的设计,主要是指对管培生在组织内部职业发展路径的规划,如有无定期的规划和辅导、有无阶段性的反馈和修正等。因此,对 GT 公司而言,可从以下三个方面去推进管培生项目。

首先,引入组织职业生涯规划,一方面可以通过测试和评估,对员工进行分析和定位,比如在入职之初可安排职业倾向或职业兴趣测试,通过相关问卷和量表对管培生的能力和潜力进行评估,以确定员工可能的职业道路和发展目标;另一方面需要帮助管培生确定 3—5 年的职业生涯目标,比如着手订立个人发展计划,有针对性地提升工作技能和发展能力,出现偏差时及时进行沟通和调整。

其次,建立内部分工和沟通机制。管培生通常会以 3—6 个月为周期参加轮岗,GT 公司的管培生轮岗周期短、工作轮换节奏较快,容易出现内部信息传递和前后衔接问题。除明确用人部门与人力资源部门的分工外,还要加强不同部门之间的工作衔接和信息互通。同时,除业务部门的现场带教外,公司可尝试职业导师指导制。由骨干员工担任职业导师,由一个相对固定的辅导对象面向管培生进行全培养周期内的跟进和反馈,实现对管培生的闭环管理。

最后,对项目进行定期回顾和调整。当职业目标和个人发展计划基本明确之后,还需要定期更新。GT 公司举行阶段答辩,这能帮助新员工回顾前一阶段的工作表现,但对于其职业发展和长期培养还是不足的。公司可以补充以职业发展为主题的定期分析回顾,衡量发展目标与现实情况的差距,制定改进或调整措施,使个人发展和团队目标、组织目标实现有机统一。

管培生的事情告一段落,接下来林迪就要着手解决老员工的问题了。

三、中坚力量的烦恼

为了聚焦核心产品、优化资源配置,GT 公司的两条产品线几个月以来经历了一轮深度整合,有两个子公司原本相似的两个产品条线合并了。伴随组织架构的调整和人员调配,新团队承担了整合市场营销的工作,包括重新设计原有的品牌形象,统一官网、官微和 CRM 平台的营销通道和内容等。公司重新划定了公司大楼七层的一块区域给新的营销中心使用,主要由郑琳负责。这个团队承担新产品线的营销推广,团队里 95 后小年轻比较多,加上工作性质的关系,气氛比较活泼。林迪一直很欣赏他们的工作状态。又一次路过营销中心,林迪放慢了脚步,她发现郑琳最近的表现有点怪怪的,经常不在状态,甚至答非所问。出于人事的直觉,林迪觉得有必要非正式地和她沟通一次,于是两人约了下午三点到一楼碰头。

这个时间是一楼咖啡厅相对空闲的时候,初春的阳光从落地窗照进来,映出几分暖意。林迪到达的时候,郑琳已经点好两杯咖啡坐在角落的位置。说起最近的工作情况,郑琳原本俏丽的脸上浮现出几分愁容,她边搅拌咖啡边说:"之前我们从线下到线上的铺开还算顺利。现在就有点乱了,好几个渠道进展不顺。"看得出来,她对于这几个月的业务调整并不太满意。郑琳能力不俗,人力部门当时费了不少功夫才把她招进来。加入 GT 公司的这三年里,她推动了好几个大型营销活动落地,微信公众号也运营得有声有色。

"这几年,你们为公司沉淀了一批优质客户,新媒体也做得不错。"林迪抿了一口咖啡肯定道。"但问题就在于产品线合并后,很多物料和宣传都要重新来,还得做很多说明和沟通工作。而且公司这两年对营销转化的指标要求高,加上很多重复劳动,让我们团队经常疲于奔命。"迟疑了下,郑琳又补充说:"虽然大家非常努力,但老实说有点后劲不足了。"对于郑琳的这些苦衷,林迪也有所了解,因为产品线合并调整的关系,所以增加了很多工作量,老员工的感受可能就更强烈了。

"和总裁开会时,张总都不止一次表扬你们呢。"林迪不忘补充分管副总张义的正面评价。郑琳却淡淡地回应道,"说起来都是瞎忙,没什么实质成果啊。"看了下四周没人,她又压低了声音,悄悄地讲:"林总,我们这一批员工三年前入职时,公司刚起步,都是奔着前景来的,您也知道当时平移甚至降薪的不在少数,图的就是有奔头。但进公司后,这两年调薪幅度很小,去年的年终奖都缩水了。再这样下去,团队里的小年轻都要留不住了。"郑琳的表情透出不少无奈。

林迪也很清楚业务端面临的压力,于是补充道:"二次创业不易,大家都在摸着石头过河,但我们要相信公司的战略方向,包括对核心人才的重视。"同时她谈到公司对年度考核指标做了相应调整,下一年的目标设置会更合理,薪酬奖金方面也会更多地向绩优员工倾斜。当前年度包括郑琳在内的许多中层干部的年终奖金预计都会受到一定影响,对此林迪也很是头疼,但要顾全大局,又没有更好的办法。

郑琳也明白林迪有难处:"林总,您对我有知遇之恩,我知道您也不是外人,正好还有事想找您说来着。"她顿了顿:"是关于之前竞聘的事情。"林迪没料到她还会提之前内部竞聘的事情,当即表示但说无妨。

上个月,集团组织了一场面向子公司中高层管理岗位的内部竞聘,郑琳也参加了,申请的是新产品线市场副总监。从笔试到现场考察,管理层对她的整体评价都不错,但因彼时团队没有合适的后备人选,最后还是让郑琳作为储备人才择时再议。对于这样的结果,郑琳当时表示会服从公司安排,但这段时间她并没有释然。"新产品线虽然刚起步却很有前景。竞聘我也努力参与了,但一圈下来领导们又觉得现在时机还不成熟。这让我实在无所适从啊。"郑琳的语气中带着情绪。

当时因为总裁希望中基层干部踊跃尝试,所以林迪也是顺势推了一把,鼓励包括郑琳在内的几位主管来参加竞聘。郑琳不无遗憾地说道:"林总,以我当时的表现,如果再争取一下是不是就成了? 过完年,我都要满 35 岁了。时间不等人,再原地踏步实在输不起呀。"一圈苦水倒完,郑琳忍不住红了眼圈。看她这个状态,林迪只得耐心开导一番。两人谈了快两小时,夕阳西下时才起身各自回办公室。林迪边走边思考着郑琳的问题,心中一团乱麻。

第二天一早,林迪去了张义办公室。谈到郑琳的情况,张义欲言又止:"不瞒你说,她前阵私下提过一次离职,我做工作给压下来了。"张义眉头紧锁又接着说道:"正好你也来了,我就实话实说。前两天,我们又收到她的离职邮件了,这还不知道能不能回心转意呢。"林迪一听恍然大悟，张义摇了摇头表示："郑琳在大伙心中还是挺有份量的，一旦她离开，可能会影响好几个人的状态。"林迪明白郑琳的离职有点棘手，沉吟片刻便说："张总您也不要太着急，过两天我会再找郑琳沟通的，回头找您合计。"

下班时间经过市场部，林迪看到同事们还在继续忙碌着，有在讨论工作的，有在盯着屏幕赶设计稿的，也有正在和客户打电话的。一角的小会议桌边，郑琳正和其他同事就公众号的问题在认真讨论着："你们看一下，本周的点击量下降了，下周的选题要突出热点事件……"林迪暗暗叹了口气，明天她还要处理另一桩运营部的事情。

四、老员工与新伙伴

杨莉是从银行出来的，年轻时是做业务的一把好手，虽然以大专学历为起点，但她性格外向泼辣，人际交往能力很强，40岁左右也坐到了国有大行支行行长的位置。因为年龄渐长，加上个性中的不安分因素，随着互联网金融如火如荼地发展，她毅然放弃了银行稳定的待遇，通过内部推荐加入了GT公司，后被正式任命为运营部门的负责人。杨莉管理运营部门将近两年，因为做事风格干脆果断、说一不二，对手下也是管理有方，她深受团队的爱戴。

然而随着时间推移，一些问题慢慢出现了。公司在推进运营系统升级建设时，或许因为理念的差异，杨莉和合作部门经常产生分歧，甚至闹到争吵的地步。近期公司即将上线新的清结算系统，涉及许多功能和权限的更新，而杨莉对一些问题比较较真。

"这个权限不能开放，其他数据进来就乱了套了。"总经理许力路过会议室，听到里面杨莉又和技术主管李诚吵了起来，"这个不开就算了，那汇总的页面总可以吧？不然咱们的系统不能正常用啊！"李诚为难地吐出一句话。"关于模块功能的设计，你们得想办法，我们已经提交并确认过需求了。"杨莉还是有点强势地回应。听到下属们的争论，许力没吭声，琢磨着先让他们自行协调。

接下来，在杨莉的干预下，新系统的一些模块难以实施，甚至到了影响上线时间的地步。看情况不妙，许力赶快找杨莉谈心。虽然心里着急，许力还是语重心长地劝道："杨莉，听说你和技术主管最近配合得不太顺利。我的原则是不过多干涉你们的工作，但一旦出现问题就得积极解决，不能意气用事啊。"一听领导颇有微词，杨莉当场接受了建议，后续也拿出了整改方案。之后，许力发现杨莉确实对一些细节做了调整，但核心问题还是没有解决。考虑到下半年的业务调整以及转型要求，许力坐不住了。

"林迪，找你来帮忙救火啊。"许力敲开了林迪的办公室门，"你也知道我那边负责运营的杨莉，整体上她是位好同志，做事情也认真，但有时就是太倔了。我观察下来，按后面的发展方向，可能需要调整人事安排。"许力直接亮明了自己的态度。林迪也听说过一些杨莉的情况，于是回应说："那您这边已经有什么打算了吗？"许力有点无奈地表示不想闹僵，可以让杨莉内部转一个合适的岗位。鉴于许力一向用人谨慎，如今这局面也实属无奈。许力表示和副总经理张义反复权衡之后，初步有了一个内部过渡的方案。这个拟调用的对象是GT山西分公司的一位主管孙诚。说明孙诚的情况之后，为了加强林迪的信心，许力还特别强调了孙诚的优点。"这个小伙子虽然年纪不大，但为人稳重，做事非常靠谱，跑过市场、做过运营。经过几年合作，我们是一致认可的。他本人也有来上海发展的想法。""那杨莉怎么安排呢？她又是老同事了。"林迪苦思冥想，灵光一现，公司拟成立的工会正好需要一名经验丰富的人选。"许总，杨莉这边我们也可以一并安排好。"于是她马上拉着许力把相关情况汇报给公司总裁。

鉴于杨莉一贯比较敬业，资历又比较深，林迪决定先做思想工作。没想到刚开始就碰了个软钉子。"我这大半辈子都在银行做业务，来这边已经从前台到中台了。林总您说我还能怎么转？再转只能退休了！"杨莉言语中明显带着怨气。"杨莉姐，这事咱们得换个角度看，如果不适合，这工作做到最后还是大家都不满意，你自己也不开心啊。"林迪又耐心地给她分析道，"从运营到行政，只是职能的差别，最终目的还是为了让公司发展得更好啊。"考虑到杨莉的资历和职业素养，林迪又多提了几句内部分工的问题了。"而且您看，根据现在的监管要求，无论是产品、系统还是技术能力，都在不断提高我们从上到下的要求。"一番话说下来，大概联想到最近发生的各种状况，杨莉瞬间沉默了。接着林迪又谈到行政，特别是新成立的工会有很多工作有待展开，公司希望由一位有能力、有格局的老同志担当大任。"杨莉姐，无论是以往工作经验还是为人处世，您都非常符合这个岗位的要求。"她边说边真诚地看着杨莉。

也许是被这一席话所触动，杨莉终于松了口："其实我也不是不能接受岗位调整。"她之所以离开银行，有内部职业天花板的原因，但更重要的还是她内心的不安分，这才促成她来到一个新的环境继续奋斗，如今这局面肯定与之前的预期是有差异的。谈到心理落差，杨莉说她也在调整心态。"不管做的是什么工作，到一定阶段适合的才是最好的。"她带着几分喟叹说道，"再过两年我也50岁了，是要考虑未来方向的问题了。再说也不能给团队拖后腿，以后的担子还得让年轻人来挑。"最终杨莉勉强同意尝试行政和工会的工作。"但我对这块工作了解有限，能做到什么程度是个未知数。万一不适合，那我就早点办理退休，享受人生吧。"杨莉快人快语，总算也接受了组织安排。

出于人岗匹配的基本原则，许力建议由林迪对即将接替杨莉的孙诚进行远程视频面试。孙诚的履历显示，他大学毕业后就加入GT母公司，在七年时间里先后从事过客服、市场拓展、运营管理等工作，作为业务骨干在内部培养下逐步走上轨道。因为他在公司的时间比较长，所以对业务和市场运营相关工作还是相当熟悉的。

视频会议接入后，林迪就以往的工作内容和新工作的要求，逐一和孙诚详细沟通了一番。"你在当地的小日子应该也挺滋润的，来上海可不是搬一次家这么简单。"末了，林迪旁敲侧击以确定他能否下定决心。孙诚对来上海工作信心满满，当即说道："我从毕业到现在一直在小城市待着，环境太舒服了就像温水煮青蛙，所以趁现在还年轻出来磨炼几年。这次承蒙集团公司各位领导提携，个人有什么困难也一定会努力克服。"虽然隔着屏幕，但林迪可以看出孙诚的立场非常坚定。谈及家庭，他提到准备稳定下来后，让妻子和上幼儿园的孩子也一起过来。"我爱人在培训机构做英语老师，上海的教育市场这么大，她的工作很好解决。"孙诚乐观地表示家里都非常支持他。林迪又提醒道："上海房子贵，小孩上学也不太容易。这些问题你得有思想准备。"孙诚笑笑表示可以克服，并保证不会因为日常生活而影响工作。视频面试从业务和沟通几个维度来考察，孙诚的表现都还不错，林迪确认只要转岗申请通过审批，完成当地工作交接的孙诚就能顺利接手新工作了。

相比运营负责人的岗位，孙诚的管理资历略浅，到岗后先被安排为部门副职，同时也需在一段时间内通过考察评估。杨莉倒也大度，表示会努力配合完成后续的工作交接。经过内部协商，最终确定了一个月的交接时间，以便完整地走完一个业务周期。孙诚熟悉一线业务，为人亲和热情，虽然年轻，但做事沉稳有担当，工作的开局不错。但由于之前在分公司工作，他对于总部运营部门的全局要求，有时也应接不暇。孙诚认为，常规事务工作不是太大的问题，难度在于一个更大团队的管理和新型业务的要求，比如现在的部门有十多名下属需要他进行管理和激励，而且还要解决运营系统迁移、创新业务的处置等问题，他需要带领团队推动业务转型、上一个新台阶。新岗位的挑战比较大，孙诚经常加班加点，甚至直接找了一个公司附近的长租公寓，方便加班到深夜。林迪注意到孙诚的黑眼圈，就提醒他注意劳逸结合,而孙诚以当前工作需要为由一笑置之。

　　由于不想与妻儿长期分居两地,孙诚搞定工作之后,还得尽快解决孩子的幼儿园转学问题。有次开完会,他就和林迪吐槽这令人头疼的事情。看到孙诚苦恼的样子,林迪赶紧安抚并表示会帮他一起想办法。

　　运营的人事调整已经解决得八九不离十,这让林迪稍稍放宽了心。但郑琳那边可就没有这么顺利了。这一阵,林迪几次找她谈心,但郑琳只是摇摆不定了几天,便表明已经坚定了离职的打算。原来前一阵有猎头推荐了一家做新媒体业务的公司,面谈后向郑琳抛来了橄榄枝,职位和待遇各方面都有一定的提升,郑琳已经欣然应允。林迪找到张义再次商议,也许是因为之前挽留多次无果,面对现实,张义这回倒有点想通了,"留人不留心呐,真要离开,咱也拦不住。"两人一起盘点了内部的人选,但实在挑不出比较合适的,只能抓紧时间从外面招人了。

五、职业生涯管理

　　又到了傍晚,林迪向 GT 公司总裁汇报完工作后,从公司的休息区向外眺望,街道两旁高大的悬铃木在夕阳照耀下披上了一层金色的外衣,晚风徐徐拂来,带着草木的香气。林迪心中喜忧参半:喜的是公司坚持业务转型,这半年业绩有所提升;忧的是管培生培养和骨干保留这些问题又有了新的变化。回想起之前 GT 公司员工职业生涯发展面临的种种难题,林迪不由得在心中做了一个复盘。

　　职业生涯的发展变化既受个体生理、心理因素影响,又受社会、环境、组织等因素影响。职业生涯、家庭和生物社会周期交织在一起,现实情况与职业理想出现分歧,许多问题呈现出特定阶段的特点。根据职业生涯、职业发展理论、职业锚等内容,林迪列举了五名员工所遇到的一些典型问题(如表 11-1 所示)。

表 11-1　GT 公司五名员工的职业锚问题

人物	职业锚	需求
小葛	不成熟的职业锚	找到自己的职业锚
小周	技术锚	从两个职业锚中选定适合的方向
郑琳	管理锚受挫	摆脱挫折,重新打开局面
杨莉	管理锚的退出阶段	逐步退出职业锚
孙诚	管理锚的开始阶段	适应管理锚的要求

　　五名员工职能不尽相同,各自热爱和擅长的领域也体现出比较大的差异。管培生小葛和小周刚参加工作,由于经验有限,因此他们对自身和外界的认识还有很多盲目之处,他们的职业锚相应还处于最初的形成期。小葛需要解决选择职业锚并加以具体定位的问题,可以通过工作实践,依据自身情况现实地选择和准确进行定位。小周对于管培生和大数据人员两个方向的困惑,实质上是对职业锚的困惑,可尝试通过更多的实际工作,逐步锁定未来希望长期贡献的领域,正式确立技术锚。

　　负责营销中心的郑琳是一名兢兢业业的团队管理者,同时她非常重视个人的成长发展。但因为内部业务调整,加上自身定位等问题,她遭遇了比较典型的职业锚受挫以及职业中期危机,具体表现为工作状态不佳、生产力下降、对工作缺乏成就感等。而原 GT 山西分公司的主管孙诚原先的工作偏重业务、以职能为导向,但因为个人希望抓住机会实现二次发展而转型。对工作环境和新职位的适应,实际上也体现了个人职业锚转换之后新旧职业锚的冲突。孙诚原先作为业务骨干更偏重个体贡献,对专业能力的要求较高,而管理岗位则要求其承担更大范围的管理权责,必须关注团队的产出,对个体的分析能力、人际沟通能力和情感能力也有更高层次的要求。

运营部门负责人杨莉面临的是如何应对职业后期的问题,其实质是职业锚需要以恰当的方式淡化和退出。因此,这种情况既要杨莉结合组织需要和个人情况进行考量,又要组织引导杨莉逐步接受和发展新角色,为未来几年正式退出工作做好规划。

职业锚既是个人稳定的职业贡献区和成长区,也是职业生涯管理的基础内容。GT 公司五名员工的职业锚随着时间的推移而调整变化,但在一定阶段是比较稳定的,其核心的导向和诉求是相对固定的。管培生小周的职业锚虽然还不成熟,但可以预见,随着工作经验的增加,他基本能确定将来的发展方向。市场经理郑琳的职业锚在遇到阻碍后向组织外部寻求同类岗位,继续发展职业生涯,以取得更高的职位和更高的薪酬待遇。个人在职业领域内较长时间的持续经营有助于保持职业锚相对稳定,同时较为稳定的职业锚也能让个人更容易实现职业目标。

在保持相对稳定的同时,职业锚具有动态调整的特点。在职业生涯的中期和后期,面对现实和理想的不一致,或经过个人的回顾和重新定位,许多个体会重新选定职业锚。原 GT 山西分公司的主管孙诚经历了技术锚向管理锚的转型,而运营部门负责人杨莉在逐步退出管理者角色进入工会,继管理锚之后可能转向安全稳定锚。组织可以采取特定的策略,以有效应对转换中产生的变化因素,建立相应的管理机制。

与此同时,当时的 GT 公司正处于新兴业务较快成长的阶段,人力资源部门对于培养有潜力员工、储备人才和鼓励员工发展也做了不少尝试,但整体比较零散,并且不够系统化,内部还存在人才断层现象,缺乏合适的继任者。另外,员工的职业锚各具特点,并且发展诉求较多。结合 GT 公司和队伍的实际情况,林迪制定职业开发策略可从以下三点着手。

第一,实行人群分类管理。GT 公司的员工以"80 后""90 后"为主,90％以上拥有本科及以上学历,按行业和从业人员情况划分均属于知识型员工。林迪和人力资源部可进行人员盘点,对老、中、青三类人群就当前职业方向（职业锚）、职业发展阶段、职业发展目标等维度进行分析和汇总。

通过晋升、调动、工作内容丰富化、工作—家庭平衡等管理措施,公司可激发员工的工作积极性,将个人发展目标融合于组织的管理目标。这不仅有助于提高组织生产力,还能降低组织在招聘、晋升、调动等人力配置领域的成本。公司可面向老、中、青三个群体制订有针对性的解决方案（如表 11-2 所示）。

表 11-2　不同人群职业生涯分类管理细则

阶段	人员类型	管理措施	基本目标
职业初期（30 岁以前）	毕业后工作不满 3 年的新员工	有效的招聘选拔、系统化的培训定向和组织社会化活动、职业规划等	保证组织新鲜血液,培养新员工技能,融入组织
职业中期（30—50 岁）	3—5 年以上工作经验的老员工、核心技术骨干、中级管理人员	提供具有挑战性的工作,进行绩效评价和反馈,提供晋升机会,构建职业发展通道;持续挖掘工作潜力、丰富工作内容和增加挑战性,提供培训和持续教育,丰富奖酬激励手段	人岗匹配、人尽其才,保留核心骨干;保持或提高员工生产力,减轻职业倦怠
职业后期（50 岁以上）	临近退休的员工、退休返聘的技术骨干或高管	通过经验、技能传承等方式,发挥其顾问和教练的角色	有序退出,新老衔接

第二,运用职业锚推动职业生涯开发。职业生涯开发包括从职业初期的定位寻找职业锚,到进入职业中期走向稳定和成熟,再到最后顺利退出。林迪可以带领人事部门,与各用人部门合作,了解员工的职业技能、价值观和兴趣爱好,将适合的个体配置到合适的岗位和职业轨道上,将职业锚变成个人进行职业生涯开发的助手和公司人力资源管理的重要工具。具体做法如下。

　　一是满足不同职业锚的发展需求。在进行职业规划和定位时,公司应提供相应的指导工具和方法,促使员工运用职业锚思考自己具备的能力,确定发展方向,审视自己的价值观是否与当前的工作相匹配。GT公司的小周热爱从事数据相关的技术工作,更希望在这一特定领域内进行钻研和探索,对于往管理方向发展的路径表现出犹豫和不确定。对于职业锚为技术锚的员工追求技术或职能导向的特点,公司可为其提供具有充分挑战性和相应职责的工作,采取增加专门培训、设置专业发展路径的方式,帮助这一方向的员工实现在技术或职能领域的初步发展。负责营销中心的郑琳一贯工作表现优秀,看重工作内容和收入激励,同时非常希望通过内部竞聘获得岗位晋升。杨莉擅长团队管理,有很强的目标感,继任者孙诚具备较强的进取心和从事管理工作的愿望。对于职业锚为管理锚的员工,公司可以通过赋予其一定的管理职责,不断拓展其工作内容,使其管理才能得到相应提升。

　　除此以外,对于有其他职业锚如安全稳定型锚的员工,公司可结合组织情况,侧重于其工作内容的稳定性和工作的保障性。对于职业锚为变革创新型锚的员工,公司可配置其在组织中从事容易发挥创造力和创意的岗位,如设计创意、产品策划等角色。对于职业锚为独立自主型锚的员工,公司可安排其从事独立性较强的工作,如咨询顾问等。

　　二是积极应对职业锚的调整和发展。由于组织结构日趋扁平,管理岗位相对有限,企业可以创新晋升内容,除了自下而上的纵向晋升通道,还可以为员工提供跨越专业职能的横向移动通道。GT公司的郑琳出现受挫、倦怠等现象,虽然其个人也进行了竞聘等尝试,但因组织层面的支持不足而失败。如果其上司和人事部门能及时关注和沟通,并采取后续跟进措施,可能就是另外一种局面。同时,公司可根据员工发展类型对其进行辅导,如指导纵向晋升的员工进行岗位适应,指导横向职能转换的员工进行技能更新，为其提供从专业到管理岗位的管理培训。组织需要准备相应的应对和辅导措施，采取特定的策略有效化解转换中产生的不利因素。对于员工职业锚的调整，公司既要及时分析此类问题产生的原因，如动机、需求等个人层面的因素，又要发掘组织层面的机会，为员工创造条件，以助其顺利度过这一时期，进而保持和提高个体的生产力，避免不必要的人员流失。

三是补充以职业发展为主题的定期分析回顾，衡量发展目标与现实情况的差距，并与员工讨论制定改进或调整措施，使个人发展和团队目标、组织目标能更好地统一起来。就技术或创新导向的组织而言，其可以通过专业路线的设计，增加组织中的专家型发展目标。GT公司作为金融科技企业，也可以着眼挖掘这方面的潜力，丰富工作内容和提高工作挑战性，让技术人才有更多发展的可能。公司通过各种具有挑战性的工作，让员工挖掘自身的潜力和扩展自身的能力，对自己的资质、能力、偏好进行客观的评价，是使员工的职业锚具体化的有效途径。通过有针对性的工作丰富化和工作轮换，组织也可以了解员工的职业技能、价值观和兴趣爱好，将他们配置到最合适的岗位和职业轨道上，实现企业和个人发展的双赢。

第三，建立组织职业生涯动态管理系统。随着信息获取的渠道和学习就业的途径大量增加，知识型员工的自主择业能力不断提高。GT公司的业务模式相对新颖，组织结构比较多元，员工群体专业性较强，并且个人诉求相对突出，流动性比较强。在这样的背景下，组织职业生涯管理主要起到提高工作绩效、提升员工归属感和保留核心员工等目的。在职业生涯设计中，组织可以更注重员工职业生涯发展意愿和职业生涯发展目标，根据个体情况逐年进行更新调整。在企业选、用、育、留等关键环节，企业可以有针对性地进行员工职业生涯设计和职业生涯管理，建立组织职业生涯动态管理系统（如图 11-1 所示）。

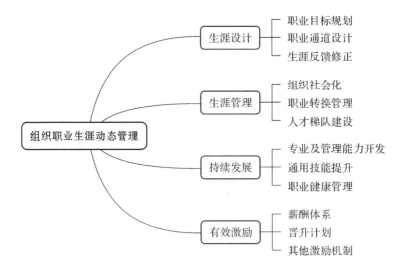

图 11-1　组织职业生涯动态管理系统

环境变化、业务调整、组织变革都可能形成新的契机,形成对组织和个体新的发展机遇,比如新的工作空缺、工作内容、任职要求等。职业生涯管理从传统的组织内生涯管理逐步转变到以提高员工的就业能力为重点,满足员工的阶段发展需求和终身的职业发展目标。从内容来看,单一的职业生涯管理逐步扩展到职业生涯设计、管理、发展和激励等各个方面,并且环环相扣。通过对职业生涯的动态管理,组织可以创造有利于个体施展才华、发挥能力的环境,最终形成对组织目标的有力支撑。

拓展阅读

职业生涯

职业生涯这个概念的含义曾随着时间的推移发生过很多变化。有观点把职业生涯看作是某种职业或某个组织特定的职业的总体,也有观点将职业生涯看作个人的独特经历。综合学界的观点,更符合当今社会的职业生涯的定义为:职业生涯是指与工作相关的整个人生历程,是终生的工作经历,也是个体在一生中所有职业、职位的变迁和工作理想实现的过程。职业生涯是关于工作经历和内心体验的历程，包括客观和主观两个方面，也被称为"外职业"（外在职场）和"内职业"（个人自身）。分开来讲，客观事件或情境包括工作岗位、工作职责或行为，以及与工作相关的各种决策；主观感受包括对与工作相关的事情的主观解释，比如工作志向、期望、价值观、各种需求等。

对于职业生涯的研究，起源于西方国家进入工业化时代后，社会分工日益复杂，出现了择业求职的需要。20 世纪早期，欧美国家陆续出现了一些全国性的职业指导协会，并迅速发展起来。伴随着对职业环境的评估，职业指导逐渐转向对求职者兴趣、智力和个性的测验，在此基础上诞生了"特质—因素理论"。其中最为著名的是约翰·刘易斯.霍兰德（John Lewis Holland）编制的"职业偏好测验"和"职业兴趣代码字典"等。① 20 世纪 40 年代到 60 年代以来，基于阶段发展特征的职业发展理论占据了主导地位。

休珀的职业发展理论

休珀依据发展心理学和社会学对各种职业行为进行分析，他以年龄阶段分析职业发展过程，认为个体间存在差异，个体适应于不同职业，职业选择与调适是一个连续过程，并且职业发展过程具有可塑性。作为职业发展领域最具权威性的人物，休珀提出了人一生的完整职业发展阶段模式，其中主要包括五个阶段，每个阶段都有其特定的发展任务。

一是成长阶段（0—14 岁）。这一时期因为家庭和学校中关键

---

① 约翰·刘易斯·霍兰德（John Lewis Holland）是美国约翰·霍普金斯大学教授，以及美国著名职业指导家、教育家和心理学家。霍兰德在 1959 年提出了"职业兴趣理论"，并构建了 RIASEC 模型，即六种基本的职业兴趣类型：现实型（R）、研究型（I）、艺术型（A）、社会型（S）、企业型（E）和常规型（C）；在 1982 年编撰完成了《Holland 职业兴趣代码字典》。

人物的影响以及对该影响加以认同,儿童逐渐学会发展其自我概念。

二是探索阶段(15—24岁)。这一时期属于学习和打基础阶段,个人开始通过学校学习、业余活动和部分工作探索可能的职业选择,进行自我考察,完成择业和最初的就业。

三是确立阶段(25—44岁)。这是一个选择和安置的阶段,个体通过上一阶段的活动,逐渐安定于某类职业,在一个合适的领域中稳定下来,并寻求发展晋升。这个时期的职位、工作内容和单位可能发生变化,但职业不会轻易改变。

四是维持阶段(45—64岁)。这是一个专精和升迁的阶段,个体在选定的职业方向上继续前进,保持已有的收获。极少有人还会冒险探索新领域或变换职业。

五是衰退阶段(65岁以上)。随着体力和脑力的逐步衰退,个体逐步退出工作,结束职业生涯。

职业锚理论

20世纪60年代开始,美国著名心理学家埃德加·H.沙因(Edgar H. Schein)教授对44位麻省理工学院斯隆研究院的毕业生进行了近十年的跟踪研究,通过面谈、跟踪调查、公司调查、人才测评、问卷等多种方式,最终分析总结出了职业锚理论。职业锚理论提出,职业锚是指当一个人不得不做出选择的时候,无论如何都不会放弃的职业中的那种至关重要的东西或价值观。实际上就是人们选择和发展自己的职业时所围绕的中心和主线。

人的一生是一个漫长的成长发展过程。进入工作初期,个体通过工作尝试和实践中习得的经验,逐步形成与个体动机、价值观、才干相匹配的职业定位。职场人士从开始根据个人的兴趣、动机、天资等进行职业探索,到逐渐形成相对明确的职业方向和就业领域。个体的职业选择是基于个人能力和兴趣选择的结果,同时随着职业动机和价值观的确立,职业生涯的主线变得更加清晰。职业锚就是在这样的基础上产生的,它强调个人能力、动机和价值观三方面的相互作用与整合,因而是个人同工作环境互动的产物,在实际工作中是不断调整的。沙因根据长期研究的结果,将职业锚划分为技术职能型锚、安全稳定型锚、管理权威型锚、变革创新型锚、独立自主型锚五种类型。

1.技术职能型职业锚

技术/职能型的人在职业选择和决策的过程中,追求在技术/职能领域的成长和技能的不断提高,以及应用这种技术/职能的职业,比如科学研究、工程技术、财务分析、营销系统等。他们喜欢面对来自专业领域的挑战,一般不喜欢从事普通管理工作,因为后者可能影响其在技术/职能领域的成就。

2.安全稳定型职业锚

安全稳定型的人追求安全、稳定的职业前途,比较愿意从事能提供丰厚的收入、体面的职位和可靠的未来生活保障的职业。他们依赖组织,喜欢在熟悉的环境中工作,对组织忠诚,尽管有时可以达到一个较高的职位,但他们并不追求权力。

3.管理权威型职业锚

管理权威型的人致力于工作晋升,具有成为管理者和获得权威的强烈动机。承担较高职责、被提升到更高一层的管理职位是他们的职业目标,具体的技术/职能工作仅仅被他们看作是通向更高、更全面管理层的必经之路。

4.变革创新型职业锚

变革创新型的人希望凭借自己的能力去创建属于自己的公司

或创建完全属于自己的产品或服务，而且他们愿意去冒风险，并克服面临的阻碍。他们通常具有强烈的创造需求，即建立或创设某种完全属于自己的东西、获得反映个人成就的财富等。

5.独立自主型职业锚

独立自主型的人希望摆脱组织的束缚，随心所欲安排自己的工作方式、工作习惯和生活方式，追求能施展个人能力的工作环境。比如作为咨询专家独立工作，成为小型企业的合伙人、自由撰稿人等。他们宁愿放弃提升或工作扩展的机会，也不愿意放弃自由与独立。

综上所述，职业锚是个体依循着自身的需要、动机和价值观，经过职业探索所确定的长期职业贡献区或职业定位，所以职业锚能清楚地反映出员工的职业追求与抱负。通过寻找和识别职业锚，组织可以发现个体的才能，了解其职业追求，从而有针对性地为其设置实际顺畅可行的发展通道，并在此基础上提升劳动生产率和员工工作满意度。

一声汽车鸣笛拉回了林迪的思绪，她不禁露出一丝笑容，GT 公司的人力资源团队刚完成了员工满意度分析，对于其中的组织架构和职业发展等新视角，全员反响热烈。

胜任能力模型、高潜力人才盘点、职业规划辅导……林迪盯着笔记本上一长串的工作计划，心里充满了干劲。华灯初上，不远处的中环立交和高架路上的车流连绵成河，画出一道道深深浅浅的光影……

参考文献

[1] 陈佳贵.企业学[M].重庆:重庆出版社,1988.

[2] 陈维政,胡豪.员工—组织匹配中的新员工社会化[J].西南民族大学学报·人文社科版,2003(9):11-15.

[3] 陈晔武.组织变革的动因、障碍与管理策略[J].经济论坛,2008(13):69-70.

[4] 陈永霞,贾良定,李超平,等.变革型领导、心理授权与员工的组织承诺:中国情境下的实证研究[J].管理世界,2006(2):297-307.

[5] 弗里蒙特·E.卡斯特,詹姆斯·E.罗森茨韦克.组织与管理——系统方法与权变方法[M].李柱流,刘有锦,苏沃涛,译.北京:中国社会科学出版社,1985.

[6] 符益群,凌文辁,方俐洛.企业职工离职意向的影响因素[J].中国劳动,2002(07):23-25.

[7] 胡丽丽,王刚.心理契约视角下新生代员工激励策略研究[J].经营与管理,2020(9):90-95.

[8] 霍娜,李超平.工作价值观的研究进展与展望[J].心理科学进展,2009(4):795-801.

[9] 姜定宇,丁捷,林伶瑾.家长式领导与部属效能:信任主管与不信任主管的中介效果[J].中华心理学刊,2012(3):269-291.

[10] 李强,姚琦,乐国安.新员工组织社会化与入职期望研究[J].南开管理评论,2006(3):38-42.

[11] 李锐,凌文辁.上司支持感对员工工作态度和沉默行为的影响[J].商业经济与管理,2010(5):31-39.

[12] 李雪,黄睿轩,周苏景.新生代员工工作家庭冲突和工作幸福感的关系研究综述[J].现代商业,2020(21):145-147.

[13] 李燕萍,侯烜方.新生代员工工作价值观及其对工作行为的影响机理[J].经济管理,2012(5):77-86.

[14] 凌文辁,陈龙,王登.CPM领导行为评价量表的建构[J].心理学报,1987(2):89-97.

[15] 凌文辁,张治灿,方俐洛.中国职工组织承诺的结构模型研究[J].管理科学学报,2000(1):76-81.

[16] 刘玲,杨杰.新员工引导的内涵与策略解析[J].科技与管理,2008,10(5):108-110.

[17] 刘玉新,张建卫,张西超,等.新生代员工自杀意念的产生机理[J].心理科学进展,2013(7):1150-1161.

[18] 刘永安,王芳.影响员工离职意向的因素研究[J].企业经济,2006(6):42-44.

[19] 马华维,姚琦.新员工入职期望及其影响因素[J].心理科学,2007(1):79-83.

[20] 马剑虹,倪陈明.企业职工的工作价值观特征分析[J].应用心理学,1998(4):10-14.

[21] 孟颂.西方组织变革模型综述[J].首都经济贸易大学学报,2005(1):90-92.

[22] 时宝金.90后新生代员工激励机制的构建——基于心理契约视角[J].中国人力资源开发,2012(12):33-36.

[23] 斯蒂芬·P.罗宾斯,蒂莫西·A.贾奇.组织行为学精要

［M］.郑晓明,译.北京:机械工业出版社,2016.

　　［24］谭亚莉.企业新进员工工作适应的发展研究［D］.武汉:华中科技大学,2005.

　　［25］藤芳诚一.蜕变的经营:管理的基础认识［M］.蓝三印,译.香港:财经管理研究社,1982.

　　［26］王明辉,凌文辁.员工组织社会化研究的概况［J］.心理科学进展,2006(5):722-728.

　　［27］王明辉,凌文辁.组织社会化理论及其对人力资源管理的启示［J］.科技管理研究,2008(1):17-19.

　　［28］王甜,苏涛,陈春花.家长式领导的有效性:来自 Meta 分析的证据［J］.中国人力资源开发,2017(3):69-80.

　　［29］王忠民,陈继祥,续洁丽.影响员工离职的若干组织因素［J］.科学学与科学技术管理,2001(11):72-75.

　　［30］魏文颖.员工流失理论的文献综述［J］.企业研究:理论版,2011(4):88-89.

　　［31］吴敏,黄旭,阎洪,等.领导行为与领导有效性关系的比较研究［J］.软科学,2007(5):5-9.

　　［32］伍晓奕.新生代员工的特点与管理对策［J］.中国人力资源开发,2007(2):44-46.

　　［33］吴宗佑.主管威权领导与部属的工作满意度与组织承诺:信任的中介历程与情绪智力的调节效果［J］.本土心理学研究,2008(2):3-63.

　　［34］谢宝国,龙立荣.职业生涯高原研究述评［J］.心理科学进展,2005(3):348-355.

　　［35］许小东,王小燕.领导替代:领导效用研究的新视角［J］.中国人力资源开发,2008(9):10-13.

　　［36］严鸣,涂红伟,李骥.认同理论视角下新员工组织社会化的

定义及结构维度[J].心理科学进展,2011(5):624-632.

[37] 叶仁荪,王玉芹,林泽炎.工作满意度、组织承诺对国企员工离职影响的实证研究[J].管理世界,2005(3):122-125.

[38] 张君,孙健敏,尹奎.90后新生代员工的特征——基于社会表征的探索[J].人力资源,2019(8):111-117.

[39] 张军果,杨维霞.企业变革的阻力及对策分析[J].商业研究,2006(9):78-81.

[40] 赵国祥,王明辉,凌文辁.企业员工组织社会化内容的结构维度[J].心理学报.2007,39(6):1102-1110.

[41] 曾楚宏,李青,朱仁宏.家长式领导研究述评[J].外国经济与管理,2009(5):38-44.

[42] 郑伯埙.家长权威与领导行为之关系:一个台湾民营企业主持人的个案研究[J].民族学研究集刊,1995(79):119-173.

[43] 郑伯埙,周丽芳,樊景立.家长式领导:三元模式的建构与测量[J].本土心理学研究,2000(14):3-64.

[44] 周婉茹,周丽芳,郑伯埙.专权与尚严之辩:再探威权领导的内涵与恩威并济的效果[J].本土心理学研究,2010(34):223-284.

[45] 庄炜玮,贾英,闫瑞芳.国有企业员工离职意向的影响因素研究[J].河北科技大学学报(社会科学版),2007(4):46-49.

[46] Aguinis H, O' Boyle Jr E. Star performers in twenty-first century organizations[J]. Personnel Psychology, 2014(2): 313-50.

[47] Ahearne M, Mathieu J, Rapp A. To empower or not to empower your sales force? An empirical examination of the Influence of leadership empowerment behavior on customer satisfaction and performance[J]. Journal of Applied Psychology, 2005(5): 945-955.

[48] Alge B J, Ballinger G A, Tangirala S, Oakley J L. Information privacy in organizations: Empowering creative and

extrarole performance[J]. Journal of Applied Psychology, 2006(1):
221-232.

[49] Allen T D. Family-supportive work environments: The
role of organizational perceptions[J]. Journal of Vocational Behavior,
2001(3): 414-435.

[50] Armeli S, Eisenberger R, Fasolo P, Lynch P. Perceived
organizational support and police performance: The moderating
influence of socioemotional needs[J]. Journal of Applied Psychology,
1998(2): 288-297.

[51] Arnold J A, Arad S, Rhoades J A, Drasgow F. The
empowering leadership questionnaire: The construction and
validation of a new scale for measuring leader behaviors[J]. Journal
of Organizational Behavior, 2000(3): 249-269.

[52] Aryee S, Chen Z X. Leader-member exchange in a Chinese
context: Antecedents, the mediating role of psychological empowerment
and outcomes[J]. Journal of Business Research, 2006(7): 793-801.

[53] Ashforth B E, Saks A M. Socialization tactics: Longitudinal
effects on newcomer adjustment[J]. Academy of Management Journal,
1996(39): 149-178.

[54] Aycan Z. Paternalism: Towards Conceptual Refinement
and Operationalization [M]//Yang K S, Hwang K K, Kim U.
Scientific Advances in Indigenous Psychologies: Empirical, Philosophical,
and Cultural Contributions. Cambridge: Cambridge University Press,
2006, 445-466.

[55] Bacharach S B, Bamberger P, Conley S. Work-home conflict
among nurses and engineers: Mediating the impact of role stress on
burnout and satisfaction at work[J]. Journal of Organizational Behavior,

1991(1): 39-53.

[56] Becker H S. Notes on the concept of commitment[J]. American Journal of Sociology, 1960(66): 32-40.

[57] Bunderson J S. Recognizing and utilizing expertise in work groups: A status characteristics perspective [J]. Administrative Science Quarterly, 2003(4): 557-591.

[58] Burke M A, Fournier G M, Prasad K. The diffusion of a medical innovation: Is success in the stars? Further evidence[J]. Southern Economic Journal, 2007(4): 127-1278.

[59] Buunk B P, Zurriaga P, Peíró J M, et al. Social comparisons at work as related to a cooperative social climate and to individual differences in social comparison orientation[J]. Applied Psychology, 2005(1): 61-80.

[60] Call M L, Nyberg A J, Thatcher S M B. Stargazing: An integrative conceptual review, theoretical reconciliation, and extension for star employee research [J]. Journal of Applied Psychology, 2015(3): 623-640.

[61] Chan S C H, Hung X, Snape E, et al. The Janus face of paternalistic leaders: Authoritarianism, benevolence, subordinates' organization-based self-esteem, and performance [J]. Journal of Organizational Behavior, 2013(1): 108-128.

[62] Chao G T. Exploration of the conceptualization and measurement of career plateau: A comparative analysis[J]. Journal of Management, 1990(1):181-193.

[63] Chao G T, O' Leary-Kelly A M, Wolf S, Klein H J, Gardner P D. Organizational socialization: Its content and consequences [J]. Journal of Applied Psychology, 1994(5): 730-743.

［64］Cialdini R B，Borden R J，Thorne A，et al. Basking in reflected glory: Three（football）field studies［J］. Journal of Personality and Social Psychology，1976(3): 366-375.

［65］Coff R，Kryscynski D. Invited editorial: Drilling for micro—foundations of human capital-based competitive advantages ［J］. Journal of Management，2011(5): 1429-1443.

［66］Dahlin K B，Weingart L R，Hinds P J. Team diversity and information use［J］. Academy of Management Journal，2005（6）: 1107-1123.

［67］DeCotiis T A，Summers T P. A path analysis of a model of the antecedents and consequences of organizational commitment［J］. Human Relations，1987(40): 445-470.

［68］DeShon R P，Kozlowski S W J，Schmidt A M，et al. A multiple-goal，multilevel model of feedback effects on the regulation of individual and team performance ［J］. Journal of Applied Psychology，2004(6): 1035-1056.

［69］Feldman D C. A contingency theory of socialization［J］. Administrative Sciences Quarterly，1976(21): 433-452.

［70］Filstad C. How newcomer use role models in organizational socialization［J］. Journal of Workplace Learning，2004(7): 396-409.

［71］Fisher C D. Organizational socialization: An integrative review［J］. Research in Personnel and Human Resources Management，1986(4): 101-145.

［72］Gelfand M J，Erez M，Aycan Z. Cross-cultural organizational behavior［J］. Annual Review of Psychology，2007(58): 479-514.

［73］Granovetter M S. The strength of weak ties［J］. The American Journal of Sociology，1973(6): 1360-1380.

[74] Grigoriou K, Rothaermel F T. Structural microfoundations of innovation: The role of relational stars[J]. Journal of Management, 2014(2): 586-615.

[75] Groysberg B, Lee L E. Hiring stars and their colleagues: Exploration and exploitation in professional service firms [J]. Organization Science, 2009(4): 740-758.

[76] Groysberg B, Lee L E, Nanda A. Can they take it with them? The portability of star knowledge workers' performance[J]. Management Science, 2008(7): 1213-1230.

[77] Hackman J R, Oldham G R. Development of the job diagnostic survey[J]. Journal of Applied Psychology, 1975 (2): 159-170.

[78] Hepworth W, Towler A. The effects of individual differences and charismatic leadership on workplace aggression[J]. Journal of Occupational Health Psychology, 2004(2): 176-185.

[79] Hiltrop J M. The quest for the best: Human resource practices to attract and retain talent [J]. European Management Journal, 1999(4): 422-430.

[80] Iverson R D. An event history analysis of employees in Australia[J]. Human Resource Management Review, 1999 (4): 397-418.

[81] Janssen O. The joint impact of perceived influence and supervisor supportiveness on employee innovative behaviour [J]. Journal of Occupational and Organizational Psychology, 2005 (4): 573-579.

[82] Jeung C W. The concept of employee engagement: A comprehensive review from a positive organizational behavior perspective

[J]. Performance Improvement Quarterly, 2011(2): 49-69.

[83] Jones G R. Socialization tactics, self-efficacy, and newcomers adjustments to organizations[J]. Academy of Management Journal, 1986 (29): 262-279.

[84] Kark R, Shamir B, Chen G. The two faces of transformational leadership: Empowerment and dependency [J]. Journal of Applied Psychology, 2003(2): 246-255.

[85] Kelly R, Caplan J. How Bell Labs creates star performers [J]. Harvard Business Review, 1993(4): 128-139.

[86] Kim E, Glomb T M. Victimization of high performers: The roles of envy and work group identification[J]. Journal of Applied Psychology, 2014(4): 619-634.

[87] King R C, Sethi V. The impact of socialization on the role adjustment of information systems professionals [J]. Journal of Management Information System, 1998(4): 199-217.

[88] Koberg C S, Boss R W, Senjem J C, Goodman E A. Antecedents and outcomes of empowerment: Empirical evidence from the health care industry[J]. Group & Organization Management, 1999(1):71-91.

[89] Kotter J P. Leading Change[M]. Watertown: Harvard Business Review Press, 1996.

[90] Kraimer M L, Seibert S E, Liden R C. Psychological empowerment as a multidimensional construct: A test of construct validity[J]. Educational and Psychological Measurement, 1999(1): 127-142.

[91] Lee T W, Mitchell T R. An alternative approach: The unfolding model of voluntary employee turnover[J]. The Academy of

Management Review, 1994(1): 51-89.

[92] Lewin K. Field Theory in Social Science: Selected Theoretical Papers[M]. New York: Harper & Brothers, 1951.

[93] Liden R C, Wayne S J, Sparrowe R T. An examination of the mediating role of psychological empowerment on the relations between the job, interpersonal relationships, and work outcomes[J]. Journal of Applied Psychology, 2000(3):407-416.

[94] Lockwood P, Kunda Z. Superstars and me: Predicting the impact of role models on the self[J]. Journal of Personality and Social Psychology, 1997(1): 91-103.

[95] Louis M R. Surprise and sense making: What newcomers experience in entering unfamiliar organizational settings [J]. Administrative Science Quarterly, 1980(25): 226-251.

[96] Maslach C, Jackson S E. The measurement of experienced burnout[J]. Journal of Occupational Behaviour, 1981(2): 99-113.

[97] May D R, Gilson R L, Harter L M. The psychological conditions of meaningfulness, safety and availability and the engagement of the human spirit at work[J]. Journal of Occupational and Organizational Psychology, 2004(1): 11-37.

[98] Menon S T. Employee empowerment: An integrative psychological approach[J]. Applied Psychology: An International Review, 2001(1): 153-180.

[99] Merton R K. Social Theory and Social Structure[M]. New York: Free Press, 1968.

[100] Meyer J P, Allen N J. A three-component conceptualization of organizational commitment[J]. Human Resource Management Review, 1991(1): 61-89.

[101] Miller V D, Jablin F M. Information seeking during organizational entry: Influences, tactics, and a model of the process [J]. Academy of Management Review, 1991(16): 92-120.

[102] Mobley W H. Intermediate linkages in the relationship between job satisfaction and employee turnover[J]. Journal of Applied Psychology, 1977(2): 237-240.

[103] Morrison E W. Longitudinal study of the effects of information seeking on newcomer socialization[J]. Journal of Applied Psychology, 1993(2): 173-183.

[104] Nyberg A. Retaining your high performers: Moderators of the performance-job satisfaction-voluntary turnover relationship [J]. Journal of Applied Psychology, 2010(3): 440-453.

[105] Oettl A. Reconceptualizing stars: Scientist helpfulness and peer performance [J]. Management Science, 2012 (6): 1122-1140.

[106] Oldham G R, Cummings A. Employee creativity: Personal and contextual factors at work[J]. Academy of Management Journal,1996 (3): 607-634.

[107] Overbeck J R, Correll J, Park B. Internal status sorting in groups: The problem of too many stars[J]. Research on Managing Groups and Teams, 2005(7): 171-202.

[108] Oldroyd J R, Morris S S. Catching falling stars: A human resource response to social capital's detrimental effect of information overload on star employees[J]. Academy of Management Review, 2012(3): 396-418.

[109] Price J L. The Study of Turnover[M]. Lowa: Lowa State University Press, 1977.

[110] Redding S, Hsiao M. An empirical study of overseas Chinese managerial ideology[J]. International Journal of Psychology, 1990(3-6):629-641.

[111] Schein E H. Organizational socialization and the profession of management[J]. Industrial Management Review, 1968 (9):1-16.

[112] Schaufeli W B, Salanova M, González-Romá V, Bakker A B. The measurement of engagement and burnout: A two sample confirmatory factor analytic approach [J]. Journal of Happiness Studies, 2002(1): 71-92.

[113] Seibert S E, Silver S R, Randolph W A. Taking empowerment to the next level: A multiple-level model of empowerment, performance, and satisfaction[J]. Academy of Management Journal, 2004 (3): 332-349.

[114] Silin R H. Leadership and Value: The Organization of Large-scale Taiwan Enterprises[M]. Cambridge: Harvard University Press, 1976.

[115] Spreitzer G M. Psychological empowerment in the workplace: Dimensions, measurement, and validation[J]. Academy of Management Journal, 1995(5): 1442-1465.

[116] Spreitzer G M. Social structural characteristics of psychological empowerment[J]. Academy of Management Journal, 1996(2): 483-504.

[117] Spreitzer G M, De Janasz S C, Quinn R E. Empowered to lead: The role of psychological empowerment in leadership [J]. Journal of Organizational Behavior, 1999(4):511-526.

[118] Spreitzer G M, Kizilos M A, Nason S W. A dimensional analysis of the relationship between psychological empowerment and

effectiveness, satisfaction, and strain[J]. Journal of Management, 1997(5): 679-704.

[119] Stinglhamber F, Vandenberghe C. Organizations and supervisors as sources of support and targets of commitment: A longitudinal study[J]. Journal of Organizational Behavior, 2003(3): 251-270.

[120] Taormina R J. Organizational socialization: A multidomain, continuous process model[J]. International Journal of Selection and Assessment, 1997(1): 29-47.

[121] Thomas K W, Velthouse B A. Cognitive elements of empowerment: An "interpretive" model of intrinsic task motivation [J]. The Academy of Management Review, 1990(4): 666-681.

[122] Tushman M L. Special boundary roles in the innovation process[J]. Administrative Science Quarterly, 1977(4): 587-605.

[123] Veiga J F. Plateaued versus nonplateaued managers: Career patterns, attitudes, and path potential[J]. The Academy of Management Journal, 1981(3):566-578.

[124] Walumbwa F O, Lawler J J. Building effective organizations: Transformational leadership, collectivist orientation, work-related attitudes and withdrawal behaviours in three emerging economies[J]. The International Journal of Human Resource Management, 2003 (7): 1083-1101.

[125] Wanous J P, Poland T D, Premack S L, Davis K S. The effects of met expectations on newcomer attitudes and behaviors: A review and meta-analysis[J]. Journal of Applied Psychology, 1992 (3): 288-297.

[126] Wanous J P, Reichers A E. New employee orientation

programs［J］. Human Resource Management Review，2000（10）：
435-451.

［127］Wcstwood R. Harmony and patriarchy：The cultural
basis for "paternalistic headship" among the overseas Chinese［J］.
Organization Studies，1997(3)：445-480.

［128］Wu M,Hung X,Chan S C H. The influencing mechanisms of
paternalistic leadership in Mainland China［J］. Asia Pacific Business
Review，2012(4)：631-648.

［129］Zemke R，Raines C，Filipczak B. Generations at Work：
Managing the Clash of Veterans，Boomers，Xers，and Nexters in
Your Workplace［M］. New York：Amacom，1999.

后　记

　　浙江大学管理学院以"培养引领中国发展的健康力量"为使命。本丛书项目从 2024 年 6 月启动,历时半年。在项目执行过程中,感谢浙江大学管理学院院长谢小云、党委书记兼副院长朱原、副院长黄灿、党委副书记潘健等学院领导的指导与支持。感谢浙江大学管理学院教师陈俊、陈学军、董望、黄灿、黄浏英、刘洋、王颂、王世良、王小毅、魏江、邬爱其、徐伟青、许小东、叶春辉、应天煜、张大亮、郑刚、周亚庆、朱茶芬、邹腾剑,学生陈楚楚、何超、黄勤、黄河啸、黄思语、金夏龙、李寄、林锐红、刘国桥、缪沁男、邱元、邱星怡、沙金、尚运娇、沈雪琴、石波、苏钟海、孙旭航、唐婧怡、屠云峰、王丁、王佳、王诗翔、吴琳、吴雨思、杨淦、于娟、余佩瑶、俞成森、张梦、张涵茹、张了丹、张韵竹、赵雪彤、周启璇、朱逗逗、朱庭芝,以及吉利汽车集团财务部高管戴永、西交利物浦大学国际商学院傅瑶、中山大学岭南学院林文丰、欧普照明股份有限公司财务总监王海燕、圣奥集团信息中心 CIO 助理张文文、台州市椒江区经信局副局长郑仁娇、中国计量大学经济与管理学院郑素丽等案例作者的大力支持。

　　感谢浙江大学全球浙商研究院院长魏江的关心和支持,感谢浙江大学管理学院邬爱其、许小东、陈学军等对丛书编写工作的指导,感谢浙江大学管理学院案例工作委员会各位老师的帮助,感谢施杰、徐玲、张胜男的协助,感谢创生文化团队马玥、李晓玲、曾小芮、赵雪梅对丛书完善的支持,感谢浙江大学出版社的编辑。诚挚感谢社会各界对中国企业高质量发展的深切关注,衷心欢迎社会各界群策群力,为培养引领中国发展的健康力量共同努力!

黄英　吴东

2024 年 12 月